文化视域下
英汉翻译理论与实践研究

王 君 曲志华 著

吉林出版集团股份有限公司
全国百佳图书出版单位

图书在版编目（CIP）数据

文化视域下英汉翻译理论与实践研究 / 王君，曲志华著 . -- 长春：吉林出版集团股份有限公司，2024.4
ISBN 978-7-5731-4772-1

Ⅰ.①文… Ⅱ.①王… ②曲… Ⅲ.①英语—翻译理论—研究 Ⅳ.① H315.9

中国国家版本馆 CIP 数据核字（2024）第 069388 号

文化视域下英汉翻译理论与实践研究
WENHUA SHIYU XIA YINGHAN FANYI LILUN YU SHIJIAN YANJIU

著　　者：	王　君　曲志华
责任编辑：	矫黎晗
出　　版：	吉林出版集团股份有限公司
发　　行：	吉林出版集团青少年书刊发行有限公司
地　　址：	吉林省长春市福祉大路 5788 号
邮政编码：	130118
电　　话：	0431-81629808
印　　刷：	北京亚吉飞数码科技有限公司
版　　次：	2025 年 1 月第 1 版
印　　次：	2025 年 1 月第 1 次印刷
开　　本：	710mm×1000mm　1/16
印　　张：	14.25
字　　数：	226 千字
书　　号：	ISBN 978-7-5731-4772-1
定　　价：	86.00 元

如发现印装质量问题，影响阅读，请与印刷厂联系调换。电话：010-82540188

前　言

　　翻译作为国际交往和不同语言之间民族交流的桥梁,与沟通者所处的文化有着密切的关系。由于文化的渐变性和翻译的复杂性,研究翻译与文化之间的关系成为翻译研究与实践者亘古不变的话题。通过翻译实践,人们可以了解不同语言中所蕴含的文化内涵,进而了解使用该语言民族的发展情况。在长期的翻译实践过程中,人们发现,翻译不仅仅是简单的语码转换,更是一种跨文化交际行为。尽管译者处理的是个别的词,面对的却是两种文化。

　　对于当前的翻译界而言,文化翻译已经成为众多学者热议的话题。很多学者也强调,应该突破西方理论的"归化""异化"二元对立的局面,也应该突破传统的"直译""意译"思想,使翻译道路朝着多元文化对话的方向发展。面对当今全球化的局面,翻译的路径应发生改变,即从过去以英译汉为主转向以汉译英为主,从而使西方人更多地了解汉语文化的内涵与真谛。著名学者季羡林先生曾经指出,文化交流是人类社会向前发展的动力。多元文化发展是世界文化发展的助推器。汉译英使中外文化的交流与衔接呈现出新鲜的活力和优势。在多元文化融合的基础上,汉语文化需要不断保留自己的特点并开拓与其他文化的相处之道。然而,汉语文化能否保持自身的特点,关键就在于汉译英,即能否将汉语文化移植到目的语文化中。鉴于此,作者在参阅大量相关著作文献的基础上,精心策划并撰写了本书。

　　本书共有七章。第一章作为全书开篇,首先分析了文化与翻译,即基于文化、翻译的相关内涵,探究中西文化差异对英汉翻译的影响以及英汉文化翻译的原则与策略。在此基础上,第二章至第四章主要研究了英汉特殊词汇文化、社交文化、习俗文化的翻译理论与实践。当前,随着中国经济实力的逐步提升,为了让更多的人了解与认识中国文化,有必要加强对中国文化的传播。为此,第五章主要分析了英汉翻译与中国文化传播的问题,重点介绍了中国传统优秀文化对外传播、汉英翻译中的文化空缺现象以及处理对策。第六章与第七章承接上文，具体分析了中国典籍文化、古诗词文化、古代散文文化、古代小说文化、古典戏剧文化、传统音乐文化、电影文化的翻译，从而为中国文化的对外传播助力。

本书既对文化与翻译的内涵、影响、原则、策略等理论问题进行了深入探讨，又从具体的习语、典故、动植物、颜色词、人名、地名、称谓语、委婉语、节日、饮食、服饰、建筑等层面对中西文化的差异进行分析，并在此基础上阐述了相应的翻译策略，既有利于帮助读者加强理论修养，又能为翻译实践提供有效指导。值得一提的是，本书还围绕中国文化翻译展开专门讨论，尤其是中国典籍、古典文学、音乐艺术等，具有时代性和新颖性，使全书的内容更加完整、充实。总之，本书结构合理、译例丰富、深入浅出，是进行文化翻译的良师益友。

全书由王君、曲志华撰写，具体分工如下：

第一章、第二章、第四章、第五章，共10.29万字：王君（辽宁工业大学）；

第三章、第六章、第七章，共10.49万字：曲志华（辽宁朝阳师范高等专科学校）。

在成书过程中，作者得到了同行学者的鼎力支持，在此对他们给予的宝贵意见表示诚挚谢意。由于时间仓促且作者水平有限，书中疏漏之处在所难免，在此恳请广大读者不吝指正。

作　者
2023年8月

目　录

第一章　文化与翻译 /1

第一节　文化与翻译的内涵解析 /2
第二节　中西文化差异对英汉翻译的影响 /19
第三节　英汉文化翻译的原则与策略 /26

第二章　英汉特殊词汇文化的翻译理论与实践 /33

第一节　英汉习语文化的翻译 /34
第二节　英汉典故文化的翻译 /42
第三节　英汉动植物文化的翻译 /52
第四节　英汉颜色词文化的翻译 /59

第三章　英汉社交文化的翻译理论与实践 /63

第一节　英汉人名文化的翻译 /64
第二节　英汉地名文化的翻译 /71
第三节　英汉称谓语文化的翻译 /73
第四节　英汉委婉语文化的翻译 /75

第四章　英汉习俗文化的翻译理论与实践 /77

第一节　英汉节日文化的翻译 /78
第二节　英汉饮食文化的翻译 /80
第三节　英汉服饰文化的翻译 /87
第四节　英汉建筑文化的翻译 /91

第五章　英汉翻译与中国文化传播 /97

　　第一节　中国传统优秀文化的精髓 /98
　　第二节　汉英翻译中的文化空缺现象 /106
　　第三节　汉英翻译中文化空缺问题的处理对策 /112

第六章　中国古典文学的翻译理论与实践 /119

　　第一节　中国典籍文化的翻译 /120
　　第二节　中国古诗词文化的翻译 /141
　　第三节　中国古代散文文化的翻译 /159
　　第四节　中国古代小说文化的翻译 /164

第七章　中国视听艺术的翻译理论与实践 /173

　　第一节　中国古典戏剧文化的翻译 /174
　　第二节　中国传统音乐文化的翻译 /185
　　第三节　中国电影文化的翻译 /190

参考文献 /211

第一章
文化与翻译

众所周知，语言与文化的关系是十分密切的，人们在研究不同语言的过程中，需要利用翻译这一重要的媒介工具。在长期的翻译实践过程中，人们积累了丰富的经验，并形成了一定的翻译理论体系。对翻译理论知识的把握，有助于译者夯实自己的理论知识，进而在翻译实践中更加得心应手。本章重点研究文化与翻译的相关基础内容。

第一节　文化与翻译的内涵解析

一、文化解析

"文化"(culture)这一词语意味着什么呢？它有多种意义。例如，人们认为那些能读会写的人，懂得艺术、音乐和文学的人是"文化人"。不同的人对文化的理解有不同方式，每一种方式都或多或少有助于我们理解某个过程、事件或关系。例如，遇到陌生人时，第一个被问的问题通常是："你来自哪里？"这主要是想了解这个人长大的地方或者是想知道这个人之前住在什么地方。我们下意识地认为在同一地方长大或生活的人会说同样的语言，具有相同的价值观，用相似的方式交流，换句话说，他们被认为具有相同的文化。有时我们甚至会认为文化是商品或产品，如玩具、食品、电影、视频和音乐，并且可以在国际上自由进出口，这些对"文化"印象式的理解不一而足。

实际上，在我国的古代文献中"文化"两个字是分开出现的，"文"的本意为各种颜色交错，"物相杂，故曰文"，"天文"指自然规律，"人文"指人伦社会规范；"化"的本意是改变、变化。《说文解字》将"化"解释为"教行也"，即改变人类原始蒙昧状态以及进行各种教化活动。从汉代开始，"文"与"化"连缀出现，"文化"与"武力"相对应，是动词，具有"文治教化"之意。英文单词culture，源于拉丁文动词cultura，含有耕种、居住、加工、留心、照料等多种意思。随着时间的推移，culture含义逐步深化，由对树木、作物等的培育引申为对人类心灵及情操的培养，从人类的生产活动逐渐引向人类的精神领域。19世纪中叶以来，"文化"一词开始具有现代意义，并且随着人类学、社会学等人文学科的兴起成了这些学科的重要术语。

（一）文化的定义

自从进入近代研究视野，"文化"这一概念在中外学术界不同学科领域曾出现上百种甚至更多的定义。美国语言学家爱德华·萨丕尔(Edward Sapir, 1921)定义文化为一个社会的行为和思想。理查德·本尼迪克特

（Richard Benedict,1930）认为真正把人们凝聚在一起的是他们的文化、共同的思想和标准。美国人类文化学家爱德华·霍尔（Edward T. Hall,1959）提出："文化是人类的媒介。人类生活的方方面面都受到文化的影响和改变。这意味着人的个性、表达方式（包括情感的表现）、思考方式、行为方式、解决问题模式、所居住城市的规划和布局、交通系统的运行和调度，以及经济和行政系统如何组建和运行都受到文化的制约。"人类学家克拉克洪（Clyde Kluckhohn,1965）认为：就文化而言，人类学意味着一个民族的整体生活方式，即个人从他的群体中获得的社会遗产，或者文化可以被看作人类创造的环境的一部分。英国语言学家布朗（H. D. Brown,1978）则这样来看待：文化是生活在特定地理区域的人们或多或少共同拥有的信念、习惯、生活方式和行为的集合。

此外，柯恩（R. Kohls,1979）认为：文化是指特定人群的总体生活方式，它包括一群人想的、说的、做的和制造的一切。文化学家罗伯逊（I. Robertson,1981）的观点是每个社会的文化都是独特的，包含了其他社会所没有的规范和价值观的组合。荷兰学者吉尔特·霍夫斯塔德（G. Hofstede）在2001年提到："我认为文化是将一个群体或一类人与另一个群体或一类人区分开来的思想上的集体程序。'思想'代表了头、心和手。也就是说，它代表了思考、感觉和行动，以及对信念、态度和技能的影响。"我国人类学家费孝通先生写道："文化的深处时常并不是在典章制度之中，而是在人们洒扫应对的日常起居之间。一举手，一投足，看似自然，不加做作，可是事实上却完全没有任意之处，可以说是都被一套潜移默化中得来的价值体系所控制。在什么场合之下，应当怎样举止，文化替我们早就安排好。越是基本的价值，我们就越是不假思索。行为是最不经意的，也就是最深入的文化表现。"

文化定义的多元化说明文化确实是一个庞大且不易把握的概念，这些解读和界定虽然各有侧重，但都仅仅只是解释了文化的一个或几个层面。

（二）文化的分类

由于文化的多样性和复杂性，很难给文化下一个明确清晰的定义，对文化的分类也是众说纷纭、不尽相同。我们从一个侧面来看文化的分类，文化也可以理解为满足人类需求的一种特殊方式。所有人都有一定的基本需求，比如每个人都需要吃饭和交朋友等。美国社会心理学家马斯洛（Abraham Harold Maslow,1908—1970）认为，人都有五种基本需求：

第一,生理需求。这是我们赖以生存的基本需求,包括食物、水、空气、休息、衣服、住所以及一切维持生命所必需的东西,这些需求是第一位的。

第二,安全需求。首先,我们得活下去,然后得保证安全。安全需求有两种,身体安全的需求和心理安全的需求。

第三,归属感需求。一旦我们活着并且安全了,便会尝试去满足我们的社交需求。与他人在一起并被他人接受的需求,以及属于一个或多个群体的需求。例如,对陪伴的需求和对爱的情感需求是普遍的。

第四,尊重需求。这是对认可、尊重和声誉的需求,包括自尊,以及对他人的尊重。

第五,自我实现的需求。人的最高需求是实现自我,充分发挥自己的潜力,成为自己可能成为的人。很少有人能完全满足这种需求,部分原因是我们太忙于满足较低层次的需求。

根据马斯洛的理论,人们通常按上述的顺序满足这些需求。如果把这些需求从低到高比作金字塔的话,人们在攀登金字塔时总是先爬上第一层才能爬上第二层,通过第二层才能到达第三层,以此类推。尽管人类的基本需求是相同的,但世界各地的人们满足这些需求的方式各不相同。每种文化都为其人群提供了许多满足人类特定需求的选择。

人类需求的这五个层次,文化的分类在一定程度上也契合这几个层次。美国翻译理论家尤金·奈达(Eugene Nida)将文化分为生态文化、物质文化、社会文化、宗教文化和语言文化;英国学者彼得·纽马克(Peter Newmark)则把文化分为生态类、物质文化品、社会文化、组织类、手势与习惯等几类。我国学者陈宏薇将文化分为三类,分别是物质文化、制度文化与精神文化。中外研究者根据不同的标准提出了自己对于文化的分类,既有共时、历时的分类,也有学科视角的分类,这几种分类方式均有可借鉴之处。

另一个形象的类比是将文化比为冰山,认为每种不同的文化就像一座独立的巨大冰山,其可以分为两部分:水平面以上的文化和水平面以下的文化。水平面以上的文化仅占整体文化的小部分,约十分之一,但它更可见,有形且易于随时间变化,因此更容易被人们注意到。水平面以下的文化是无形的,并且难以随时间变化。它约占整个文化的十分之九,但要吸引人们的注意力并不容易。水平面以上的文化部分主要是实物及人们的显现行为,如食物、衣着、节日、面部表情等诸如此类人们的说话习惯和生活方式,也包含文学作品、音乐、舞蹈等艺术的外在表现形式。水平面以下的文化包含信念、价值观、思维模式、规范与态度等,是构成人的行为的主体。尽管我们看不到水平面以下的部分,但它完全支撑了水平面以上的部分,并影响着整个人类的各个方面。

二、翻译解析

翻译作为一种复杂的语言综合技能,因其对世界联系、发展的贡献而引起了广泛的关注。大量专家、学者致力于翻译理论、翻译实践的研究,继而形成了一门学科——翻译学。

(一)翻译的定义

任何一种翻译活动,不论从内容方面(政治、社会、科技、艺术等),还是从形式方面(口译、笔译、同声传译)都具有鲜明的符号转换和文化传播的属性。作为文化和语言的转换活动,翻译的目的是沟通思想、交换信息,进而实现人类文明成果的共享。没有翻译作为媒介,文化、传统、科技的推广就无从谈起,所以翻译是人类社会共同进步的加速器。

从文化的角度来说,文化具有动态的特点,由于经济的发展、科技的进步,文化也随之发生改变。例如,互联网和电子媒体技术的发展,带来了网络文化的繁荣,才有了今天的各式各样网络语言和网络文化的产生。对于翻译活动的参与者而言,随时掌握文化的动态,了解世界文化,及时跟进掌握母语文化是从事这一行业的基本要求。所以,所有翻译从业人员应该对政治、科技、经济、社会和时事等保持足够的兴趣,随时了解最新信息,从而在翻译实践中做到游刃有余。

翻译的标准有很多,但基本的共识是要达到"信、达、雅"这三个标准。"信"即对原文的忠实,翻译是不可以随意发挥和篡改原作者的语义和情感的。"达"是指翻译的内容要使读者或听者充分准确地理解,令人迷惑不解的译文是不合格的。"雅"是指语言的优美,能让人产生美感。当然,"雅"应该是建立在"信"和"达"的基础之上的,没有对原文含义的"信"和表达的通顺,"雅"就没有任何意义了。

翻译中的口译具有即时性的特点,译者往往没有充足的时间做准备,要根据现场情况及时、准确地理解和传达,因此译者需具有强大的心理素质,以及更加广博的知识存储。笔译的从业者则要从不同的方面来考虑。

首先,笔译要求翻译内容准确和优美,为此,译者应该做好充分的准备,包括对原文作者的了解,对材料背景和相关专业知识的学习和准备。只有做足了功课,才能确保对原文语义的精确理解。表达是笔译的第二步,当然表达的准确程度依赖于译者对原文的理解程度。最后,还要对翻译的内容进行校对,确保没有笔误,不遗失信息。

翻译的方法可以简单分成意译和直译。意译指的是译者只忠实于原文的语义,而不拘泥于原文的表现形式。因为中外文化的巨大差异,很多词语和表达法在另一种语言中完全不存在,或部分存在,这就要求译者对原文语义有更加全面的把握,从而在不改变基本语义的情况下,对表达方式做出适当的调整。直译法既能保持原文的语义又能保持原文的形式,包括原文的修辞手段和基本结构,从而既表达了语义,又保留了一定的原汁原味儿的异国情调。在具体翻译实践中,译者不能僵硬地保持意译或直译的风格,采用哪种方式视具体情况而定,取决于原文的特点。在绝大多数情况下,需要两种翻译方式的结合来创作出理想的译文。

最后说一下译者基本素质的修炼。首先,译者要有较高的外语水平,只有这样才能从理解和表达的角度做到准确无误。其次,译者还要有扎实的汉语基础,这和要有雄厚的外语基础是同样的道理。除此以外,译者还应该具有广博的知识储备、丰富的翻译经验和认真的工作态度。只有具备了上述条件,才能成为一名优秀的翻译工作者。

(二)翻译的分类

不同学者从不同的角度对翻译进行了分类,具体见表1-1。

表1-1 翻译服务的分类

分类角度	类别	解释
符号学角度	语内翻译	将某一种语言的一些符号转换成同一语言的另一类型符号,如方言转换成民族共同语、A方言转换成B方言、古代语转换成现代语
	语际翻译	将某一种语言的符号转换成另一种语言的符号,这是最常见的、最广为人知的翻译类型
	符际翻译	将非语言符号系统转换成语言符号,或语言符号转换成非语言符号系统,即不同符号之间的转换,如手语翻译

续表

分类角度	类别	解释
翻译材料的语言形态	口译	译员对口头的原材料进行口头翻译,又可按照源语言与目标语言是否同时发生,可细分为同声传译(包括耳语同传)、交替传译;按照场合的不同,又可细分为联络口译、会议口译;按照口译的实现途径又可细分为现场口译、电话口译、网络视频口译
	笔译	译者对书面的原材料进行笔头翻译
翻译活动的专业性	一般性翻译	一般性翻译针对的是一般性的文献和资料,既不属于任何特殊类别,也不涉及精深的专业知识及先进技术
	专业性翻译	专业性翻译针对的待译材料要么性质属于专门类别、要么涉及某一高度专业化领域,或者采用特定的格式和载体(如多媒体载体、胶片、视频等),或翻译该材料需遵循特定的操作程序和协议,或使用特殊工具或技术(如计算机软件、多媒体资料等)
翻译内容的领域	文学翻译(包括虚构作品翻译、戏剧翻译、诗歌翻译等)	文学翻译是对各类文学作品,如小说、传记、诗歌、戏剧、故事等的翻译
	视听产品翻译	对影视作品的字幕、歌剧或戏剧的字幕、影视画外音、原声音乐歌词的翻译
	技术翻译	对所有与专业知识领域、专业技术以及工艺有关的资料文档的翻译
	哲学作品翻译	对哲学作品的翻译,它处于文学翻译和技术翻译的"交界处",因为它不但要求译者具有较高的文学素养,而且要熟悉哲学
	法律翻译	对法律文本、法令法规、司法文档以及各种合同的翻译
	军事翻译	对军事领域材料的翻译,如军情报告、军事设备说明书、作战计划、外国情报等
	商业翻译	对商业文件(如合同、海关文书、发票、运输单证、保险单证)的翻译
	金融翻译	对金融类文件如公司资产负债表、法人报告、年度财务报表、财务安排、金融合同、证券购买凭证、证券交易文件等的翻译

续表

分类角度	类别	解释
	信息技术翻译	对信息技术领域的软件、硬件相关的资料的翻译
	生物医学和药学翻译	对医学和药学专业领域的资料(例如,实验报告、药理分析报告、研究文献、检测报告、分析报告、(药品)上市许可申请、治疗方案、出院小结、护理协议等)的翻译
	建筑翻译	对建筑领域的资料(如施工图纸、施工合同、质量标准等)的翻译
	学术翻译	对学术性文章、论文、专著、学术会议简报、实验报告、研究报告等的翻译

（三）翻译的标准

人类的思维千头万绪,语言的活动五花八门,翻译的材料各种各样,因而也就决定了语言翻译活动范围的广阔性和多样性。而且,无论什么样的思想都只能在语言材料的基础上产生和存在,所以自然就要对再现另一种语言的翻译工作提出严苛的要求,为满足这种要求而提出的标准,就是翻译标准。

由于翻译活动并非单纯地对原文的翻印,而是对原文创造性地再现,所以翻译并非像一些人所想象的那样,是照葫芦画瓢,也不是有一个词就译一个词的堆砌翻译。翻译中所遇到的问题,归根结底是表达问题,即表达原文语言在内容和形式上密切联系的整体中所表达的一切。那么,这"一切"又该怎样表达呢?毫无疑问,应该是准确而完整的表达。

所谓的准确而完整地表达,就是要求译者用标准的本族语再现原作者通过语言所表达的一切,既不能有丝毫的削弱、冲淡或夸大、编造,也不能任意重述、改写或简述、剪裁。在任何情况下都必须准确理解原著精神和作者的本质意图,用正确的语言材料予以表达。

翻译不应当逐字死译,但也不应当凭主观想象而随意臆造。翻译时,要求译者用简洁而地道的本族语言,本质地再现原作者的思想感情或思维意图。要想做到这一点,必须深入研究原文语言在词汇、语法、词义、表现方法等方面与本族语言的异同,深入了解事物的具体实际。

鲁迅说:"翻译必须兼顾两面:一则当然求其易懂;一则保存原作的丰姿。"这句话的意思,就是要求原作思想内容与译文语言形式的辩证统一。

关于翻译的准确性问题,通常从字面上的准确性、意思上的准确性和艺术上的准确性提出要求。语言的活动范围是无限的,要求译者在无限的语言中达到所要求的准确性,似乎是苛求。不过,我们如果把语言材料按照文体加以分类,分别提出准确性的要求,就能够达到接近于实际的准确性。例如,从事科技文献翻译时,应注意以下几点。

(1)技术概念要准确。科技用语是专门反映科学技术知识的语言材料,为此译文的技术概念必须准确。一般译文中出现技术性差错,往往是由于对原文语言理解得不深。准确理解是正确表达的基础,熟通原文语言是保证译文准确的先决条件。

(2)译文说理叙事要清楚,用字用语要简洁。注意避免那种生搬硬套的"死译"和逐词逐段沿着语法轨道堆砌下来的"硬译"。在翻译过程中,要注意词与词、句与句、段落与段落之间的逻辑关系。

(3)做好翻译的技术准备工作。译者不可能在专业知识方面同原作者处在相同的技术水平上,即便技术水平相同,但在每一具体的新技术内容的理解上也会有差异。因为,凡属原作者的创造性的思维,总是包含着新的科技内容,原文所反映的有创见性的一切,大都是他人所不了解的。因此,懂专业的和不懂专业的人,都必须做些技术知识上的准备。比方说,一个搞电子的技术人员,尽管对电子很熟悉,但是对属于光电子范畴的激光就未必很清楚,所以在着手翻译之前,最好多阅读一些与激光有关的技术书籍,做一些技术知识上的准备。

(四)翻译的技巧

1. 长定语的翻译

英语的长定语包括从句、独立结构等,较之汉语的定语有位置、使用方式、使用频率方面的不同,所以长定语的翻译一直是英语学习中的难点。我们学习外语,不可避免地会以母语作为参照,因此外语学习的过程就是摆脱母语干扰的过程。在翻译比较复杂的语言文字时,大脑需在两个语言频道间频繁转换,由于对母语本就依赖,此时大脑更容易受母语影响,而长定语翻译的困难之处正在于此。

在翻译实践中,根据原句的特点和句子长短,可尝试运用两种翻译技巧。

①原句较短,可译成标准的汉语定语句式。例如:

Besides coffee industry, there are many other fields in which Uganda and China can cooperate.

除咖啡产业外,乌中之间在很多其他领域都可以开展合作。

②原句较长,可将定语从句拆开单译。例如:

After years of economic reform, this country has achieved macro-economic stability characterized by low inflation, stable exchange rates and consistently high economic growth.

经过数年经济改革,这个国家实现了宏观经济的稳定,其特点为低通胀、汇率稳定和持续高速的经济增长。

在即时口语翻译中,时间有限,若译成较长的句子,容易产生口误或错误,导致听者理解困难。汉译英时更要注意长定语的翻译,毕竟我们英语的使用不如汉语熟练,如果在长句翻译中稍有语法错误就会影响翻译质量。英文母语使用者第一追求是意思的清晰明了,而不是句式和用词的复杂华丽。

2. 无主句的翻译

无主句是汉语使用中常出现的情况。例如:

医院将提升学术水平作为重中之重,实施科研精品战略,以立足长远、收缩战线、调整布局、突出重点、加强协作、结合医疗为方针,加强学科建设、重点实验室和科研队伍建设,先后培养出5个国家重点学科,18个省重点学科、8个卫生部重点实验室,为获取重大科研课题和重大科研成果奠定了基础。

在这样一个长句中只有开头一个主语。翻译中如果也这样设计句子结构,就会产生非常混乱的感觉。具体翻译方案建议如下:

添加主语: The hospital prioritizes the upgrading of academic capacity and establishment of key disciplines. It practices the "Strategy of Premium Research". It holds on to the Long-term based, concentrated, restructured and concerted guideline which combines with medical service.

被动语态: Key disciplines and key labs are emphasized in the process which resulted in the establishment of 5 national level disciplines, 18 provincial ones and 8 labs of ministerial importance.

在书面和非常正式的场合可用从句: That premium research is practiced as a strategy, that the guideline of long-term, concentrated, prioritized development are emphasized.

3. 替代词的使用

在阅读翻译作品时,我们常感文字表述不顺,很重要的一个原因是,英文替代词的使用要远多于汉语,其中包括代词、名词、助动词、系动词等。此时,我们应该注意依照目标语的使用习惯进行转译。例如:

沈阳是个以制造业为经济基础的城市……沈阳还是个有着上千年历史的古城。

Shenyang is a manufacturing based industrial city... it is also a thousand years old ancient city.

I prefer cars made in Germany to those made in Japan.
相比日系汽车,我更喜欢德系车。
另一种替代是用可表示其特点的名词替代。例如:

Both China and the United States are great countries in the world and their partnership will be contributive to world peace and development. The greatest development country and the greatest developing country will certainly play leverage in world affairs.

中美两个大国及其伙伴关系会对世界和平和发展做出巨大贡献,两国在世界事务中将起到举足轻重的作用。

注:英文表述中分别用表示各自特点的名词 the greatest developed country 和 the greatest developing country 替代各自的名称,这样的情况在英文中比比皆是,如提及中国时可用 the fastest growing economy, the most populous country in the world, the ancient oriental civilization 等,提到美国时可用 the most advance economy, the only superpower 等。

4. 三段式翻译

中文表述中常出现多谓语情况。例如:
大连地处辽东半岛南端,风光美丽宜人,是东北乃至东北亚地区重要的海港城市。

这种情况下,建议将次要谓语译为独立结构,另两个谓语译为双谓语句子。翻译如下:

Situated on the south tip of Liaodong Peninsula, Dalian is a city of pleasantry and a harbor city of regional importance in Northeast China, even in Northeast Asia.

5. 插入语

英文会使用很多插入语，跟汉语相比这是较为独特的现象，在翻译中应该注意句子成分位置的变化，以达到更加地道的语言表达效果。例如：

Another impediment to archaeological research, one of worldwide concern, was the increasing resistance to excavation of the remains of indigenous inhabitants.

令世界关注的另一个对考古研究的阻碍是人们对当地居民遗产的发掘的抵制。

Zookeepers know, to their despair, that many species of animals will not bread with just any other animal of their species.

令他们失望的是，动物饲养员知道很多动物并不随意与同类交配。

6. 句子成分转换

一些经验不足的译者往往进行字对字的翻译，经常费力不讨好，译出的语言文字显得不伦不类，有时甚至令人费解。实际上，翻译是一个思想传递的过程，而非一味追求语言的绝对忠实。例如：

装备制造业是国家工业化、现代化的标志，也是国民经济的基础，是一个国家竞争力的体现。

Capacity of Equipment manufacturing indicates industrialization and modernization, underlies national economy and backs up national competitiveness.

上例中，将原文的宾语译成了谓语。

7. 填词、省略法

在翻译过程中，原则上不能随意加词，但为更好地表达，以便读者或听者更好地理解，翻译时也可添加词，前提是虽原文中未提及，但明显隐含其意。例如：

Without your help, my trip to China wouldn't have been such a pleasant one.

如果没有你的帮助，我的中国之行不会如此愉快。

有添,就有略,二者都是由文化差异、语言习惯造成的。如果不进行必要的处理,自然无法达到最佳翻译效果。例如:

会议讨论了环保问题。

Meeting discussed environmental protection.

上例中省略了"问题"。

8. 功能对等翻译

(1)词汇层面的翻译

严格来讲,英汉词汇之间并非对应关系。对于汉语特色文化词语在英文文本中的翻译,其在功能上的对等是指汉语意义可用不同的英语表达方式来体现。因为译者在翻译过程中的首要目标应是使原文和译文处于内容和信息对等的关系,而非追求原文和译文是同一语言表达形式。例如:

直到1953年12月,第一版《新华字典》才终于杀青付梓。

It was not until December 1953 that the first edition of *Xinhua Dictionary* was finally available.

成语"杀青付梓"意为"写定著作,完成作品且书稿雕版印刷",西方读者对这中国古代书籍的制作流程是较陌生的,如完全根据原意翻译未免过于啰唆生涩,所以在译文中,通过改变词汇形式进行处理,又根据英语表达习惯,对于流通的商品一般使用available表达,因而选择这一词语以实现原文和译文词汇层面上的对等。

总之,初学者得之,固以为得所依傍,实则未能解决问题,或仅在解决与不解决之间。

In a word, when beginners got it, they may take it for grounded that they can count on it, but in fact the problem still remain unsolved in their head, or only in-between.

根据功能对等论,译者不能苛求原文形式,所以句末的"或仅在解决与不解决之间"就没有必要死板地直译成Or just between resolving and not resolving,应灵活地进行改变,译成符合英语读者逻辑思维和表达习惯的译文,所以用in-between一词代替,避免词语的多次使用造成句子的冗杂和拖沓。

(2)句子层面的翻译

奈达认为,在必要时翻译不应过分强调与原文完全对等,而应在充分理解原文的基础上,根据目的语读者的逻辑思维关系,及时、恰当地改变

原文的表达方式,使译文符合目标读者的逻辑思维和表达习惯。例如:

按理说,有这样一个专业的团队,凭借这样的敬业精神,编出一部高质量的字典指日可待,但事实却并非如此简单。

It's reasonable to say that with such a professional team and such dedication, the preparation of a high-quality dictionary was just around the corner, but the fact showed otherwise.

句中"但事实却并非如此简单",如按字面意思译为 But the truth was: it's not that simple 虽无错误,但根据句法对等原则,译者需明确句子中心及句子各层次之间的关系,进而能更加细微地厘清句子中所涉及的各种细节。在分析后便可知此句所表达的意思是要和"指日可待"形成对比,为更好地传递原文意思,译成 but the fact showed otherwise,不仅强调了原文目的,将 fact 作为主语后,句子也更显灵活生动、简明干练。

当送达终审者叶圣陶手中时,这位专家型的领导肯定"辞书社所编字典尚非敷衍之作,一义一例,均用心思,但还是感觉其普及性明显不够,唯不免偏于专家观点,以供一般人应用,或嫌其烦琐而不明快"。

When it was delivered to the final reviewer, Ye Shengtao, the expert leader affirmed that "The dictionary is not perfunctory, and each interpretation is specified, but still I feel that its popularity is obviously insufficient, only it is not biased to the expert's perspective, and suitable for the public, as well as not cumbersome yet crystal clear, it can be considered as a qualified one."

中文以意群划分句子,英文以结构划分句子。本句围绕字典的优劣进行阐述,单独成为一个分句,每个小句主语不停变化,从字典的普及性到专家再到普通民众,形容词也不停随之变化。根据"句法对等"的要求,目的语读者应该能像源语读者理解原文那样来理解译文。要实现这一点,就需在必要时改变原文形式和结构,确保译文在语法上、文体上无生硬表达,避免翻译腔。所以在翻译每个小句时添加连接词,如 but, and, as well as, yet 以连接成句,使译文既实现句意的完整,又保证结构的连贯。同时增译了 it can be considered as a qualified one,因前文中虽在提出"所编字典"的不足之处,但实际上也在传递一本合格字典应达到的要求,所以通过增译将原文更深层次的信息表达出来。

(3)语篇层面的翻译

在话语模式上,汉语表达偏含蓄委婉,注重铺垫,在语篇中主要采用断续分离和间接表达,更追求行文的节奏和韵律。[①]但英语国家属于纵向思维模式,表达习惯思想开放,直接切入主题,语义关系一目了然。由于中西方文化的差异,便可在翻译过程中调整语序,使文章连贯一致,符合英语表达的特点。例如:

在"国语运动"推行40多年之后,以北京音为民族共同语,以白话文为书面表达文字,这些已经深入人心的成就第一次以字典的形式确认下来,并以更强大的影响力广为传播。

These achievements, after more than 40 years of the implementation of the National Language Movement, Beijing dialect was adopted as the national common language and vernacular Chinese as the written language, have been deeply rooted in people's hearts, confirmed in the form of a dictionary for the first time and widely spread with a much stronger and further influence.

语篇对等要求译者在翻译时注意整体结构,理解全文和各部分之间的联系,把握文章本意和细节,准确传递原文信息。这一部分属于全文总结部分,但这些句子所构成的语篇也为下文做了铺垫。由于英语中语义关系表达直截了当,更偏向于在表达时"先结果,后过程",据此,便在译文中改变语序,将 These achievements 前置,通过同位语对其加以解释和补充,再用 with 的复合结构作为伴随状语衔接后续内容,将原文意思准确表达的同时也更符合英语表达习惯。

由于编撰者特别注重了"广收活语言"和"适合大众",这部字典比较真实地反映了民间汉语言鲜活的状态,能够让广大民众携至街头巷尾、田间地头,实用且亲切。而在国民基础教育未能普及、文盲半文盲数量巨大的过去数十年里,一部《新华字典》无异于一所没有围墙的"学校"。它为这个民族整体文化素质的提升,做出了巨大贡献。

Because the editors paid special attention to "the wide acceptance of vivid language" and "suitable for the public", so this dictionary can truly reflect the lively state of the folk Chinese language, as it can be carried by the general public to everywhere, and contained with practical kindness. In the past decades, when basic education was not widely popularized and the number of illiterate and semi-literate people was huge, a *Xinhua Dictionary* was no more than a school without walls, which has made great contributions to the improvement of the overall cultural quality of the nation.

---

① 郭建中. 翻译文化因素中的异化与归化[J]. 上海外国语大学学报, 1998(2): 8.

功能对等首先注重的是对原意的完整传达,其次才是考虑译文与原文形式上的对等,即译文是否与原文的形式和顺序一致并非首要,而使译文能够准确地传达原文意思并且符合目标读者的表达习惯更为关键。在语篇结构上,英语注重语法结构,汉语注重语义表达。因此,在语篇翻译时,考虑到英语读者的阅读习惯,对部分篇章的结构和语序进行了调整,如将文中的最后两句话"而在国民教育……巨大贡献"进行合并后以更为流畅的行文结构进行陈述,同时,为达到英语表达的连贯性,用as, with, which 等词引导小句以衔接上下文,以干练顺畅的语言进行翻译,体现英语表达的逻辑性和结构性。

(五)翻译的流程

1. 获取翻译任务

翻译项目提供者(即翻译服务需求者)通过招标或其他形式提出翻译任务及其要求,当翻译项目提供者对某个应标的翻译服务公司或个体译员的能力和资历满意时,双方可以就翻译服务的质量标准和完成任务的时间、条件、交稿方式、期限和付费标准达成协议。然后,翻译项目提供者将待译材料(如文本、文件代码、信息、磁带及其他材料)交给翻译服务公司或个体译者。

2. 接收和检查待译材料并制定翻译计划

翻译服务公司或个体译者拿到待译材料(文本、文件、代码、信息、磁带等)之后,需要对其进行检查,确保拿到的材料没有任何问题。必要时,译者需要在翻译之前对待译材料作一些特别的处理,有时候是很复杂的处理,如拆解软件、提取代码、使用网上帮助、将文档植入机辅翻译程序、对文件进行确认并数字化等。如果翻译量很大或需要很多操作人员的参与,那么翻译服务公司(往往是项目经理具体负责)或个体译者需要制定运作计划,以确定每个人的职责、任务执行的时间点、需要多长时间、使用何种方式及需要何种资源。

3. 待译材料的分析和翻译模式的选择

为了保证译文的质量,译前需要对待译材料进行分析,对待译材料的分析会帮助译者发现难点与疑点,确定需要查找信息的部分,并整理统计出需要与翻译项目提供者澄清的问题。此外,因为翻译工作的执行存在多种方法与模式,因此在某种程度上而言翻译就是一种抉择活动。如果条件允许,译者应该与同事们就这些翻译模式的选择进行讨论,以征求其他译者对自己所选翻译模式的意见。

4. 寻找信息,弄清楚待译材料亟待解决的问题

为了有效地进行翻译工作,译者需要对待译内容做到了如指掌,即译者不仅要了解表面内容,此外还需了解所有的相关先决条件(尤其是作者的目的与写作意图),以及了解翻译材料必需的条件。特别是当待译材料的主题不是译者所熟悉的领域时,译者应该想方设法、利用一切途径(例如,咨询原文作者、翻译任务的客户、翻译同行或同事,或借助互联网对原文进行分析研究,或向相关技术人员请教,或者阅读相关领域的资料,或参加培训),争取透彻理解该待译材料。

5. 确定翻译需要的版本和相应条件

在翻译工作真正开始之前,译者需做两件事:其一,创立一个将文本之外的内容剔除的待译版本。必要时还需要对该待译版本进行格式处理,如选择页面字体、确定方位标等;其二,译者搜集并准备必要的硬件和软件条件,以及完成翻译工作所需要的技术设备等。

6. 转换

在此步骤,译者真正进行语言转换。在这一过程中,译者需要为了准确理解待译材料而去查阅字典、资料,获取自己欠缺的知识;而且,译者需要利用相关的软件和技术,启用翻译主题相关的表达模式、词汇和表达方法,以确保翻译质量。

7. 校对和审校

译者的翻译工作结束后,需要对其译稿进行检查和核实,以确保全部内容都已翻译完成,译稿意思正确、清晰易读,符合翻译项目提供者的特殊要求,符合源语言材料与目标语言材料相吻合的原则,即意义吻合、目标吻合、目的吻合、目标使用者的需要吻合。

严格意义上,校对工作是对译文的拼写错误或语法错误进行纠正,但不对译文进行润色或其他修改。审校人员不仅纠正译文错误,并在必要情况下对译文进行润色,补充完善译文来保障译文的语言、技术及翻译质量。对于非常重要的翻译任务,往往会进行多轮校对或审校。

8. 修正及改编

一般而言,针对校对和审校人员给出的意见,译者负责对译稿进行修正或完善。但是在实际工作中,有时审校人员会在译者不知情的情况下对译文进行修改。

改编主要根据特殊约定(例如规章制度),或因为所针对的目标群体的改变,或因为载体的改变,或设计格式的改变,需要对译文进行改编。

9. 确认/鉴定

对于非常重要的资料,如涉及经济或技术风险、翻译需求方的形象或品牌时,一般要对翻译成品进行确认。

10. 排版和载体处理

在完成译文校对、审查、修正和确认这些译后步骤之后,需要将译文材料的各个部分组合在一起进行排版,再选择合适的格式,将排好版的译文放到最终传播载体上。

11. 提交任务

翻译服务提供方将译文提交给翻译服务购买方,标志着翻译服务的终结。

第二节　中西文化差异对英汉翻译的影响

一、中西语言因素差异

语言与文化密切相关,文化对语言有着重要的影响。文化不同,其影响下的语言也不尽相同。了解中西方语言与文化差异,有助于了解英汉语言的规律与文化习俗,明确产生差异的原因。

中国传统哲学观是"天人合一"。中国"天人合一"的思想必然导致集体主义取向、他人利益取向和以天下为己任的大公无私精神。儒家思想(Confucianism)是集体主义文化的思想根基,汉语文化中更重视一个人是某个集体中的人(a group member)这个概念,所有"个人"被看作整个社会网中的一部分,不强调平等的规则,而是强调对群体的忠诚。集体主义者对他直接隶属的组织承担责任,如果不能完成这些责任和任务,他们就会感到丢脸。集体主义者对自己群体内的人很关心,甚至达到舍己救人、牺牲自我的地步,对群体外的人可能会很强硬。集体主义文化把"自我肯定"(self assertiveness)的行为看作是窘迫的,认为突出自我会破坏集体的和谐(harmony)。集体主义文化中强调互相帮助和对集体负责。任何个人的事都要在集体的协助下完成,一个人的事也是大家的事,朋友之间对个人事务要参与和关心。与集体主义(collectivism)和利他主义(altruism)相伴随的是无私的奉献精神(spirit of utter devotion),当国家、社会和他人的利益与个人利益相冲突时,传统道德价值观往往教育我们要舍弃个人利益,以国家、集体和他人利益为重,把国家、社会和他人的利益放在个人利益上,这种无私奉献、公而忘私的精神一直受到社会推崇,受到民众敬仰。

西方哲学观自古倾向于把人与大自然对立起来,即天人相分,强调人与大自然抗争的力量。所以,西方重个人主义、个性发展与自我表现。西方个体主义思想的哲学根基是自由主义(liberalism),它的基本主张是每个人都能做出合理的选择(make well-reasoned choices),有权依照平等和不干涉的原则(equality and non-interference)去过自己的生活,只要不触犯别人的权利,不触犯法律和规章制度,他们就有权利追求个人的兴趣和爱好,一个好的公民是守法(law-abiding)和讲究平等的人（egalitarian）。在个人主义高度发达的社会中，它的成员逐渐学会并擅长表达自己的独特性（uniqueness）和自信心（self-confidence and assertiveness），表达个人的思想和情感，对于不同意见公开讨论，这些都是人们看重的交流方式。他们不害怕别人的关注（attention），因为这种关注才能证明他们的独特性。

英汉语言有各自的特点。英语句子有严谨的句子结构。无论句子结构多么复杂，最终都能归结为五种基本句型中的一种（主语＋谓语／主语＋系词＋表语／主语＋谓语＋宾语／主语＋谓语＋间宾＋直宾／主语＋谓语＋宾语＋宾补）。英语句子结构形式规范，不管句型如何变化，是倒装句、反义疑问句还是 there be 句型，学习者都可以从中找到规律。英语句子还采用不定式、现在分词、过去分词，引导词以及连词等手段使句子简繁交替，长短交错，句子形式不至于流散。汉语句子没有严谨的句子结构，主语、谓语、宾语等句子成分都是可有可无，形容词、介词短语、数量词等都可以成为句子的主语。一个字"走"，也可以成为一个句子，因其主语为谈话双方所共知，所以不用明示其主语。汉语句子不受句子形式的约束，可以直接把几个动词、几个句子连接在一起，不需要任何连接词，只要达到交际的语用目的即可，句子形式呈流散型。英汉两种语言的区别概括如下：

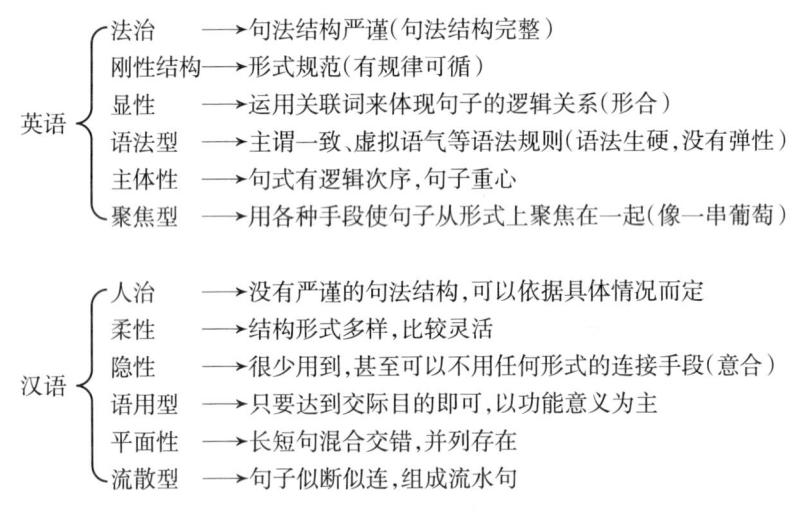

英语 ｛
- 法治 →句法结构严谨（句法结构完整）
- 刚性结构→形式规范（有规律可循）
- 显性 →运用关联词来体现句子的逻辑关系（形合）
- 语法型 →主谓一致、虚拟语气等语法规则（语法生硬，没有弹性）
- 主体性 →句式有逻辑次序，句子重心
- 聚焦型 →用各种手段使句子从形式上聚焦在一起（像一串葡萄）

汉语 ｛
- 人治 →没有严谨的句法结构，可以依据具体情况而定
- 柔性 →结构形式多样，比较灵活
- 隐性 →很少用到，甚至可以不用任何形式的连接手段（意合）
- 语用型 →只要达到交际目的即可，以功能意义为主
- 平面性 →长短句混合交错，并列存在
- 流散型 →句子似断似连，组成流水句

综上所述，英语是以形寓意，汉语则是以神统法。下面就从形合意合和句子重心位置两个方面进行具体阐释。

（一）意合与形合

意合（parataxis）即词与词、句与句的从属关系的连接不用借助于连词或其他语言形式手段来实现，而是借助于词语或句子所含意义的逻辑关系来实现，句子似断似连，组成流水句，语篇连贯呈隐性。中国的唐诗、宋词在建构语篇情境时，采用的就是意合。形合（hypotaxis）常常借助各种连接手段（连词、介词、非限定性动词、动词短语等）来表达句与句之间的逻辑关系，句子结构严谨，连接关系清楚。句与句、段落与段落之间彼此关联、相得益彰，像摆在我们面前的一串串葡萄。

1. 意合语言

汉语中很少用到甚至不用任何形式的连接手段，而比较重视逻辑顺序，通常借助词语或句子所含意义的逻辑关系来实现句子的连接，因此汉语是一种意合语言，句与句之间的连接又称隐性（implicitness/covertness）连接，汉语句子可以是意连形不连，即句子之间的逻辑关系是隐含的，不一定用连接词，这无论是在中国的唐诗、宋词、元曲等古文作品中，还是在现代文作品以及翻译中都体现得淋漓尽致。

例如，苏轼的《水调歌头》：

明月几时有？把酒问青天。不知天上宫阙，今夕是何年。我欲乘风归去，又恐琼楼玉宇，高处不胜寒。起舞弄清影，何似在人间。转朱阁，低绮户，照无眠。不应有恨，何事长向别时圆？人有悲欢离合，月有阴晴圆缺，此事古难全。但愿人长久，千里共婵娟。

全词言简意赅，没有借助任何连接手段，而是完全借助于隐含的意义上的逻辑关系，完成了整个语篇意义的建构，以月抒情，表达了词人在政治上的失意，同时也表达了他毫不悲观的性格。

在现代文中这样的例子也比比皆是，下面就是一例：

到冬天，草黄了，花也完了，天上却散下花来，于是满山就铺上了一层耀眼的雪花。

可以看出汉语句子的分句与分句之间，或者短语与短语之间，在意思上有联系，但用很少的关联词连接每个分句或短语。英语中也有意合结构，但这种情况很少，句与句之间可以使用分号连接。

2. 形合语言

英语有严谨的句子结构,句型有规律可循(倒装句、反义疑问句、祈使句、疑问句以及 there be 句型等),语法严格而没有弹性(主谓一致、虚拟语气、情态动词用法、冠词、介词、代词、名词的格和数、时态及语态等),常常借助各种连接手段(连词、副词、关联词、引导词、介词短语、非谓语动词、动词短语等)来表达句与句之间的逻辑关系,因此英语是一种重形合的语言,其语篇建构采用的是"显性"(explicitness/covertness)原则。例如:

So far shipment is moving as planned and containers are currently en route to Malaysia where they will be transshipped to ocean vessel bound for Denmark.

到目前为止,货运按计划进行中。集装箱货物正在驶往马来西亚的途中,在那里将被转为海运,开往丹麦。

英语中有时需要用 and 把词与词、句与句连接起来,构成并列关系。如果把 and 删掉,就违背了英语严谨的句法规则,此句也就变成了病句。在汉语翻译中,and 不必翻译出来,句子意义的表达也很清晰。

在复合句的表达上,英汉两种语言存在着形合与意合的不同,即在句与句之间的连接成分是否保留上二者有本质区别。英语以形合见长,汉语以意合见长。

通过对英汉句子的对比,我们可以看出英译汉的过程中一些连接词的省译可以使译文更具汉语意合的特点,反之亦然。也就是说,在进行两种语言的翻译时,要考虑到这两种语言的特点,做必要的衔接连贯手段的增添或删减。

(二)句子重心

中国人和西方人截然不同的逻辑思维方式,导致了两种语言句子结构重心(focus of sentence)的差异。英语重视主语,主语决定了词语及句型的选择。主语可以是人也可以是物。西方人还经常使用被动语态来突出主语的重要性。汉语重话题,开篇提出话题,再循序渐进,往往按照事情的发展顺序,由事实到结论或由因到果进行论述,所以在汉语中多使用主动语态。英语重结构,句子比较长,有主句有从句,主句在前从句在后,甚至于从句中还可以包含一套主从复合句,句子错综复杂。每个句子就像一串葡萄,一个主干支撑着所有的葡萄粒。主句就是主干,通常放在句子的最前面。汉语重语义,句子越精练越好,只要达到表意功能即可。

综上所述,英语句子的重心应该在前,而汉语句子的重心应该在后。这点在翻译中所起的作用是不言而喻的。在翻译过程中,为了突出对方的重要地位,经常使用被动句,把对方放在主语的位置上。

比如,为了让对方迅速了解信函的目的,开篇就要点明写作意图,然后再作解释说明。与此同时,必须弄清楚整个句子的句法结构,找到句子的主干以及分清句子中各成分之间的语法关系,即弄清句子的主句,再找从句和其他修饰限定,把重要信息放在主句中。例如:

我们打交道以来,您总是按期结算货款的。可是您 L89452 号发票的货款至今未结。我们想您是否遇到什么困难了。

Please let me know if you meet any difficulty. Your L89452 invoice is not paid for the purchase price. Since we have been working with you, you are always on time。

汉语句子开篇提出话题,然后再说明所发生的事情,最后说明信函的目的,句子重心在后。英语句子则不同,开篇就说明了信函的目的,而且以对方为主,表示对对方的尊重,句子重心在前。

我公司在出口贸易中接受信用证付款,这是历来的习惯做法,贵公司大概早已知道。现贵公司既提出分期付款的要求,经考虑改为50%货款用信用证支付,余下的50%部分用承兑交单60天远期汇票付清。

Your request for payment in installments, with 50% of the payment by credit card, and the remaining by D/A 60 days' sight draft, has been granted despite the fact that it's an established practice for our company to accept L/C in our export trade as you probably already know.

汉语由几个短句构成,先谈规则,再谈按照对方要求所做的改动(即最终结果)。英语句子仅仅用了一句话,借助于介词短语、状语从句、方式状语从句等把所有的信息都涵盖了。句子错综复杂,理清句子结构显得尤为重要。句子中最重要的信息被放在了句首,也是句子的主干。为了达到这一目的,句子用物作主语,并使用了被动语态,突出了主句。主句 Your request for payment in installments has been granted 才是句子的重心。

The J. Paul Getty Museum seeks to inspire curiosity about, and enjoyment and understanding of, the visual arts by collecting, exhibiting and interpreting works of art of outstanding quality and historical importance. To fulfill this mission, the Museum continues to build its collections through purchase and gifts, and develops programs of exhibitions, publications, scholarly research, public education, and the performing arts that engage our diverse local and international audiences.

J. 保罗·盖蒂博物馆通过购买或接受赠品来扩大其收藏,开办展览项目,出版作品等方式进行学术研究,开展公共教育,通过表演活动吸引当地观众和国际观众。J. 保罗·盖蒂博物馆这样做的目的是通过收集、展览以及诠释高质量的、杰出的、有历史意义的艺术品,来激发人们对视觉艺术的好奇心,促进人们对艺术品的理解和欣赏。

相比较而言,英语总是能"直戳要害",开门见山地点出句子的重点和主题。我们平时阅读双语文章,有时候遇到汉语读不太懂的句段,反而看对应的英语翻译会觉得豁然开朗,大致原因也是要归功于英语的直观性了。

二、中西文化因素差异

(一)螺旋形思维模式

中国人的思维模式是螺旋式的流散形思维模式。整个思维过程按事物发展的顺序、时间顺序或因果关系排列,绕圈向前发展,把做出的判断或推理的结果,以总结的方式安排在结尾。也就是先说事实、理由,再得出结论。行文如行云流水,洋洋洒洒,形散而神聚。例如:

昨晚,我厂发生了火灾,虽然最终扑灭,但是部分货物还是受损严重,其中有本打算周末发往您处的沙滩帐篷。我厂将尽快赶制一批帐篷,望您方将收货日期延长至下月底。

汉语思维: A fire broke out in our warehouse last night. Though it was put out soon, part of the stock was seriously damaged, including the tents which had been intended to send to you this weekend. We will try hard to produce a new consignment, and we hope that you can extend delivery to the end of next month.

英语思维: We will be grateful if you could extend delivery of the tents to the end of next month. A fire broke out in our warehouse last night, and destroyed part of the stock which we had intended to ship this weekend. We are trying hard to produce a new consignment to replace the damaged ones.

我们试着从买方看到汉语思维译本可能做出的反应的角度来分析一

下,括号内为买方的可能反应。

A fire broke out in our warehouse last night.(Oh, sorry to hear about that. 仓库着火,深感同情。)Though it was put out soon, part of the stock was seriously damaged,(Still, sorry to hear about that. 库存损失严重,还是深感同情。)including the tents which had been intended to send to you this weekend.(What! 什么? 我们买的帐篷也烧了? 惊愕!)We will try hard to produce a new consignment,(Oh, yeah? 你们在赶做我们的货啊?)and we hope that you can extend delivery to the end of next month.(Why don't you say it at first? 要推迟交货日期到下月末,哎呀怎么不早说呀!)

相比而言,英文思维译本开篇就先把与买方息息相关的内容作了阐述,态度也会显得比较诚恳(We will be grateful if)。在翻译中,不能按照汉语的思维方式来翻译。否则,会导致交际失败,甚至影响贸易的顺利进行。

(二)直线型思维模式

在思维方式上,西方人具有严密的逻辑性和科学性,是直线型思维模式。他们往往以直线推进的方式,进行严密的逻辑分析。在语言表达上表现为先论述中心思想,表明观点,而后再对事件背景、起因、经过、结果等分点阐述说明。在建构语篇时,他们也习惯于开篇就直接点题,先说主要信息再补充说明辅助信息。在翻译过程中,应该按照西方人的思维模式:先点题,再阐述具体信息;结果放前,原因放后;先中心思想,后具体细节信息;先主要信息,后次要信息或辅助信息。例如:

You will receive an itemized statement on the thirtieth of each month, as the enclosed credit agreement specifies.

按照附件中的信用卡使用协议,每月 30 日收到详细账单。

英语思维方式是先主要信息(receive an itemized statement),后辅助信息(as the enclosed credit agreement specifies);汉语思维方式是把主要信息放在后面(即每月 30 日收到详细账单)。

We will open the L/C as soon as we are informed of the number of your Export License.

我们收到你方的出口许可证号,就开信用证。

英语思维方式是先目的(open the L/C),再提条件(we are informed

of the number of your Export License)。汉语思维方式是先提条件(收到你方的出口许可证号),再说明要达到的目的(开信用证)。

第三节 英汉文化翻译的原则与策略

一、英汉文化翻译的原则

(一)目的原则

目的论认为,所有的翻译活动都应该以目的原则为行动指南,即在目的语的语境和文化中,翻译行为应该朝着满足目的语读者需求的方向发展。翻译目的在整个翻译过程中起着决定性的作用。同时,翻译的过程并不是只有一个目的。翻译目的可分为三类:
(1)译者的经济目的(如养家糊口)。
(2)翻译的交际目的(如给读者的启示)。
(3)特定翻译策略和方法的目的,如直译以保持源语的特点。
因此,在翻译前,译者首先要确定文本的翻译语境和目的,然后根据翻译目的选择相应的翻译方法。

(二)连贯原则

连贯原则认为,译文必须符合语内连贯,译文文本及其与目的语文化之间的关系,译文所具有的可接受性和可读性,应使受众理解并在译入语文化及使用译文的交际语境中有意义。如果目的要求与语内连贯不一致,语内连贯的概念就不再起作用。

(三)忠实原则

忠实原则要求译者对翻译过程中的各方参与者负责(目标语读者和原文作者),忠实于原文作者是忠实原则的核心所在,在此基础上,在译文的翻译目的与作者本意之间进行适当的调和。好的翻译应该以交际目的和忠诚的翻译原则为基础。

二、英汉文化翻译的策略

（一）直译

直译是一种保留原文内容和形式的方法。一次成功的翻译应该保持译文的可读性，并在此基础上尽量再现原文的内容和源语的文化内涵。用目的语中最恰当、最贴切的词语直接翻译源语所指内容，不仅可以帮助读者直接理解原文的字面意思，感受源语文化，同时也有助于源语文化的传播，最大限度地保持地方特色。例如：

朵菊下，龟背纹外，黄色菱形纹内填绿、红色方棋纹。

Under the chrysanthemum, outside the turtle-back patterns, yellow argyles are filled with green and red checker patterns.

"龟背纹"是一种中国民间装饰图案，呈连续六边形，因其形状酷似龟背而得名。同时，中国古代认为龟可以预知好运和厄运，也是长寿和吉祥的象征。作为壮锦的一种图案，龟背纹被赋予了吉祥的含义，具有健康长寿的希望之意。龟背的象征有着悠久的历史和独特的中国特色。因此，可直接将其翻译为 turtle-back patterns，以保留其原本的文化内涵。

（二）意译

根据文化翻译理论，翻译不仅要停留在语码重组和语言结构转换的过程中，还要注重源语文化与目的语文化的平等交流，从而使源语文化和目的语文化在功能上尽可能对等。翻译文化类文本时，译者应准确再现源语文本的含义、风格和表达方式，深刻理解和正确把握源语文本所承载的文化信息和文化内涵，并在目的语中完整再现。意译是指摒弃源语字面意义的表达形式，把握深层文化内涵，利用目的语与源语文化的对等词汇传递源语文化信息的翻译方法。在翻译过程中，意译可以更好地以目的语读者可以接受的方式传达文本中的文化。例如：

从此百鸟飞翔，百兽欢乐。

From then on, birds and animals were happy and harmonious.

在词典和翻译软件中，"兽"被翻译为 beast。在西方国家，beast 代表的是危险而凶猛的动物。在柯林斯词典中，beast 指的是"大型、危险或不寻常的动物"。原文所要表达的是动物们披上布罗陀染色的彩线后快乐与宁静的气氛。如果"兽"被翻译成 beast，会破坏原文所创造的文化环境。同时,"百鸟飞翔"只是为了表达出"百兽欢乐"的气氛,不必在译文中逐字翻译。因此,可以将其翻译为 birds and animals were happy and harmonious。

三、英汉文化翻译的实践

文化差异会给文学翻译带来很大影响。俗话说,一方水土养一方人,中西方地域环境存在的巨大不同就形成了不同民族文化的载体。如英国作为一个岛国,面向广阔的海洋,久而久之就形成了酷爱独居和个人自由的天性。当地有这样一句名言就足以说明这点。"My home is my castle. The wind can come in, but the King sand. And the human beings can never come in without my permission."中国远在原始社会就推崇群居,这一思想一直延续至今。所以,中国人比较讲究群体意识。

孔子提倡的中和观点就是最好的例证,这也从侧面反映出两地价值取向的不同。除此之外,不同的环境对人们的思维方式也会产生影响。西欧国家大部分临近海洋,航海业发达,所以人们的思想表达就会与海洋密切相关。中国汉族主要生活于大陆,人们的生活与土地紧密相关,俗语"面朝黄土,背朝天"就是真实的写照。这些思维差异也在文化中得到了体现。如形容花钱大手大脚,英语中的表达是 spend money like water。在汉语中,是用"挥金如土"来表达这一意思的。其中的 like water 和"土"就明显地展示了西欧国家和东方国家生存环境的不同。

风俗习惯的养成肯定要依托于生存的境遇,境遇不同,风俗肯定也是差之甚远。中西方不同的风俗习惯千千万万,这里主要以中西方比较有代表性的两个意象来加以说明。古者有云:"王者以民为天,而民以食为天。"但食的器具,中西方存在很大的差异。在中文古代文献《礼记》《荀子》《史记》中都提到箸和刀叉,而《礼记》上说"羹之有菜者用梜,其无菜者不用梜",其中的"梜"夹从声,木从形,指的就是木筷,而至今,筷子的使用仍然是汉文化的一个标志。西方受古代游牧民族的生活习惯影响,一直都使用刀叉,延续至今。这些饮食习惯的不同也反映了中西民族不同的价值理念。刀叉的使用必然带来分食制,而筷子的使用必然要求家庭成员围坐桌边共同进餐。

由于西方一开始就分吃,从而衍生出西方人讲究独立,子女长大后独立闯世界的想法和习惯。筷子带来的合餐制,突出了老老少少坐在一起的家庭单元,从而让东方人拥有了比较牢固的家庭观念。

所以说,文化的差异带给翻译的影响是十分重大的,它或多或少地会给翻译造成一定程度上的阻碍。下面笔者就以《沙扬娜拉》和《再别康桥》为例进行阐述。

徐志摩,笔名诗哲,浙江海宁人,新月派的代表诗人《沙扬娜拉》是徐志摩与日本女郎道别时留下的名篇,这首诗虽然简短,但饱含韵味,将女郎的依依惜别之情展现得淋漓尽致。沙扬娜拉在日语中是"再见"的意思,而诗人为了凸显日本女郎的文化气息,特地用"沙扬娜拉"为题,但在英文版的《沙扬娜拉》中,将其翻译成了 Bye。这个 bye 在英语中的意思也是"再见",虽然翻译的意思一致了,但其中的韵味却失去了。"沙扬娜拉"读起来朗朗上口,语调柔和,充满了诗人的柔柔情怀,而将其翻译成 bye 之后,语气就强硬了不少,缺乏温情。

造成这种差距的最主要原因就是中西方文化底蕴不同,二者之间很难找到一个共通的桥梁来承载双方的文化内涵,所以,硬性地将两种文化融合在一部文学作品中必然会造成作品翻译的生硬,缺少生命力。

《沙扬娜拉》中最让人回味的就是"那一低头的温柔"和"像一朵水莲花不胜凉风的娇羞",一个轻柔的无意识的动作和一个不经雕琢的自然的形态营造出了中国古典诗歌的意境美,而这也是中国诗歌十分讲究的,因为真正的中国诗歌必须符合中国人的审美规范,这样才能体现中国诗歌的价值。同时,这两个意象既恰当地凸显了日本女郎温柔娴静的东方女性美,又显示出了很大的艺术包容性,能给读者创造巨大的想象空间。

可是翻译后的版本却是"The tenderness of the bowling at best, like a lotus flower who is shy to face the cool wind." 读起来十分生硬,女郎的典雅气质荡然无存。其中的 face the cool wind 只单纯地翻译出了女郎的动作,并没有体现出"不胜"这一微妙心理。

由于中西方的价值取向不同,东方崇尚含蓄、典雅的古典美,而西方倾心于热情、奔放的现代美。所以,最终造成中国诗歌中的含蓄、甜美意境在翻译后变成了直言不讳,那种诗人苦心营造的意境就这样被磨灭了,取而代之的是西方的审美观念,这在《沙扬娜拉》中体现得十分明显。所以说《沙扬娜拉》这首诗如此翻译是失败的。

《再别康桥》是徐志摩的另一名篇,全诗格律工整、音韵和谐、结构错落有致,与闻一多所要求的"三美"原则完全契合。全诗充满了音乐美、绘画美、建筑美,贴切地表达了诗人再次离开康桥时的依依不舍。整篇诗深情盎然,读下来感觉就是在和诗人促膝而谈,让人备感情深。它的翻译可以说也较好地体现了诗人的思想,可就算是这样,也仍然有些瑕疵。这首诗中涉及了一些中国独有的意象,如长篙、笙箫,这两种事物在西欧文化中很少见到,甚至是没有,所以,由于受中西方生活习惯的影响,在翻译时无法很好地统一，最终只能退而求其次，追求意思的相似性或一致性。在文本中可以看到，翻译家将其翻译成了 boat 和 music，字典中对它们的解释是 a small vehicle that is used for travelling across water。

在中国，小船和篙是不同的事物，有很大的区别。music 译成中文是"音乐"之意，丝毫没有体现出笙箫的意味。再如，"不是清泉，是天上虹"。中国诗歌讲究融情于景，其中"清泉"一词，尤其是"清"足见诗人的情感倾向。美为清，恶为浊。这句的翻译 Holds not water but the rainbow from the sky 将"清泉"直接译为了 water，就忽略了诗人的情感。当然，也是由于双方的思维方式不同所致。但瑕不掩瑜，总体而言，对这首诗的翻译是成功的。

首先，徐志摩的《再别康桥》全诗押韵，并且每段转韵，轻盈自然。如"来、彩（ai）韵，娘、漾（ang）韵，摇、草（ao）韵"等，而译本也做到了押韵，十分难得的是"Quietly I wave good-bye. To the rosy clouds in the western sky. The golden willows by the riverside."与原文的朗朗上口保持了一致。

其次，译者对诗的品读也是十分到位的，这从翻译中就可以看出。如"我轻轻的招手"，译者并没有直译"招手"，而是通过转译（wave good-bye）来翻译"招手"的，这样就生动了不少。再如，"撑一支长篙"（Just to pole a boat upstream），译者为了体现"撑"这个动作，用了 upstream 这个单词，其含义是逆流而上。我们知道顺流而下不需要"撑"，译者抓住这一细节较好地完成了翻译。最后，这首诗之所以翻译得比较好是因为它较好地保留了诗人的情愫，没有主观的臆造。这就给了我们启发，究竟怎样翻译才能保持原汁原味呢？

文化差异是造成翻译不妥的一个先天性条件，对于文学翻译中存在的文化差异之间的转换需要较好地处理不同文化的关系，做到求同存异，尽最大可能地贴近文本。因为文化差异是不可能消除的，所以只能采取一些补救措施。除了文化差异之外，还有很多可以避免的外在因素。诺贝尔文学奖瑞典籍评委马跃然早就指出，缺乏较好的外文译本，是中国文学进入诺贝尔文学奖视野的很大障碍。笔者认为，除了上述原因，更主要的原因就是缺少学贯中西的优秀翻译家。所以，为了提高翻译质量，我国应该大力培养能担此重任的翻译家，走杨戴（杨宪益、戴乃迭）模式，培养出既精通国学，又对外国文学有高造诣的人才，这样才能减轻翻译的断层。《沙扬娜拉》翻译的失败就是因为译者对中国文化理解不够深入，对诗的把握不到位导致的。

除此之外，我国小说的翻译还比较松散。郝慕天说："在德国，一本中国小说的出版,仅仅是源于一次巧遇或一种尝试。这种无计划性表现在对作家、文学流派的选择随意性较大,对一位作家的作品翻译也缺乏系统。"这就告诉我们,我国小说要想走得更远就必须形成完整的翻译体系,这样才能为我国小说铺路搭桥。这就需要政府或是国家的支持及组织了,但如果译者不能和原创作家形成心灵上的共鸣,或是不能放弃自己的主观意念走进作者的内心,就算上面的因素都排除了,也未必能翻译出符合原意的作品。所以说,翻译是一个大工程,它需要各方面的合作,形成合力,克服种种困难,这样才能把我国文学推向世界,使我国文学完成真正的远征。

第二章

英汉特殊词汇文化的翻译理论与实践

  由于地理环境和历史进程不同,中西方人的价值观有所差异。中国传统文化崇奉以儒家仁爱思想为核心的道德规范体系,讲求和谐有序,追求个人全面的道德修养提高和人生境界提升,集体主义文化、家族为本、重义轻利是中国人价值观中的核心内容。西方的个体主义思想的哲学根基是自由主义,以个体为本的个体主义文化和个人主义价值取向强调个人奋斗、追求财富合法化,使财富成为社会合理的资本,在发展市场经济模式上推崇私利。中西方不同价值取向对作为人们信息交流的工具——语言产生了很大的影响,在中西方跨文化交流中,我们应该注意到中西方习语、典故、动植物、颜色、数字词的联想意义都存在明显差异,值得总结和归纳,而这些语言背后的文化渊源值得我们进一步探讨分析。

第一节 英汉习语文化的翻译

习语不仅是文化的载体，也是语言的精华。习语一词的含义甚广，一般指那些常用在一起，具有特定形式的词组，其蕴含的意义往往不能从词组中单个词的意思推测而得。习语通常包括成语、俗语、格言、歇后语、谚语、俚语、行话等。其表现形式音节优美，音律协调，或含蓄幽默，或严肃典雅，言简意赅，形象生动，妙趣横生，给人一种美的享受。习语是语言的精华，它带有浓厚的民族色彩和鲜明的文化内涵。

一、习语文化

习语的产生与人们的劳动和生活密切相关。英国是一个岛国，历史上航海业曾一度领先世界。英语中有许多关于船和水的习语，在汉语中没有完全相同的对应习语，如 to rest on one's oars（暂时歇一歇），to keep one's head above water（奋力图存）等。

英汉习俗差异是多方面的，最典型的莫过于对狗这种动物的态度。狗在汉语中是一种卑微的动物，汉语中与狗有关的习语大都含有贬义："狐朋狗友""狗急跳墙""狼心狗肺""狗腿子"等。在西方国家，狗被认为是人类最忠诚的朋友，英语中有关狗的习语除了一部分因受其他语言的影响而含有贬义外，大部分都没有贬义。在英语习语中，常以狗的形象来比喻人的行为，如"You are a lucky dog."（你是一个幸运儿），"Every dog has his day."（凡人皆有得意日）等。与此相反，中国人十分喜爱猫，用"馋猫"比喻人贪嘴，常有亲昵的成分，而在西方文化中，"猫"被用来比喻"包藏祸心的女人"。

汉民族自古擅长形象思维，从造字、构词到写诗无不体现形象性。例如，"把钱花在刀刃上"（Maintain expenditures in some areas while reducing them in others, and spend our money where it counts the most），"走后门"（backdoor deals），"菜篮子"（vegetable basket, non-staple food supply）等，这些具有浓郁中国特色的词汇极大地增强了阅读效果。

对于这类词汇的处理,必须剖析其实际意义,灵活地在译语中选择词汇,从而为读者呈现出符合英语习惯、表现中国特色的佳作。例如:

"半拉子"工程 the project stopped midway

"半拉子"是国内典型的时俗习语,形象生动。但若照字直译会让读者莫名其妙。这里,实际指的是"只进行到一半的,未完成的"的意思,应采用意译的方法,将其完美地再现。

我们发挥投资"四两拨千斤"的作用 we by means of well-leveraged investment

"四两拨千斤"这种汉语中常用的通俗表达在英语中没有对应的用法,本句意为我们要运用少量的投资起到抛砖引玉的作用,带动更大的投资,所以应舍弃汉语形象而把"四两拨千斤"译为 well-leveraged。

这类习语翻译还有以下各例:

"情人眼里出西施" beauty lies in the lover's eyes

"不到黄河心不死" not stop until one reaches one's goal

"拆东墙补西墙" rob Peter to pay Paul

"功夫不负有心人。"
Everything comes to him who waits.

以上译例充分体现了作者应不拘泥于汉语俗语的语义结构和语言形式,从读者角度出发,对译文进行相应的调整,准确传达自己的精神实质。

二、英汉习语文化的翻译方法

(一)英汉习语的翻译

在翻译活动中,我们会碰到大量"习语类"或"中国传统文化类"的翻译内容,这对于任何一名翻译人员来说都是一个挑战。习语类的语言具有以下特点。

(1)言简意赅。习语,无论在英语还是汉语中都是语言的精华。

(2)意义深刻。例如,成语包含深刻的人生哲理,能起到警醒和建议作用。

(3)广为流传。比如可以通过使用成语,用较少的文字来阐述复杂深奥的语义,达到事半功倍的效果。

英语中 idiom 一词,包含了汉语中的成语、俗语、谚语、歇后语等特色语言。中文将 idiom 一词译成"习语",这个词几乎是为 idiom 特意创造的汉语词汇。

由于习语的特殊性,我们在翻译时必定要用相对比较特殊的方式来翻译,以便让读者/听者感受到这个"表达法"的特别之处。英译汉时,我们作为母语为汉语的使用者,能够更自如地用比较考究的方式将英文习语译成中文,如直译法,即英文习语可以找到与之意思契合的汉语。比如,"Love me love my dog."(爱屋及乌),"Great minds think alike."(英雄所见略同),"Man proposes, God disposes."(尽人事听天命)等。即便是英文的一些习语无法找到非常合适的成语,我们也能轻松地以某种方式将其译成"短小精悍"的汉语文本。

1. 押韵法

英语有压头韵(alliteration)和压尾韵(rhyme)两种。
(1)压头韵
压头韵是两个单词或两个词组的首字母相同,可以是元音也可以是辅音字母。例如:

bread and butter 基本生活所需
cut and carve 精练
forgive and forget 不念旧恶
friend and foe 敌友
safe and sound 平安无事
time and tide 岁月
facts and figures 事实数据
beauty and beast 美女与野兽
fame and fortune 名利
sense and sensibility 理智与情感

下面是1912年美国沃伦哈丁在共和党大会上讲话的节选:
Progress is not proclamation nor palaver. It is not pretense nor play on prejudice. It is not personal pronouns, nor perennial pronouncement. It is not the perturbation of people's passion-wrought, no promise proposed.

进步既不是宣言书也不是空话;既不是伪善也不是玩弄偏见;不代表某个个体,也不是长年的口头承诺;它不惧怕人们激情燃烧,也不仅仅是简单的承诺。

我们看到其中用了大量的压头韵单词来增加说话的韵律和力量。
再来看一则交通安全警示语:

Careless cars cutting corners create confusion.
Crossing centerlines.
Countless collisions cost coffins.
Copy?
Continue cautiously!
Comply?
Cool.

莽撞司机抄近路，引发交通混乱。
不遵守规则，造成无数伤亡。
醒醒吧，还是安全驾驶吧！
明白？
很棒！

大量以字母C开头单词的使用形成了压头韵，从而使这段交通警示变得更加有趣且朗朗上口。

再来欣赏一则沃特尼啤酒的广告词：
What we want is Watney's.
我们都要沃特尼。

并不出彩的一句广告词，但因用了压头韵的技法使其变得不俗气且能够产生共鸣。

（2）压尾韵

压尾韵的原则是结尾元音相同。请看例子：
Once I had a strange nightmare,
I dreamt of an electric chair,
I sat in it and said a prayer,
And I woke up with curly hair.

一次我做了个奇怪的梦，
梦见自己坐上了电椅，
我坐在上面，内心祈祷，
醒来时头发直直竖起。

每句最后一个单词都是押韵的：nightmare, chair, prayer, hair。

再来看一则童谣：
Humpty dumpty sat on the wall.
Humpty dumpty had a great fall.

小胖墩坐墙头，一不小心摔下了。

与中文童谣一样，英语中大量儿歌也都是以押韵的形式呈现，称其为早期的 rap，韵律十足，朗朗上口，极有感染力。

下面是一则农谚：
Corn's knee high, June or July.
六月七月，玉米及膝。
再来看一首幽默的打油诗：
I don't like dentist, because they hurt me,
With horrid bad pinchers as sharp as can be,
They pick at my teeth and scratch in my head,
Until I begin to wish I were dead.
But I read in the pater (so I suppose it's so),
That all of the dentists to heaven will go,
Because they are needed a way up there,
To make gold crown for the angels' fair.
我不喜欢牙医，因为他们折磨我，
手握尖利无比的可怕钳子，
捅在我牙，痛在我心，
简直生不如死。
我在报上读到，所以那一定是真的，
所有牙医都会升天，
去为天使的舞会准备金王冠。

在了解了押韵法的基本规则之后，我们就可以有的放矢地进行一些翻译实践了。例如：

买卖兴隆通四海，
财源茂盛达三江。
Business is thriving, reaching out to the five continents,
Profit is recurring from four oceans of the planet.
(thriving 和 recurring 押韵。)
散装集装绝无野蛮装运，
车队船队保证安全迅速。
Bulk or container stowing, absolutely free of rough handling,
Marine vehicle fleet, definitely guaranteed safety and speed.
(stowing 和 handling 押韵，fleet 和 speed 押韵。)
要买房，到建行。
Wanna buy a house but financially scant,
Why not come to construction bank.

（Scant 和 bank 押韵。）
要想皮肤好，天天用大宝。
Applying Dabao morning and night,
Making skincare a real delight.
（Night 和 delight 押韵。）
海上生明月，天涯共此时。
The bright moon rises over the sea,
We share its beauty with thee.
（sea 和 thee 押韵。）

在一些较难找到押韵词的翻译中，可以通过前缀和后缀押韵来实现。例如，"优良品质，优惠价格，优质服务"。我们很难找到三个既押韵又可准确表达优良、优惠和优质的单词，但通过加前缀，我们就能做到了：unrivaled quality, unbeaten price, unreserved service.

2. 对比法

"押韵法"不是万能钥匙，它只是习语翻译的方法之一，我们需要"因地制宜"，比如用"对比法"。先看一些例子：
比上不足，比下有余。
Worse off than some, better off than many.
内忧外患。
trouble within, threat without.
少壮不努力，老大徒伤悲。
A lazy youth a lousy age.
今天是老百姓扬眉吐气的一天。
It is a big day for the small people.
他是个正直爽快的人。
He is upright and outright.
避暑好去处（旅行社广告语）。
It a cool place on a hot day.
对于平凡人这是不平凡的事。
It is unusual for the usual.
这是个网红酒吧。
It's a hot spot for cool cats.
通过这些例子可以看到，用"对比法"翻译一些习语也是非常好的，我们应大胆地去实践。

3. 特殊结构法

我们可能会遇到用"押韵法"和"对比法"都无法解决的习语翻译问题，那么还有一个可以满足习语翻译基本要求，即让人感觉到其特殊性的方法，那就是特殊结构法。请看例子：

Bright forecast for futures market.
市场前景一片大好。
Changing on course to be country's shipbuilding capital.
国家造船之都，打造进行时。
Park to become national materials center.
工业园将成为国家物资中心。
Air force no threat to others.
空军不会对任何人形成威胁。
Father of China's space program mourned.
悼念中国航天之父。
Forum on sky safety.
天空安全论坛启动。
Water tech forum to begin.
水科技论坛即将开始。
Fish killed in lake pollution.
湖泊污染造成死鱼成群。
Food for thought.
发人深省的事件/精神食粮。

如果大家对上面的表达进行分析就会发现，它们都没有谓语，都不是完整的句子，这就是特殊结构。有的是独立主格，有的是短语和独立结构等。只要我们把一个句子的谓语去掉，就会得到各种特殊结构，在使表达变得简单的同时，又不失语义的完整。可以被视为是非常"救急"的一个习语翻译方式。

（二）汉语成语的翻译

所谓成语，是语言中经过长期使用、锤炼而形成的固定短语。它是比词大而语法功能又相当于词的语言单位，而且富有深刻的思想内涵，简短精辟易记易用。成语的来源有以下几种：神话寓言、历史故事、诗文语句、口头俗语。

成语是我国语言文学的一大特色，在诗歌中比比皆是，它们读起来酣畅淋漓，音韵优美，具有极强的修辞效果。要翻译汉语成语，首先必须了解两种语言各自的特点，汉语的四字结构往往并列排比，颇有气势；英语用词清晰、具体、自然。成语翻译方法大致可分为意译、直译、成语典故译法。

1. 意译

有些成语照字面翻译会使作文晦涩难懂，难以阅读。例如，胸有成竹的意思是说画家在画竹之前，必须先在脑子里产生竹的形象，比喻在做事之前心中已有了全面的考虑。只要理解了原意，就不难翻译出它的比喻意义，应该是 have a well-thought-out plan before doing sth。再看下面的例子：

"粗枝大叶" be crude and careless
"暗送秋波" make secret overture to sb.
"灯红酒绿" dissipated and luxurious
"不眠之夜" white night
"扬眉吐气" feel proud and elated
"开门见山" come straight to the point
"一败涂地" meet one's waterloo

2. 直译

汉英成语也可追求意义上的对等。不少汉语成语不一定有非常对等的英语成语，但如果按照字面意义翻译也能使读者准确无误地理解作者的意思。例如：

"井底之蛙" be like a frog at the bottom of a well
"口蜜腹剑" be honey-mouthed and dagger-hearted
"声东击西" shout in the east and strike in the west
"史无前例" be without precedent in history
"爱屋及乌" love me, love my dog
"国泰民安" The country flourishes and people live in peace.
"和气生财" Harmony brings wealth.

3. 成语典故译法

中国成语典故历史悠久,有的成语在字面上就会有中国古代的人名、地名,有的出自寓言或历史典故,特别是中国几部史书与名著,如《论语》《三国演义》《红楼梦》《西游记》等,都闻名世界。同时,英语成语中也有不少成语带有文化背景,如运用适当,更能使两种文化相互渗透。例如:

"杯弓蛇影" afraid of one's shadow

"黄粱美梦" vanished dream/a fool's paradise

"叶公好龙" professed love of what one really fears

"初出茅庐" just have first experience in

综上所述,由于汉英两种语言文字的差异和文化传统的迥然不同,不同的俗语在翻译方法的选择上也不尽相同,但无论是"直译"还是"意译",只要能准确地再现作者的本意,巧妙地运用中国特色的俗语为英文写作服务,便值得我们对俗语的翻译进行进一步的研究。

第二节　英汉典故文化的翻译

典故是一种语言文化,为了深入掌握英语典故的内涵,在解读作品的过程中,译者需要从中西文化差异的角度出发,不断加强个人英语文学素养,全面解析英国文化历史和语言传统。针对影响典故翻译的多维因素,在应用各种翻译技巧的过程中,译者需要抓住主旨,恪守相关的翻译原则,既要保留原文思想,展现出原有的魅力,又要让读者深入浅出地理解英国文化的丰富内涵和语言风格,理解作品所表达的深意,助力读者英语理解和交际水平的提升,促进中英文化的交流与融合。

在英文中,典故是极具代表性的英语文化内容和现象,能够起到过渡和引申思考的效能。然而,在实际翻译中,时常出现中文语句与原文语句存在差异的现象,这与翻译人员缺乏英语典故文化知识有直接关系。要想提升典故翻译的精准性、生动性和趣味性,需要译者掌握西方国家的历史背景和文化特点,深入了解典故的来源和制约因素,从而掌握典故翻译的应用技巧,避免由于理解错误而影响翻译的整体质量和效果。

一、典故文化

（一）源于寓言故事和某些作品

寓言故事是一种较为常见且具有典型性的故事形式，大部分寓言故事的内容都较为简短，并且故事中的所有人物都在故事中发挥着特定的作用，其说明的道理也清晰易懂，通过一段故事的讲述来为读者展示作者想要表达的人生哲理，从而起到教育读者的作用。举例而言，西方最流行的寓言故事集《伊索寓言》中提到北风和太阳的故事，讲的是北风和太阳比赛谁更能让一个行人脱掉衣服，北风采用不断吹风的方式来试图刮走行人的衣服，最终行人却因为寒冷而将衣服裹得更紧。后面出场的太阳则通过散发热量，增加温度的方式来让行人脱下衣服，最后取得了胜利。这一则寓言故事说明，有时候采用更合适的方式比暴力更能达成目的。这些故事运用了生动的语言以及具体的故事来阐述简单易懂的人生哲理，因此受到了创作者与读者的欢迎。此外，西方还有许多其他的寓言故事，如《克雷索夫寓言》等，这些寓言故事被运用到英语文学的创作与翻译过程中，不仅能让作品更加富有趣味性，还可以拓展作品的价值内涵。

通常情况下，寓言故事在讲述道理时一般会采用比喻的手段，并且故事的主体往往较为短小精练，如农夫与会下金蛋的鹅的故事，便讲述了一位农夫渴望发财，在得到一只会下金蛋的鹅后依然没有满足，希望通过杀掉鹅获取金蛋的方式来一次性取得大量的财富，最终一无所获，还失去了原本会下金蛋的鹅。

在上述故事中，人们可以学会的道理是：一个人不能太过贪婪，否则会得不偿失。此外，还有蛇与铁锉的故事，这个故事源自 snakes and iron files 这句名言，故事内容是一条蛇将铁锉误认为是一种食物，却没有想到铁锉说它从来不会被别人咬，只会吃别人，跟人们常说的"骗人的反而又被别人骗了"相同，这个故事告诉了毒蛇不要自作聪明。西方作者创作了大量的作品，其中许多具有代表性的作品成了典故，并对英语的日常用语也产生了深远的影响。

（二）源于古希腊神话故事

希腊文明是欧洲文明发展的源头，因此古希腊神话也给西方文明的发展带来了深刻影响，当前西方社会中依然流传着大量的古希腊神话故事,因此在探究西方人的文化背景时应当重视古希腊神话所带来的影响。古希腊神话中存在着鲜明的民族色彩,其中的人物形象极为丰富多样,并且情感丰富,同时故事内容波澜壮阔、引人入胜,受到了许多民众的喜爱。从整体上说,古希腊文明是大部分欧美国家文学艺术的发祥地,所有西方作家在进行创作时,都不可避免地受到古希腊神话故事的影响,因此英语中也存在着大量从中取材的内容。

很多文学艺术家都喜欢将古希腊罗马神话作为创作的素材,因此,英文中有很多典故源自古希腊神话。例如,从莎士比亚的《罗密欧与朱丽叶》及《仲夏夜之梦》这两部作品中的一些情节就可以看到古希腊神话故事的缩影。再如,批判家爱伦·坡的作品《失窃的信》中有这样的表述:

a certain set of highly ingenious resources are, with the prefect, a sort of procrustean bed, to which the forcibly adapts his design.

在此句中,procrustean bed 一词代表的是力求一致的政策,其内涵来自古希腊神话。这个神话故事中的强盗普罗克汝斯忒斯在城市中开了一家客栈,残害过往客商。他将在客栈住宿的客商强行地按到一张床上,如果这个人比床长,那么就把这个人的腿和脚砍掉;如果这个人没有床长,就把这个人拉到和床一样长,直到死亡。他的行为引来了英雄忒修斯的注意。忒修斯擒住普罗克汝斯忒斯,以其人之道还治其人之身,将其绑在了这个床上,砍掉了其双腿。最后,普罗克汝斯忒斯活活疼死了。因此procrustean bed,经常被用来表示粗暴或者强硬的手段或政策。在翻译英文时,译者需要深入掌握词语所用的形式及出处,避免因文化差异产生翻译笑话。

(三)源于历史故事

历史故事中记载着人类社会发展的具体过程,也蕴含着人民群众的劳动智慧与劳动成果。在历史长河中,许多人的优秀事迹与历史故事传承下来,这些历史故事不仅仅对于国家文化发展而言具有非常重要的作用,也可以对发展起到良好的促进作用。一部分蕴藏人文价值或者是饱含生活哲理的历史故事不仅可以进一步丰富作品的内容与形式,也可以巧妙灵活地转移读者的注意力,将更加多样化的历史故事与人民群众的生活经历相互结合,帮助读者博古通今。在历史故事演变与发展的过程中形成了大量的典故成语,这些典故成语背后藏着一个又一个广为流传的故事,记载着一件又一件伟大的光辉事迹。

（四）源于西方经典名著作品

西方经典名著作品包含中世纪较为典型的歌剧或话剧本，也包含了诗歌或近代散文。比如莎士比亚的作品广为人知，许多人民群众均拜读过莎士比亚的作品，了解莎士比亚笔下各种人物的具体事迹。莎士比亚的优秀作品被称作西方文学的瑰宝，属于非常典型的西方经典名著作品。莎士比亚的作品流传至今，许多文人学者对莎士比亚的著作内容进行深刻解读之后，体悟到了更深层的含义，或者是直接将莎士比亚所写下的各种人物或事件进行有效转化，转变为作品中的光辉一笔，这些作品中的著名台词或者是典型事件成了西方英语中的经典内容。

二、翻译典故时必须考虑的因素

（一）文化背景不同

不同国家由于社会形态、地理环境、政治制度以及经济发展情况有所不同，导致国家的文化背景存在差异性。不同国家的风俗习惯不同，也会导致文化背景产生一定差异。在诸多因素的影响下，不同国家诞生了风格独特、形态差异的文化背景，由此产生了不同形式的英语。历史故事中也包含了国家特色或者是地域特色，也可以蕴含民族特色或者是文化特色。

中英文化产生差异的原因除了地理位置、历史发展和自然气候因素之外，还与长久以来的文化传统差异息息相关。针对英文文学中的典故，译者需要先明晰文化之间的差异，在翻译作品典故的过程中，应该根据作品所处的时代背景，基于对应概念和要素，结合中文的语言文化习惯和使用特点，使翻译内容更接地气，力求典故翻译更加符合读者的需求。

（二）典故的对应情况

由于不同国家蕴含着丰富多彩的历史文化，且文化背景各不相同，所以根据文化背景所产生的历史典故也有所不同，每一个历史典故对应着一个历史故事，每一个历史故事又可以演变为一种英语表现形式，每一句优秀的英语又可以表达出不同的思想情感。当今，典故的对应形式主要存在如下两种情况：第一，典故之间存在着基本的对应情况，可以直接翻译典故或者实现典故互译,虽然典故可以基本对应,但是并不意味着典故的内容完全一致,典故也不可以相互替换。第二,典故之间存在着部分对应关系,在英汉典故用法以及含义表达等诸多环节中,典故之间依然存在着细微差别,在工作人员翻译历史典故的过程中,需要把握这一细微差别,凸显历史典故的独特之处。

（三）文章整体性

英语中的各种历史典故起着画龙点睛的作用,不仅可以修饰英语的相关内容,也可以吸引读者注意力,增强英语的可读性。在工作人员选择历史典故或者是应用典故含义的过程中,必须注重文章整体性,所选择的典故需要与上下文之间形成连贯关系。

（四）典故来源

英文典故来源途径广泛,因此在翻译典故时,译者应全面考虑此种特征,充分利用个人的知识储备,基于典故来源理性判定。译者应采用最贴合的翻译策略,实现翻译结果提质增效的目标,进而提升翻译作品的可读性,避免翻译作品和原著出现不协调的情况。

（五）语言交互背景

英文中的典故表现出多元的形式与内容特征,这一点与我国文学典故大同小异。译者在翻译的过程中,应该全面考究文化语言之间的平衡关系,在英文文学典故能够与汉语典故有机对接的时候,如用法、语境基本一致,便可以进行直接互译。此外,在英汉典故翻译中,译者要合理辨析差异化语言环境中的共同点,结合具体的翻译情形,实现灵活翻译。

三、英汉典故文化的翻译方法

（一）直译法

在英文中,很多典故都是特定语言环境下的产物,其中包括地理和历史条件。直译法是较为常用的一种翻译方法,能够最大限度地保持英文语言的原始风格,突显作品的原创性。该方法主要以语言转换为主,引申相对较少,保留了最初的表达形式,有助于读者根据典故内涵加深对英美文学与文化的理解。在具体的翻译中,一些约定俗成的词语以及源于历史故事的典故均可采用直译法。

直接翻译英语中的各种典故,可以有效保留典故中的独特含义与精神价值,也可以将典故中的特殊内涵淋漓尽致地展现出来,将历史情境或者价值观念重新显现在读者面前。例如,an eye for an eye and a tooth for a tooth 这一英文句子对应的中文典故可以翻译为"以眼还眼,以牙还牙",这种典故的翻译方式直接保留了原文的含义,通过直接翻译的方式便可以快速了解典故的主要内涵。

虽然绝大多数英语所引用的典故具备鲜明、形象的特点,但部分典故对于读者而言比较陌生,尤其是将中文翻译成英文之后,一部分读者无法直接解读典故的主要含义,采取直译法可以有效还原典故的原本含义,有助于读者快速理解文本主要内容,保持文章的流畅性与一致性。

(二)意译法

如果译者在翻译英语典故时无法使用直译法,则可以通过意译法的形式进行有效翻译。由于中西方文化存在较大差异,一部分读者在理解英语内容的过程中可能会遇到较大阻碍,一部分读者可能依然保留较为传统的文化理解思维,在接触国外其他国家优秀文化的过程中可能会存在误解。为了避免此类情况,在翻译过程中,译者需要尽量保留原文的大致含义,对原文中的一部分细节内容进行调整与转化,只保留语句的大致含义即可。

以 An apple of discord 以及 An apple in my eye 为例,二者直译为"纠纷的苹果"和"眼中的苹果"显然不妥当,但是意译为"祸根"和"掌上明珠"就更贴切且可以凸显源语的真实含义。

(三)直译加注法

直译加注法在英文典故翻译过程中的应用效果相对较好,受到许多译者的青睐。直译加注法要求译者完全保留原文的基本形式,随后在原文下方添加注释,帮助读者理解原文的主要内容,避免读者对原文相关内容产生误解。在译者保留原文基本形式或者是大致含义的同时,可以直观、清晰地展示出作者原有的思想、情感,保留作者的主观意图。

(四)释义法

针对一部分民族色彩或者是国家区域色彩较为突出的英语而言,译者在对英文语句进行翻译的过程中,如果直接采取直译法的翻译形式,可能无法帮助读者理解原文的深刻内涵与独特意境,读者可能会对作者的思想、情感产生一定误解,无法促进读者与作者之间的心灵沟通与互动。面对此种情况,译者可以采取释义法的翻译形式,将历史典故中所隐含的各种含义直观地呈现在读者面前,帮助读者理解比较复杂的语句内容,感悟更加深刻的民族文化。译者需要对文章的基本含义进行有效翻译,精准翻译文本的核心内容,对特殊文本内容进行注释或解读。

(五)增译法

在译者对特殊文本进行翻译或注释的过程中,需要对作品中的某一部分文学典故进行深化翻译,避免直接翻译出现语言歧义问题。在此过程中,译者需要帮助广大读者理解文章的深刻内涵,还需要向读者淋漓尽致地展现作者的创作思想与独特手法,加深读者对文章内容的理解。由于东西方文化差异相对较大,读者与作者的思维方式可能会存在较大不同之处。因此,读者在阅读文章的过程中,可能无法正确解读文本含义,也无法彻底理解作者的思想与意图。

对此,译者为进一步提升作品翻译的准确性与真实性,可以增添语句,丰富文章的核心内容,降低读者的阅读难度,采用通俗易懂的语言描述文章的大致内容,这种较为典型的翻译方式便是增译法。经过长期实践与研究表明,绝大多数英文在创作与调整的过程中均融入了许多当地元素,一部分作者经常会有意无意地将地方文化元素或者是民族元素融入其中,这意味着地方文化元素对作者的创作思想与情感产生了一定影响,也对英语的创作产生了非常深刻的影响。译者需要采取多种翻译方式,对不同的英文文本进行有效翻译与解读,对一部分词汇进行有效拓展,保留文本中的精髓内容。

增译法也是在直译法的基础上,结合原著作品中的民族文化、历史背景、地域特征和人文要素,进一步修饰所形成的翻译方法。对于英文中的典故,译者可适当增加相关文字,产生一定的带入效果。例如,在英文中,为达到修饰的目的,常对地名和人名进行增译。增译法能够确保读者在跨文化环境下深刻感知典故的精髓,凸显作品的人文情怀。

（六）套译法

套译法是典故翻译工作中的一个重要翻译方法。由于我国文化和西方文化存在很大的差异,单纯依靠直译产生极佳翻译效果的情况并不多见。套译法是套用汉语中的典故,一来会让读者理解起来更加顺畅,二来还能避免造成文化的误读。例如,"Can the leopard change his spots!" 便可应用套译法翻译为"江山易改,本性难移";再如"Someone prefer turnips and others pears." 可以套译为"萝卜青菜,各有所爱"。这样有助于翻译更加精准和地道,避免读者出现晦涩难懂的问题,有力促进了中英文化传播的有效性。

（七）其他方法

1. 提升通用性语言的应用

中文语义与英文语义固然有显著的差异,然而在实际语境表达上往往具有很强的共通性。因此,在英文典故翻译中,译者不需要片面地追求英文语义下文化概念的呈现,而是应尽量采取通用性语言给予解读。以《麦田里的守望者》中的代表性典故为例："When you are listless, people will always say that you are high." 若按照英文语义的视角解读,能够概括高兴、兴奋一词的语言环境十分宽泛,但是难以对单一语境去诠释。此时,参照墨菲定理延伸语义概念,一来有助于读者加深对典故的理解,二来可以帮助读者深刻掌握作者赋予作品的内涵与灵感。当然,合理应用通用性语言概念,还需要在保持原义的基础上适当性地拓展,产生基于相同语境的有机对应,让读者能够从典故中感受并体验到典故文化解读的艺术性及通俗性。

2. 细化语义结构、优化语句含义

为了达到理想的典故翻译效果,译者需要明晰细化语义结构、优化语句含义,灵活翻译。对于很多英文名作来说,在翻译过程中优化典故语义细节,可以全面提升作品表达效果。当然,这要求译者围绕原有典故语言结构对文学典故的部分原义进行一定的改动,但是不会对文章的主题思想造成影响。以《傲慢与偏见》中的代表性典故为例,如下所述。

Happiness in married life is entirely a matter of chance. The knowledge of the temper of two lovers before marriage, or the similarity of temper, does not guarantee their happiness. They always managed to grow further apart afterwards, vexing each other. Now that you are going to spend your life with this person, you'd better know as little as possible about his faults.

以上内容若单纯按照英文语义分析解读,势必会造成婚姻概念的中心思想出现让步,然而该典故所揭示的现象与当时社会现实极为吻合。译者如果没有采取语义结构的优化思维进行解读,势必会造成上文与下文之间脱节。因此,从典故语义与结构优化的视角出发,译者可以在中英文化差异背景下,探寻优化的具体路径。典故中关于对伴侣缺点的概述,与中国婚姻观念格格不入,特别是难以被已婚读者群体所接受。正因如此,通过优化语句含义使婚姻观与包容性相协调,才与我国婚姻观的中心思想相契合。借助语义概念替换与优化,可以让读者从中式婚姻思想角度深入感知名作作品典故的内涵思想,极大地避免了语言歧义的出现。

3. 注重对意译解读的准确使用

一些译者在典故翻译中苦思冥想地寻求在中文与英文语言互通的情境下的概念转化,虽然取得了一定的效果,但是无法面面俱到。这也是采取意译策略进行翻译的现实根源。以《沙丘》中的著名典故为例,如下所述。

Only by obeying the wind can willow branches flourish. One day, countless willow branches will form a wall of iron that can resist the wind. That's what willow branches are for.

该典故明确地将柳树暗示分为人的意志和思想两个体系。假如单方面侧重人的意志,就难以凸显团结一致的主题思想;若对团结思想进行集中解读,就会导致个人意志引发的效能失去意义。为此,在英文作品典故的解读中,要避免单一运用汉语语境取代其中概念,应在遵从英文原义的基础上适度阐述,确保意译作品让读者充分理解。

4. 优先使用辩证思想阐释典故

中英各有千秋,我国译者在翻译英文时,需要与国内主流意识形态保持一致。然而,西方与我国在文化意识形态方面区别很大,一些典故所表达的主题思想多表现出政治批判性,与我国社会主流价值思想格格不入。因此,在翻译英美典故时,译者需要从辩证思维的视角,在保持部分典故原义的基础上,结合我国主流意识形态优化调整典故内容,通过创建多元化阅读视角,提升阅读代入感,实现其与主流意识形态的协调平衡。

5. 注意文化背景差异因素

中西方国家之间的文化存在差异,彼此之间是平等的,不存在高低之分。因此,在文化的认知上,我们应尊重各国文化之间的差异,促进文化平等交流。鉴于此,在典故翻译过程中,译者应该将此因素考虑进去,了解典故的内在含义,了解典故的形成过程、历史背景,如此翻译过来的典故才能更具历史感。

6. 注意英汉翻译相对应

众所周知,国家之间存在一定的文化差异,所以在对英文中的典故进行翻译时,也存在一定意义上的理解差异。对于典故翻译,如果典故的写作手法以及写作内容是对应的,那么译者就可以直接采取直译的方式翻译;如果作品的内容与写作形式存在不对应的情况,或者是部分对应,就需要译者在翻译时针对部分对应的内容使用不同的翻译技巧,这样才能保证典故表述的准确性。

7. 注意保证文章的整体性

出现在英文作品中的典故,核心宗旨是利用一些历史人物、神话传说、寓言故事等阐述作者想要表达的情感与某些意愿,借用典故的形式予以婉转的表述。恰当地应用典故,对作品本身可以起到锦上添花的效果,能提升作品的整体风格与水平。但译者在翻译这些典故时,要着重考虑典故在当中所起到的核心作用,要从整体文学定位角度考虑典故引用的意义价值,在翻译时要注意细节,注意与文章整体之间的联系,让其翻译后能够对文章起到积极的提升作用。

第三节　英汉动植物文化的翻译

一直以来,动植物不仅为人们提供生存的物质基础,同时也被赋予一定的意义,用来说明一定的事理和表达特定的情感。这种现象无论在中国还是在西方国家都十分常见。虽然中西方在动植物词汇文化内涵方面有着相似之处,但更多的是区别。

一、英汉动物文化的翻译

（一）英汉动物词汇分析

1. 英语动物词汇分析

动物（animal）是在自然界生物（organism）中处于食物链高端的物种。罗马神话中 Faunus 是畜牧农林神,fauna 是动物群的意思；faunist 指动物区系研究者。

词根	来源	扩展
anim- 动物,生命,心神	拉丁词根	animal n. 动物；animalcule n. 微生物（-cule 小）；animalize v. 使动物化；animality n. 动物性,兽性；animate v. 使有生命,使有生机；animation n. 生机,活跃；animator n. 赋予生气者,鼓舞的人；animative adj. 有生气的；inanimate adj. 无生气的,不活泼的；inanimation n. 无生机,无生命；reanimate v. 重新振作,再生；unanimous adj. 一致的（uni- 一个,单一）；unanimity n. 全体一致；magnanimous adj. 宽宏大量的（magn- 大）

续表

词根	来源	扩展
bio- 生命	希腊词根	biotic *adj.* 生命的,生物的; abiotic *adj.* 非生物的; antibiotic *n.* 抗生素; biology *n.* 生物学; biological *adj.* 生物学的; biologist *n.* 生物学家; microbiology *n.* 微生物学; biochemistry *n.* 生物化学; biochemical *adj.* 生物化学的; bionic *adj.* 仿生学的; bionics *n.* 仿生学; biosphere *n.* 生物圈; biography *n.* 传记; biographer *n.* 传记作; biographical *adj.* 传记的; autobiography *n.* 自传; autographical *adj.* 自传的
Faunus 畜牧农林神	罗马神话	fauna *n.* 动物群; faunist *n.* 动物区系研究者

英国作为一个海洋国家,海洋文化方面的词汇作为本族语的基础词汇非常丰富,含有拉丁词根或者希腊词根的英语词汇非常少。

2. 汉语动物词汇分析

汉语中文化词汇的产生及类聚自然是源于汉民族的文化心理、民族性格、生存环境等因素,因此很多与鸟兽有关的文化词汇深深打上了自己的民族烙印。比如在汉语中,"狗"一般是被赋予贬义,像"狼心狗肺、蝇营狗苟、鸡零狗碎"等成语和俗语均带有浓厚的贬义色彩。但是在西方,人们通常将狗作为宠物来养,狗也被人们认为是人类最好的朋友,因此西方人对于食狗肉十分反感。当然,dog 在英语中有时含有贬义,但总的来说属中性或含褒义的情况居多。

(二) 英汉动物文化的翻译方法

1. 尽可能用同样的动物翻译

动物的特性是超越国界的,这一点是直译动物词的基础,此外由于英汉两种文化的交流与互动,很多词语在两种语言中能找到完全对等的说法。例如:

马有失蹄。

It is a good horse that never stumbles, and a good wife that never grumbles.

苛政猛于虎。
Tyranny is fiercer than a tiger.

2. 若没有相应的喻体,则不必译出

做牛做马 slave for sb. without complaints
乌鸦嘴 indicating bad luck
你真是狮子大张口。
You are charging too high.
这故事有点虎头蛇尾。
The story has a dramatic start but weak finish.

二、英汉植物文化的翻译

(一)英汉植物词汇分析

1. 英语植物词汇分析

植物包含花草树木,在核心基本词汇中我们很熟悉 flower, plant, tree,下面的词根可以帮助我们了解更多有关词汇。

词根	来源	扩展
botani 植物	希腊词根	botanical garden *n.* 植物园; botany *n.* 植物学; botanist *n.* 植物学家; botanize *v.* 调查研究植物生长情况
phyt 植物,生长	希腊词根	phytocide *n.* 除草剂; phytoid *adj.* 植物状的; phytol *n.* 叶绿醇; phytolith *n.* 植物化石(lith 石头); phytology *n.* 植物学; phytonutrient *n.* 植物营养素; phytopathology *n.* 植物病理学(patho 病); epiphyte *n.* 附生植物(epi 在……之上); hydrophyte *n.* 水生植物; neophyte *n.* 新生植物
flor, fleur 花	拉丁词根	Flora *n.* (罗马神话)花神; flora *n.* 某个地方所有的植物; floral *adj.* 如花的); floriculture *n.* 花卉栽培; floriate *v.* 用花卉图案装饰; fleuret *n.* 小花,小花饰品; fleury *adj.* 饰有鸢尾或者百合花型的

续表

词根	来源	扩展
anth, antho 花	希腊词根	anthemion *n.* 花束状装饰(用于绘画浮雕等); anthesis *n.* 开花期; anthocyanidin *n.* 花色素(生物化学术语); anthophagous *adj.* (指昆虫)食花的(phago 希腊词根,吃); anthophilous *adj.* (动物)喜欢的(phil 喜爱); chrysanthemum *n.* 菊花(chrys 希腊词根,黄金); synanthous *adj.* 花和叶同时出现的; polyanthus *n.* 多花水仙
herb 草(grass)或者绿色植物	拉丁词根	herbal *adj.* 草本植物的,草药的; herbage *n.* 牧草; herbalism *n.* 草药学,草本植物学; herbal medicine 草药; herbicide *n.* 灭草剂(其中 cid 的含义是切割,杀); herbiflerous *n.* 长草的; herbivore *n.* 食草动物(-vore 拉丁语后缀,表示"食"); herbless *adj.* 无草地; herbology *n.* 药草学
arbor 树	拉丁词根	Arbor Day(美、加、澳、新等国的)植树节; arboraceous *adj.* 树状的,似树的; arboreal *adj.* 生活在树上的,栖于树木的,树木的; arboreous *adj.* 树木繁盛的; arboretum *n.* 树木园,植物园; aboriculture *n.* 树木栽培; arborist *n.* 树木栽培家; arborize *v.* 使成树状

2. 汉语植物词汇分析

汉民族在漫长的历史进程中积累了大量有关植物的文化词汇。比如植物一般都有根、茎、叶,叶子总是落在根部,因此人们有了"落叶归根"的感慨,特别是飘零在外的游子,到了老年尤其渴望回归故土,便是这种自然天性的流露和映照。

再如松柏常青,历经严寒而不凋零,汉民族即用之表达对英雄烈士的仰慕、怀念,表明如同松柏常青一样,英雄永远不老,永远活在人们心中。另外,在生长习性上,松柏能耐严寒,目睹凌风傲雪、挺直长青的松柏,人们又自然地发出"岁寒,然后知松柏而后凋也"的慨叹,推及己身,让我们感叹那些历经苦难而不离不弃的朋友才是真正的朋友。

3. 中西方植物词汇文化内涵的对比

(1)同一种植物,文化内涵相异

由于中西方在文化背景方面存在差异,因此相同的植物会有不同的文化内涵。例如,柳和 willow,在中国,"柳"有着丰富的文化内涵。"柳"字产生之初的意义为"木"(树类植物的通称),即"柳树"。随着历史的发展,柳树不仅仅是作为一种植物而存在,而是被人们赋予了其各种各样的文化内涵。

第一,柳树代表着春天的到来。初春时节,尽管天气依然寒冷,但柳树的生命就已经开始复苏,柳树的嫩芽向人们预示着春天的到来。因此,柳树与春天之间形成了一种天然的依附关系。

第二,无论是在古代还是现代,"柳"都被看作离别的象征。古代的交通和通信远不如现在这么发达,人们一旦分别便不知何时才能相见,于是人们便习惯于借用其他事物来传递这种感情。在我国古代,人们有"折柳赠别"的习俗,这最能表达出"柳"作为"离别不舍"的象征。

第三,"柳"也被用来形容美丽的女子。以"柳"来指代美丽的女子,主要与"柳"本身的姿态和特性有关。"柳"给人的整体视觉印象是柔弱妩媚,柳条不仅手感柔软,而且枝条长垂,微风下,万千柳条随风起舞,如同女人曼妙的身姿。"柳"柔软的特性和修长的姿态很容易让人联想到娇弱的美人。

在西方国家,"柳"也有其独特的文化内涵。首先,"柳"被用来象征失恋和死亡。在英语中,有"垂泪的柳",原因是,以前的英国人戴柳枝编织成帽子来表示哀悼之情。在莎士比亚的《奥赛罗》中,女主人公苔丝德蒙娜在丈夫受到蛊惑而怀疑自己后,无奈地唱起古老的"柳树歌",以示自己将会悲伤地死去。因此,wear the willow garland 或者 wear the green willow 就有"失恋""悲悼心爱者去世"的联想意义。其次,在西方国家,人们用柳来驱邪治病。在复活节前的星期日,人们将柳枝挂在家里祈福,驱赶所有的邪恶。总之,即便是同一种植物,它在不同的国家也有着不同的文化内涵。

(2)同一种植物,文化内涵相似

虽然同一种植物在不同的国家有着不同的文化内涵,但人们在与自然和社会的交互过程中,也会赋予同一种植物相似的文化内涵。例如,桃和 peach。桃树原产于中国,是一种常见的落叶小乔木。在中国,人们赋予"桃"各种各样的文化内涵。

第一,"桃"代表着春天的到来。杨竹芬老师曾指出,桃花作为一种标志物,它曲折地反映了我们国人的时间意识。初春时节,桃树焕发出新的生机,盛开的桃花让人们感受到春天的勃勃生机。

第二,桃花被用来形容美丽的女子。在世人看来,桃花的美主要体现在它娇艳俏丽的色彩以及桃花飘落时所展现出的落英缤纷的姿态方面。艳丽的桃花给人一种感官上的冲击,刺激着人们展开丰富的联想,而联想的结果就是将"桃"与美丽的女子联结在一起,于是"桃"便与"美丽女子"

之间形成了比附关系，被人们所熟知。

第三，桃在汉语中还有长寿之意。民间以桃贺寿，称之为"寿桃"。

英语中的"桃"虽然没有像在汉语中有这么多的文化内涵，但也存在一定的相似之处。在英语中，桃也被用来描述美丽的女子。例如：人们用 peachy cheeks 来形容少女的面若桃花，美丽动人，这与汉语中的"桃腮"相一致。除此之外，桃也用来表示美好的事物或事情。英语中有一句谚语："Life is not all peaches and cream." 该句中的 peaches and cream 的意思是完美无缺。又如，"He is a peach to work with." 该句中的 peach 指的是好伙伴。

（3）汉语植物词汇独有的文化内涵

一些植物词汇在汉语中有着丰富的文化内涵，但在英语中没有任何的联想意义。最值得一提的就是"岁寒三友"，即"梅""松"和"竹"，这三种植物在汉语中都被用来描写人的高洁品德。梅花是中国的传统花卉之一，盛开在寒冬季节，色淡清香。梅花盛开之时，由于其枝干无叶，形状色泽如铁一般，因此被人们用来象征高雅纯洁而含铁骨之气等。松树四季常青，常用来形容人的高风亮节、坚韧不拔等品质。此外，由于松树千年不凋，人们又用它象征长寿。竹子在中国文化中深受文人喜爱，有不少文人墨客借其来描写高洁与坚贞的品质。虽然这三种植物在汉语中有着丰富的文化内涵，但在英语中他们并不能引起任何联想，只是普通的植物。

（4）英语植物词汇独有的文化内涵

同样地，也有一些植物词汇仅在英语当中有一定的文化内涵。苹果在英语国家深受人们的喜爱。人们常用苹果来比喻最心爱的人或事物。如 the apple of one's eye 常被用来比喻像爱护眼珠一样爱护最心爱的人或珍贵的东西。apple 在这里就有了"珍贵的、心爱的"文化联想意义。但苹果也有"争端"的意思，这一联想意义源于古希腊神话。英语国家的人习惯用柠檬来指代讨厌的人。原因是柠檬味酸，易使人反胃，而讨厌的人也常让人反感，于是柠檬便有了这样的文化内涵。

4. 中西方植物词汇文化内涵的影响因素

（1）地理环境

地理因素影响了中国文明的产生和发展。因为地理和气候条件的差别，各个地区的植物品种和数量也存在着较大差异，以及人类对花草树木的理解和感情的差异，使植物习语的文化内涵存在着明显的区域性特点和民族化特征。特殊的气候地理条件形成了特殊的传统民俗文化。

（2）文学传统

英语中许多植物词汇的文化内涵深受神话故事的影响。例如，无花果被用来比喻遮羞布，橄榄枝用来象征和平。然而，无花果和橄榄枝在汉语中并没有特殊的文化内涵。汉语中植物词汇的文化内涵受儒家典籍和古典诗词的影响。正如上文所提到的"岁寒三友"等，这些植物词汇的文化内涵与我国的文学传统密切相关。这三种植物在英语中并无特殊内涵。由此可见，文学传统对植物词汇的文化内涵有着重要影响。

（3）思维方式

思维方式的差异也影响着植物词汇的文化内涵。西方人的思维方式主要是逻辑思维。除此之外，西方文化强调人是改变自然的主体，人与自然之间并非平等的关系。相较而言，中国文化是一种形象思维模式，中国人习惯于采用形象具体的词语来表达自身的感情。

（二）英汉植物文化的翻译方法

1. 直译法

在翻译过程中，对于一些文化内涵在中西方国家相似的植物词汇，我们可以采用直译的方法。例如，桂树在中英文当中都与出类拔萃和荣誉相联系。"折桂"一词即指在考试或比赛中夺得了第一名，因此我们直接可以将其译为 gain one's laurels。

有时候，在译文语言的许可范围内，利用直译能有效地保持原文的各种语义内容和修辞功能，从而达到内容与形式相统一的效果。英汉植物词汇中的确有不少是通过直译相互借入的。例如，"伸出橄榄枝"（to hold out/offer an olive branch），意为准备讲和，力争和平解决；open sesame（芝麻开门）；"指桑骂槐"（scold the locust while pointing at the mulberry）。

2. 意译法

如果不可能或没有必要用直译法保留源语的表达形式，并且在译语中找不到合适的词语可以套用，就可以用意译法。例如，英文中的 paint the lily，译为汉语是"画蛇添足"。因为在西方国家，百合象征着纯洁，涂抹百合是多此一举的行为。所以,我们采取意译法能够更加准确得传达原文的信息,也便于读者理解。除此之外,可以将 apple of the eye 译为"掌上明珠",将 you are a peach 译为"你是个令人钦佩的人"。

3. 替换法

有时候,为了使译文更加生动形象,也可以在译入语中寻找与源语有一致文化内涵的植物词汇。例如,将 to spring up like mushrooms 译为"雨后春笋",用来比喻新生事物大量地涌现出来。相似的例子还有:as red as a rose(艳芳桃李); as bitter as wormwood(苦若黄连); a breadth as sweet as rose(馥香如兰)等。

总之,由于地理环境、文学传统和思维方式等一系列因素的影响,英汉植物词汇在文化内涵方面存在着巨大差异。在翻译实践中,译者应深入了解英汉植物词承载着的丰富的民族文化内涵,根据具体情况采用直译法、意译法和替换法等,从而更好地传达出原文的信息,促进中西方的文化交流。

第四节　英汉颜色词文化的翻译

一、颜色文化

颜色词是语言中的重要组成部分。颜色词是用来表明人、事物色彩的词汇,它既可表示事物的不同色彩,又能描述人的各种情感色彩。由于不同国家的文化和心理认知差异,来自不同语言文化圈的人对相同的颜色有不同的感知,因此在同种颜色词的使用上也出现不同。对于同样的颜色,不同的民族有不同的看法、态度和喜好。英语中较常用的颜色词有 red(红), white(白), black(黑), green(绿), yellow(黄), blue(蓝), purple(紫), gray(灰)及 brown(棕)。这些颜色词在中西文化中既有相似之处又有不同之处,其情感色彩的联想意义值得归纳总结。

red(红色)在中西方文化中都被认为与庆祝活动或喜庆日子有关。在中国,红色是代表喜庆、吉祥的传统颜色,逢年过节到处是红色的海洋,如红灯笼、红春联等,结婚典礼上新郎新娘穿红色礼服。英语中也有类似的寓意,如 red-letter days 指日历上用红色标明的节日,诸如圣诞节、复活节等。但除此之外，red 在西方文化里经常代表贬义，如残酷、狂怒、灾难、血、赤字等，如 red-headed 意为"狂怒的"，red hands 意为"血腥的手"。在商务英语里，红色的这种本义投射发展为债务、赤字和损失的意思。在经济报道中，醒目的红色让人有触目惊心的感觉，所以损失都是用红色表示，如 red figure, in the red, red balance, get into red, get out of red 等，都表示赤字和损失。

blue（蓝色）在英语文化中象征着纯洁、高贵、深沉，并且不同明度的蓝色有着不同的象征意义，如高明度蓝色——天蓝色（sky blue）象征清新和宁静，低明度蓝色——海军蓝（navy blue）象征庄重和崇高，极低明度的蓝色——墨蓝（blue black）象征孤独和悲伤。蓝色也常用来表示社会地位高、有权势或出身于贵族或王族，如 blue blood 指有贵族血统，出身名门望族；blue laws 指严格的法规。蓝色也有不快、情绪低沉、烦闷等意思，如 a blue Monday（倒霉的星期一）。在西方文化中，蓝色被用来表示高贵、圣洁。在英语中，蓝色的本义有重要、权力、高贵的意思，在以下词语中可体现出来：blue book（蓝皮书），是指英国国会的出版物，因书皮为蓝色而得名；blue-chips（蓝筹股），指稳定可靠的财富。

二、英汉颜色词文化翻译的方法

（一）直译

直译指颜色词所表示的指称意义，因为这种意义在汉英两种语言中是相同的，所以可以直接按字面基本意义译出。例如：

红酒 red wine
黄酒 yellow wine

（二）意译

意译是指有些颜色词在汉语和英语里的引申比喻意义不一样，翻译时完全脱离指称概念，而直接将其比喻意义译出。特别要指出的是几种主要基色，如"红"与 red 的引申意义几乎相反，"黄"与 yellow 的引申意义也大相径庭，"黑、白"与 back, white 的引申意义也不尽相同，所以在翻译时要特别注意。下面再来看一些英汉颜色词的翻译实例。

表 2-1　常见汉语颜色词的英译

汉语颜色词	英语译文
黄土	loess
红宝石	ruby
绿宝石	emerald
红榜	honor roll
红豆	love pea
红运	good luck
红柳	rose willow
红薯	sweet potato
青丝	black hair
红颜知己	confidante

表 2-2　常见英语颜色词的汉译

英语颜色词	汉语译文
red ruin	火灾
red activities	左派活动
red vengeance	血腥复仇
red battle	血仗
red clay	黏土
red-handed	正在作案的
in the red	亏损
in the black	盈利
blue moon	千载难逢的时机或事情
blue stocking	女学者；才女；女学究
green room	演员休息室
to be in the green	血气旺盛
1o be in the green tree/weed	处于佳境
block coffee	不加牛奶的咖啡，黑咖啡
brown bread	全麦面包
white Christmas	大雪纷飞的圣诞节
white lie	善意的谎言

第三章
英汉社交文化的翻译理论与实践

英汉语言由于具有不同的文化发展背景,因而形成了不同的语言交际体系。在交际过程中,英汉人名、地名、称谓语、委婉语由于自身具有不同的文化内涵而在一定程度上影响着人们交际的效果。为此,本章就针对英汉社交文化的翻译理论与实践展开研究。

第一节　英汉人名文化的翻译

专名,即单个人、地方或事物的名称,它与表示物体或概念的总和的普通名词相对。由此可知,专名是指作品中所涉及的人名、地名、国名、组织名、机构名、会议名、报刊名、作品名、商标品牌名、公司名、官职名等。这些专名用来表示事件发生的对象或地点,在人们的日常交际和文学作品中起着重要的指称作用。其中,人名、地名是使用范围最为广泛、文化内涵最为丰富的专名形式。

一、英汉人名文化的差异分析

人名即人的姓名。姓名是人类所特有的一种人文符号。语言不同,其符号表现形式及含义也不尽相同。名和字在意义上是相互照应、互为表里的。一般文人特别是作家都喜用笔名,如鲁迅、茅盾、老舍、冰心等都是笔名。取用笔名有多种原因,或不愿公开自己的身份,或是象征某种意义,或体现一种风雅等。艺名一般多用于演艺界和艺术界。

中国人名种类繁多,取名的来源及寓意更加复杂。不像英文名一般取于《圣经》和古典文学作品,中国人名大多以出生时、地、事以及父母对子女的希望来取名,即名含有记时、纪事、祭地、寄望等极为丰富的寓意。

古代如北宋著名政治家司马光,其父兄和他本人都是以地取名的。有些名字取自出生时间,如"孟春""秋菊"等。有的取自出生时的事件,如"解放""援朝"等。有些取自长辈对小孩的祈愿和希冀,如"荣华",即"荣华富贵";"成丰",即"成就功业,丰泽社会";"成龙",即"望子成龙",等等。

但不管名字来历如何复杂,含义如何丰富,名总归还是名。有种说法是名即"明",就是分明和区别人与人之间的符号。其寓意止于本人,并无区别他人之意。所以,翻译人名主要是翻译其表层形式的符号,无需去刻意表达所蕴含的深层意义。音译便成为人名翻译的主要方法。根据国家有关规定,汉语拼音是外文翻译中人名、地名的唯一标准形式。

这些规定适用于罗马字母书写的各种语文,如英语、法语、德语、西班牙语、世界语等,在对外的文件书刊中调号可以省略。

二、英汉人名文化的翻译方法

(一)外国人名中译

文学作品的人物,有的被植入了特殊含义(甚至有道德的含义),翻译时须细查,以下例子可作借鉴。另外,平时的学习过程中,原文和译文要同时记住,避免只知中译名而不知原文的跛脚现象。

(1)Judas:犹大。为三十块银币把耶稣出卖给罗马士兵,比喻叛变者,英谚 thirty pieces of silver 比喻不正当的钱财。

(2)Shylock:夏洛克(莎剧《威尼斯商人》的人物)。

分析:Shylock 的字面意思是"无羞耻心的"(莎翁刻意对之贬损),若意译为"夏无耻"(放高利贷者),有种族歧视之嫌(犹太人身份),只能音译为"夏洛克"。

(3)Christian:基督徒,英国作家班扬的小说《天路历程》中的人物。

(4)Blifil:白力费,英国作家 Henry Fielding 的小说 Tom Jones 的人物,不诚实,最终是害人害己。戚叔含的译名兼顾了发音和人物形象,含有"白费力气"之意,暗示人物的人品,有批判色彩。

(5)Uncle Tom:汤姆大叔,美国小说《汤姆大叔的小屋》的人物,一个逆来顺受的形象。

(三)中国人名英译

《红楼梦》不仅是我国古典文学的瑰宝,也是一部道尽人生喜和悲的人情小说。书中内容涵盖范围之广,可谓包含了所有的中国传统文化,而且在外国也颇具影响力。《红楼梦》中人物众多且关系庞杂,而曹雪芹的命名技巧又非常独特,一些名字往往会运用双关的手法,即通过一些名字就可以推测人物在书中的性格和命运,不同的人物名字往往意味着不同的结局。由于这些人物名字的特殊性,因此在进行人名翻译时就显得极其重要了。然而,由于中西思维方式的差异,翻译文学作品往往会出现关键信息遗失的情况,从而导致译文违背了翻译的忠实性原则。此外,不同的译者阅读能力不同,对源文本的理解也会各不相同,在翻译时会产生不同的含义,从而影响到翻译质量。因此,译者在翻译《红楼梦》时要仔细反复斟酌,对文中的人物以及社会背景进行足够透彻的了解,并采取适当的翻译策略进行翻译,确保译文的准确性。杨宪益和霍克斯的两个英译本是目前来说流传最为广泛的,他们各自运用了不同的翻译策略,对文中的人名进行了精准翻译,从而为中国传统文化中人名的翻译提供了借鉴。

1.《红楼梦》的姓名文化

在我国封建社会,名字是极其重要的,它不仅可以代表一个人,而且名字的好坏还会直接暗示其前途或命运,这在上层阶级中尤其明显。封建社会等级观念很浓,对地位高的人应遵守礼数,不能直呼其名。地位高的人或者长辈的名字不可以被随便使用,尤其是晚辈或者地位卑贱的人要谨记。据统计,《红楼梦》中出现了495名男子,480名女子,共975人。由此可见本书人数之多,名目繁杂。《红楼梦》中反映的是中国封建社会的贵族生活,因此在生活中需要遵守一些规矩,在这样的环境下,奴仆的名字不能和主人的名字相同。王熙凤是贾宝玉的表姐,她不喜欢别人尤其是奴仆在姓名中用"玉"字。在中国传统文化中,一个人的名字并非凭空而来,往往有一定的典故,或与家境生活有关,或反映了人物生活的一部分事实,又或是采用"范字"取名的方法。比如取名"金桂"是由于家里多桂花,"宝玉"是因为他出生就含着一块玉。贾家是世家大族,因此取名时按照行辈次序来排名,比如"水""代""文""玉",分别对应"贾演""贾代儒""贾敷""贾珠",这种方式也叫"范字"取名法,体现了他们所信奉的民族文化和认祖归宗的民族心理。

在中国传统文化中,人们在取名字时会讲究引经据典,特别是世家大族,这样才能显示家族显赫,而且男子在落冠成年时还要根据名字再取一个号。此外,古时人们常通过数字大小来表示出生排行,比如老大、老二等,而且古代的下层人民通常会给自己的子女起贱名以期望好养活。古时很多人名都具有一定的关联性,比如有血缘关系的兄弟姐妹,他们的名字会都含有相同的字,比如元春、迎春、探春、惜春四姐妹,她们名字中都有一个春字,便是这一习俗的体现。

2.《红楼梦》人物名称的特点

(1)谐音

曹雪芹先生的《红楼梦》在设计人名方面非常巧妙,每一个人名都值得细细品味,而且不同的人对不同的人名会产生不同的理解。本书中有很多人名都有谐音,比如"贾雨村""甄士隐"实际分别可通"假语存""真事隐",一个暗示所有的言论都是假的,一个暗示隐藏事实真相;"贾宝玉"实际可通"假宝玉"。有些谐音暗示了人物的命运,比如贾母的四个孙女,分别是"元春、迎春、探春、惜春",这四个女性名字的第一个字组合起来就有了新的含义,即"原应叹息",暗示了这四位女性悲惨的命运,而娇杏实际可通"侥幸",即幸运;英莲实际可通"应怜",即值得同情;霍启实际可通"祸起",即命运多舛。

（2）追求吉利命名

《红楼梦》中的人物在命名时会有追求吉利的民族心理,从一些地位低下的人的名字中可以体现出来,琴棋书画、春夏秋冬是最常用的名字。曹雪芹对优伶等艺名的命名也体现了对家族生意越来越好的期盼,这也是追求喜庆、吉利的具体表现。此外,书中姓名不仅仅是一种社会称谓,它更多地可以反映出一个人的喜好、追求以及愿望。此外,《红楼梦》中贾、王、史、薛四大家族自然是希望自己家业兴旺,财源滚滚,因此有很多人物命名多用金玉珠宝等贵重物品,如金钏、宝玉、宝钗、翡翠等。

（3）神话人物的命名

《红楼梦》中出现很多神话人物,这些神话人物本身就有一定的象征意义,比如第一回出现的女娲、茫茫大士、渺渺真人、警幻仙子五个虚幻的人物,分别寓意女性话题、佛教、道教以及人生如梦的境界。其中,"情"的代表人物是警幻仙子;文中佛家思想的代表人物是茫茫大士;文中"道"的化身是渺渺真人,即跛足道人。甄士隐为了寻求道家出路,最后随跛足道人出家。此外文中也有儒家思想的表现,比如女娲用石头补苍天。

（4）其他人物的命名

《红楼梦》中有许多和尚、尼姑以及道士的名号也非常有特点,比如大幻仙人、张真人、王道士、马道婆等。佛家的法号有多种命名方法,但主要体现了汉族人民的求偶心理,其中双名使用居多,但也有用单名、三个字的。此外,对于婆子的命名,一般是以姓加名式或者姓加妈,有的还采用嬷嬷式,比如叶妈、竹妈、赖嬷嬷等,有的还会用其丈夫的姓加大娘、大婶或者家的来命名,比如周瑞家的,这体现了她们的丈夫在家族中是有一定地位的。

3.《红楼梦》中人物姓名的翻译策略

（1）《红楼梦》人名翻译的主要方法

《红楼梦》共向读者展示了数百个栩栩如生的人物，由于每个人物名称各不相同，因此在翻译人名时会有很大的困难，在忠实的基础上尽可能保持原来人名的格式。霍译本为了让英语读者有更广阔的想象空间，采取的翻译策略是对书中的关键人物进行音译，非关键人物进行意译，从而使外国读者更容易理解人物名称的潜在意义，同时这种翻译策略也更有利于外国读者区分家族的上下级关系。杨译本对书中出现的所有真实人物的名字采用音译法翻译，即威氏拼音法，对虚拟人物或人物的绰号采用意译法翻译。但这种方法的不足之处在于无法体现人名中的潜在意思，忽略了曹雪芹先生的双关用法，导致外语读者无法像汉语读者一样获得相同的阅读体验以及体会作者的真实意图。书中常用的翻译策略如下所述。

①音译法。音译是根据发音特点进行翻译的方法。这种方法广泛应用于不同类型的英译本中，主要用于翻译一些人名、地名等专有名词，在杨宪益版《红楼梦》中，音译法的不同之处在于采取了特别的音译法，即威氏拼音法，比如：

元春 Yuan Chun

贾政 Chia Cheng

宝官 Pao Kuan

金钏 Chin Chuan

贾雨村 Chia Yu-tsun

而霍译本翻译如下：

贾政 Jia Zheng

宝玉 Bao-yu

黛玉 Dai-yu

熙凤 Xi-feng

贾雨村 Jia Yu-cun

通过比较，发现杨译本在人名的发音上更有助于外国人理解、拼读与记忆。霍译本在翻译主要人物的名字时尽可能地不改变格式进行音译，增加了外语读者的阅读难度，但是保留了源文本的语言特点。音译的优势是显而易见的，它是人名翻译中最常用的方法，而人名归根结底只是一个社会称谓而已，内含意义往往更受关注。但是，单纯地进行音译很容易导致人名潜在意义的缺失,比如"霍启"翻译成 Huo Chi。书中的人物在进行命名时往往被赋予了不同的含义,曹雪芹先生起名很注意人物的命运、性格、生活等,往往会用双关、谐音的手法进行命名,此外,还包含寓意较好的词汇,比如珠宝、花鸟、书画等,人名非常丰富,许多人物的名字或几个人物的名字合起来都是有一定潜在意义的。这时,单纯的音译显然是行不通的,需要寻找其他翻译技巧或策略进行解决。

②脚注法。原文中一些人名运用了双关或谐音的手法,因此简单地进行音译难免有些牵强。杨译本在处理这些人名时更多地会增加脚注或注释来进行解释,优点是促进了外国读者对不同人名含义的理解,不仅仅是对字母符号的理解,从而更好地理解作者命名的目的。中国古代的人名体系极其复杂,一个人的名字会包含很多成分,包括名字、字、号等,如薛蟠字文龙;贾宝玉字号"怡红公子";林黛玉号"潇湘妃子"等。以下是杨译本采取的加脚注策略:

贾化——Chia Hua("false talk"即"假话");

卜世仁——Pu Shih-jen("not a human being"即"不是人")。

霍克思在处理这些蕴含深层次内涵的人名时,采用了意译法,比如:娇杏——Lucky;霍启——Calamity。

由此可见,杨译本在处理人名时进行了注释或脚注来解释或说明,这样可以更好地帮助外国读者对人名进行理解,而霍译本直接进行了意译,虽然避免了脚注的麻烦,但是破坏了源语的语言特点,不能给外国读者带来相同的阅读感受。

③意译法。曹雪芹在写《红楼梦》时采用了独特的命名方法,使得一些人的姓名有了很多隐含的意思,而中西文化存在明显差异,如果仅仅停留在音译层面,就很难让外国人读懂人物姓名的真正内涵,因此需要采取意译法进行翻译。比如:

对贾家义学的小学生人名进行意译:香怜 sweetie、玉爱 lovely。

根据人名中汉语的多义性进行翻译:麝月 Musk(麝香)、茜雪 Snow pink(白雪粉红)。

《红楼梦》中有很多丫鬟,如隆儿、兴儿、丰儿等,分别翻译为 Rich, Joker, Felicity。

法名比如:静虚 Euergesiao(希腊语),即"行动、能力、势力",智善——Benevolentiao(拉丁语),即"仁心"。

翻译小名、爱称时,比如:袭人——Aroma(芳香)。

④其他译法。《红楼梦》中除了普通人物外,还有许多神话人物,比如神仙、和尚、尼姑等。译者在翻译时不能单纯地进行音译,首先应该准

确理解这些虚拟人物代表的是什么,有没有潜在意义。由于原文本有神仙这类特殊人物,因此在翻译时需要尽可能地描写其神通广大的能力,从而便于外国读者理解。比如杨译本对一些虚构人物的翻译:"茫茫大士": the Buddhist of Infinite Space;"渺渺真人": the Taoist of Boundless Time。霍译本对一些名称进行多语言翻译,比如:珠宝类人名"宝官": trésor(法语)。

这样翻译显示了两位仙人神通广大的能力以及无与伦比的地位,让外语读者惊叹于中国神仙的能力之大,同时对珠宝类人名的翻译能够让英文读者毫不费力猜测出其含义。

4.《红楼梦》人名翻译的不足

杨宪益版《红楼梦》。杨译本在进行人名翻译时没有标注送气音的符号,因此许多原本不同姓的人名在译文中难以区分。例如,金荣和秦业并不同姓,但是在杨译本中都翻译成了 chin,这样会让外语读者误认为两人是一个姓氏。此外,一个人的名字采用威氏拼音法进行翻译时会有多种拼写方式,从而造成名字不统一。杨译本在翻译人名时多用脚注或注释进行说明,虽然有助于外语读者更好地理解,但也有不足,虽然读者能更好地理解人名的含义,却很难在含义和读音之间建立联系,因此会忽略作者对人名筛选时所下的功夫。

霍克斯版《红楼梦》。霍译本采取的是汉语拼音法,因此在人名的姓上可以很好的区分,此外,霍译本更多地采用了意译法,能让读者有更贴近源语言的体验。但是霍译本依旧存在不足,如在晴雯、玉钏的翻译上依旧无法理解中国古人对命名音律的美感以及对未来的美好期望。此外,霍译本无法让读者建立起名字品读和含义的直接联系,因此读者也无法理解中国的谐音用法,以及名字拼读上的音律之美和意义之美。

《红楼梦》一共出现了九百多个名字,可以看出翻译工程之大,要想保质保量地完成确实不容易。虽然杨译本采取了音译法中的威氏拼音法进行翻译,但是存在很多不足,读者不能很好地理解中国人命名的真实目的,无法猜测人名中的潜在意义;霍克斯用拼音法翻译文中的关键人物,很好地保留了源语的格式,留给外国读者更广阔的想象空间,而意译非关键人物也省略了加脚注的方法,外国读者也能更容易地理解人名的真实内涵。

总之,对红学的翻译研究还在路上,在进行如此庞大的翻译项目中出现错误也是正常的,但要尽可能地保证翻译的准确性和高质量,努力做更高质量的译本。译者需要正视现在存在的翻译不足之处,立足其上,掌握中西方思维方式的不同,运用外国思维翻译,采用不同的翻译技巧和策略来翻译好《红楼梦》中出现的人名,更好地让外国读者体会到中国汉字的博大精深。

第二节 英汉地名文化的翻译

一、英汉地名文化的差异分析

中国人书写时习惯由大到小,如国—省—市—县—乡镇—村等这样的方式,而英语的方式刚好相反,由小到大。这是由于中西文化习惯和思维方式不同所致。中国人偏重整体思维,求同存异;西方人偏重个体思维,求异存同。[①] 所以这类地址一般按先小后大的顺序译出,其排列方式刚好与汉语相反。例如:

中国浙江省杭州市学院路212号1幢108室。

Room 108, Buliding 1, No.212, Xueyuan Road, Hangzhou, Zhejiang Prov., China.

单个地名主要是指一些城市名,河流、山川名等,不带行政区划所属。

二、英汉地名文化的翻译方法

(一)外国地名中译

1. 历史地名

(1) Scotland Yard:苏格兰场,伦敦警察厅的代称。

(2) Fleet Street:舰队街,伦敦街道名,印刷业集中之地,后成为印刷业的代名词。

(3) Old Lady in Thread needle Street:英格兰银行,因位于穿线街(Thread needle Street)而得名。有建议说可译为"穿线街的老太太,英格

---

① 王述文,朱庆,郦青.综合翻译教程[M].北京:国防工业出版社,2010.

兰银行"。

2. 一词多指

（1）Cambridge：剑桥(英国)；坎布里奇(美国)。
（2）Georgia：佐治亚州(美国州名)；格鲁吉亚共和国(国家名称)。
二者的英文名相同,可由上下文区别。

3. 华裔独创的译名

（1）Massachusetts Institute of Technology：麻省理工学院。
（2）San Francisco：旧金山(19世纪淘金热),意译,富含历史信息。

(二) 中国地名英译

一般来说,常用的地名名称翻译无外乎音译、直译、意译、音意双译等几种方法。直接用汉语拼音标注地名名称,可以说是地名名称翻译中最简单的一种。翻译过程直观、简便,译名也比较简洁,便于记忆,但对于大多数不懂汉语的外国游客来说,这种翻译只等于一堆毫无意义的符号。如苏州的拙政园(Garden of Humble Administrator)这一景点,它最初为唐代诗人陆龟蒙的住宅,元代时,成为大宏寺,明正德四年(1509),御史王献臣仕途失意归隐后买下,建造成别墅,并借用《西晋潘岳俐居赋》中"是亦拙者之为政也"一句取园名,暗喻自己把浇园种菜作为自己(拙者)的"政"事。如果采用音译的方法译成zhuozhengyuan,不仅其中的历史人物和典故将不为读者所知,其园名及游园的雅趣也无从体会了。再比如,十三陵中的"石五供——shiwugong",显然,不懂中文的外国游客将不知所云,如堕云雾。这就无法实现等效翻译,使游客中国之旅的收获大打折扣。

那么,采取完全意译的方法是否可行呢？中国语言简洁凝练,浓缩大量信息,往往两三个字便代表一段历史或暗指一个典故。若完全拘泥于中文原名,直译出来,一怕文化差异太大,不易被外国游客理解；二怕字数太长,不适合做景点名称。例如,"万春亭"标牌译文为 Pavilion of Ten Thousand Spring 显得既臃肿又有局限性,不如对数字进行模糊处理译为 Pavilion of Everlasting Spring,因为在中国传统文化中,"千万"等数字往往并不表示确切的数量,而是用来形容"众多、长久"等意思,不宜直接意译。故进行上述改译,既符合名称的简洁化原则,又容易理解。

那么,音译加意译的方法又如何呢？笔者认为这种方法较为可取。这种方法就是在标牌上采取翻译对(translation couplet)的方式,即景点的名称直接采用汉语拼音标注,然后在括号内加注英文翻译。这一做法既弥补了单纯音译表意能力差的缺点,又在某种程度上避免了一些难译词在直译时可能出现的语意误解、词不达意、表达累赘等弊病。

如西湖一些景点的翻译就是如此,"慕才亭"和"断桥残雪"分别被翻译成 Mucai Ting (the Pavilion for Admining the Talented) 和 Duanqiao Canxue (Melting Snow on Broken Bridge),使游客既知其名,又晓其意。只是拼音的标注应以汉语的词为单位,而非词素,即"交泰殿"应写作 Jiaotai Dian,这样才符合汉语的构词习惯。同时作为指示作用的景点牌,其说法应相对统一,然后在具体的景观介绍中再加入相应的译文,从而使那些对景点感兴趣的游客了解更多有关景观的其他信息。

第三节　英汉称谓语文化的翻译

一、英汉称谓文化差异

在实际交际中,如当亲属之间面对面交谈时,并非使用标准称谓,而是使用另一套称呼系统。在这个系统中,亲属称谓、姓名、头衔和排行等都可用于对亲属的面称。需要指出的是,亲属称谓在具体使用时因地域等原因有许多变体,尤其在汉语中,这些变体主要集中在祖父母和父母的称谓上,如"祖父"有"爷爷""公公""伯翁"等。另外,在用姓名称亲属时,英、汉语中都偏向于使用名或各种昵称,表示一种亲近。

在汉语中,亲属称谓通常用来称呼比自己辈分高或与自己同辈但比自己年长的亲属,而辈分高的人对辈分低的人则可以直呼其名。这一原则在汉语面称中要绝对遵守,在中国古代,父母和祖先的名字对辈分低的亲属来说甚至是一种"讳",在言谈中要避免提到,以免冲撞。《红楼梦》中提到林黛玉每次念到"敏"字时便要避开或念成其他字,就是因为避讳其母贾敏的名字。在英语民族中则不然,虽然对辈分高的亲属通常也要求使用亲属称谓,但对同辈,无论年长或年幼,一律使用名字。在某些较为开放的家庭,对父母甚至祖父母直呼其名也不为怪。

英汉亲属称谓在面称形式上的另一差异体现在对同辈中长幼不同者

的称呼上,汉语对同辈的亲属按长幼排序,而英语中则无此原则。在称呼己身同辈人时,英语国家的人无论长幼一律用名,而在汉语中对年长者只用称谓,对年幼者用名或亲属称谓,除此之外还要使用表排行的面称修饰语。古代表排行的修饰语有"伯、仲、叔、季",现代汉语中则多用数字来表示,如"大、二、三……"。在英语中为区别辈分相同但高于己身的亲属,可在亲属称谓后加上被称呼者的名,如 Uncle George, Uncle Sam,而无须强调长幼排行。①

头衔在汉语中很少用来称呼亲属,尤其是直系亲属,即使在正式的社交场合,称呼亲属仍用亲属称谓或姓名。如儿子在父亲的单位上班,一般情况下,在单位里儿子仍用"爸爸"来称身为领导的父亲,而不用"××先生"或"××处长",除非两人平日里素来不和。英语中使用社交头衔,尤其是用"Mr. + Surname"来称亲属的现象比较普遍。《傲慢与偏见》中班纳特先生和班纳特太太就用"Mr."和"Mrs."互称,这种差异表明汉语文化中的亲属和家族观念明显较西方重要。

二、英汉称谓语的翻译方法

(一)转化译法

在对称谓语文化进行翻译时,转化翻译策略具体指的是对原文的观点和角度进行相应的改变,采取灵活的译法对称谓语进行灵活建构,这样更加便于译入语读者的理解和表达。例如:

"小栓的爹,你就去吗?"是一个老女人的声音。里面的小屋里,也发出一阵咳嗽。

"Are you going now, Dad?" queried an old woman's voice. And from the small inner room a fit of coughing was heard.

本例在翻译时,对汉语文化中比较常见的称谓方式"孩子他爹""小栓他爹"直接转化翻译成 Dad,更加便于目的语读者理解。

(二)约定俗成译法

汉语中的很多亲属称谓都可采用约定俗成的方式直接译之。这种称

---

① 张安德,杨元刚.英汉词语文化对比[M].武汉:湖北教育出版社,2003:153.

谓语文化的翻译策略在日常交往中也被运用得非常普遍，如表 3-1 所示。

表 3-1　称谓词约定俗成翻译例词

汉语称谓	英语称谓
爸	dad
妈	mom
父亲	father
母亲	mother
孙儿	grandson
孙女	granddaughter
女儿	daughter
儿子	son

第四节　英汉委婉语文化的翻译

委婉语作为一种常见的修饰手段和交际技巧，在英汉两种语言中都存在。委婉语和禁忌语相辅相成，委婉语的产生源于语言禁忌，禁忌语又源于人们的文化价值观。由于语言是文化的一部分，语言反映着一个民族独特的文化特征和文化传统，委婉语（或者说禁忌语）也反映了某一民族独特的文化价值观。我们在探讨英汉委婉语构成方式的异同时，也要着重研究英汉委婉语中积淀的特定的民族文化心理，否则就无法扫清跨文化交际中的障碍。

一、英汉委婉语分析

与英美人相比，中国人使用委婉语的语用习惯是有过之而无不及的。中国民间有"说凶即凶，说祸即祸"的畏惧和迷信心理，因而禁忌提到凶祸一类的字眼，唯恐因此而招致凶祸的真正来临。不得不说的时候就会借助委婉语来表达。对于日常生活中经常涉及性、性器官、性活动、排泄器官、排泄行为、排泄物等属于禁忌范畴的词语，中国人同西方人一样觉得这类词语肮脏淫秽、难以入耳，因此极为顾忌并极尽可能加以避讳，这也是全世界各民族的共同心理。

二、英汉委婉语的翻译方法

（一）尽量使用对等的委婉语

有的委婉语在英汉两种语言中能够找到非常相似的表达,可作对等翻译。例如：
  to go to sleep 长眠
  to be no more 没了,不在了
  to close one's eyes 合眼、闭眼
  to expire 逝世
  to lay down one's life 献身
  to end one's day 寿终
  to go to west 归西
  to pay the debt of nature 了结尘缘
  a mother-lo-be 准妈妈

（二）套用目的语中的委婉语

有的委婉语在英汉两种语言中差异较大。套译目的语中的委婉语或者直接将意思译出则更简便、易于理解。例如：
  She's seven months gone.
  她已有七个月的喜了。
  to wear the apron high 身子重了 / 有喜了
  to be in a delicate condition 身子不方便 / 有孕在身
  a lady-in-waiting 待产妇
  May I use the toilet?
  可不可以用一下洗手间？
  I'm going to my private office.
  我去办点私事。

第四章

英汉习俗文化的翻译理论与实践

中国历史文化源远流长、博大精深,在长期的发展与演变过程中形成了各种各样的习俗文化,对这些习俗文化的深入了解有助于认知不同区域中人们的生活习惯。与中国相比,西方的习俗发展时间虽然不长,但也形成了一定的规约与体系。对于传统习俗而言,中西方民族的节日、服饰、饮食各具特色,中国传统服饰体现出保守的特点,而西方服饰则体现出开放的特点。在饮食方面,中国讲究"色香味俱全",注重味蕾的体验;西方饮食文化则比较重视营养的健全。本章主要研究英汉传统习俗翻译,包括节日、饮食、服饰、建筑的翻译。

第一节 英汉节日文化的翻译

一、英汉节日文化差异分析

（一）和春节有关的词汇

春节（the Spring Festival）是农历（lunar calendar）的第一天，是中国人最隆重的传统节日，春节的历史非常悠久，所以与春节有关的词汇也特别丰富。下面介绍一些与春节风俗习惯及饮食有关的词汇。

风俗习惯 customs
剪纸 paper-cuts
烟花 fireworks
爆竹 frecrackers
舞狮 lion dance
舞龙 dragon dance
食品 food
饺子 jiaozi

（二）中西方节日文化性质对比

中西方节日文化性质对比具体如表 4-1 所示。

表 4-1 中西方节日文化性质对比

中国		西方	
年节	综合	圣诞节	综合
元宵节	单项	狂欢节	单项
人日节	单项	复活节	综合
春龙节	综合	母亲节	单项
清明节	综合	愚人节	单项
端午节	综合	划船节	单项

续表

中国		西方	
七夕节	综合	情人节	单项
中秋节	综合	父亲节	单项
冬至节	单项	仲夏节	单项
腊八节	综合	啤酒节	单项
小年节	综合	婴儿节	单项
除夕节	综合	葱头节	单项

（资料来源：刘立吾、黄姝，2014）

二、英汉节日文化的翻译方法

节日来临的时候，人们总是想起自己的亲人和朋友，希望把最美好的祝愿送给自己所爱的人。下面是一些节日的祝福语，我们可以根据实际情况选择最合适的祝福语。

Merry Christmas and a happy new year.
敬祝圣诞，恭贺新禧。
May the joy of Christmas be with you throughout the year.
愿圣诞佳节的喜悦，伴随您度过新的一年。
May peace, happiness and good fortune be with you always.
祝您年年幸福平安，岁岁满目吉祥。

下面再来看一些常见节日的翻译（表4-2）。

表4-2 汉语节日及其常见祝福语英文翻译

汉语节日及其常见祝福语	英文翻译
（1）民俗节 （2）清明 （3）中元节（鹊桥节） （4）中秋节 （5）重阳节 （6）春节 （7）月饼 （8）藕品 （9）香芋 （10）柚子	（1）folk festivals （2）Pure Brightness/Qingming Festival （3）Ghost Day；Double-7th Day （4）Mid-Autumn Festival （5）Double Ninth Festival （6）Spring Festival （7）moon cake （8）lotus varieties （9）taro （10）pomelo

续表

汉语节日及其常见祝福语	英文翻译
（11）腌蛋	（11）one-thousand-year egg
（12）黄鳝干	（12）dried mud/river eel
（13）冬至节	（13）Winter Solstice
（14）祭祖	（14）ancestor-worshipping
（15）开庙会	（15）temple fair
（16）"年夜饭"	（16）family reunion dinner
（17）贺岁迎新	（17）year-in-year-out ceremony

第二节　英汉饮食文化的翻译

一、英汉饮食文化差异分析

西方饮食文化精巧科学、自成体系。西方烹饪过程属于技术型，讲究原料配比的精准性以及烹制过程的规范化。比如人们在制作西餐时对各种原料的配比往往要精确到克，而且很多欧美家庭的厨房都会有量杯、天平等，用以衡量各种原料重量与比例。食物制作方法的规范化特点体现为原料的配制比例以及烹制的时间控制。比如肯德基炸鸡的制作过程就是严格按照要求进行的，原料的重量该多少就是多少，炸鸡的时间也要按照规定严格的操控，鸡块放入油锅后，15秒左右往左翻一下，24秒左右再往右翻一下，还要通过掐表来确定油炸的温度和炸鸡的时间。

相比较中国人的饮食原料，西方人的饮食原料极其单一，只是几种简单的果蔬、肉食。西方人崇尚简约，注重实用性，因而他们不会在原料搭配上花费太多的精力与时间。西方人只是简单地将这些原料配制成菜肴，比如各种果蔬混合而成的蔬菜沙拉或水果沙拉；肉类原料一般都是大块烹制，比如人们在感恩节烹制的火鸡；豆类食物也只经白水煮后直接食用。西餐的菜品主要有以下几种：

（1）开胃品。

（2）汤。汤是西餐的第二道菜，大致可以分为四类：清汤、蔬菜汤、奶油浓汤和冷汤。

（3）副菜。副菜一般是鱼类菜肴，是西餐的第三道菜。

（4）主菜。主菜通常是肉、禽类菜肴，是西餐的第四道菜。

（5）蔬菜类菜肴。西餐中的蔬菜类菜肴以生蔬菜沙拉为主，比如用生菜、黄瓜、西红柿等制作的沙拉。

（6）甜点。西方人习惯在主菜之后食用一些小甜点，俗称饭后甜点。实际上，主菜后的食物都可以称为饭后甜点，如冰激凌、布丁、奶酪、水果等。

二、英汉饮食文化的翻译方法

（一）写实型——直译

"写实"，顾名思义，重在"实"，因此，"写实型"主要是指以菜肴的原料命名，能够直观地反映菜品的原料、刀工及其烹饪方法。以冬奥会为运动员提供的菜谱为例，"写实型"菜肴比比皆是，如荔枝鸡片 Sliced Chicken with Litchi Source，此类"写实型"菜肴中并没有包含文化信息，因此，我们在翻译时应该遵循直译原则，简单明了地传递给外国运动员菜肴的主要信息，便于理解。

2008年，北京市人民政府办公室和北京市旅游局联合编撰出台的《中文菜单的英文译法》一书中，涵盖了1500多种常见中国菜肴的翻译，也对此类"写实型"菜肴的英译给出了参考，主要体现为以下两种形式：

第一，菜名组合为原料 + 辅料。如冬奥菜谱中的玉米排骨汤 Pork Ribs and Corn Soup；冰梅凉瓜 Bitter Melon in Plum Sauce；茄汁巴沙鱼 Basa Fillets with Tomato Sauce。

这类很好理解，翻译原则就是将主料和配料直译，然后用 in 和 with 将其连接起来。

第二，菜名组合为烹调方法/刀工 + 主料（形状）+（with/in）味汁。如番茄烩牛腩 Stewed Beef Brisket with Tomato；青椒炒牛肉 Sautéed Beef with Bell Pepper。

（二）写意型——意译为主 + 直译为辅

据史学家研究，中国菜名重在"雅"字，为了展示文化底蕴内涵，中餐菜品的命名在不断追求"意美"这一境界，极富浪漫主义色彩，颇有古风诗韵，如"蚂蚁上树""凤凰展翅""七星伴月""黑白分明"等。在饮食文化的交流中,中西方菜名的差异颇为戏剧化。分析其根本原因,不难发现,菜品命名的差异直观体现出语言文化的差异。中国菜名本身就是艺术,多为意象、比喻形式的体现,有时由于地域文化的历史传承,菜名甚至融入当地的民间传说、典故、习俗等。如此命名的目的不仅在于命名,更是在于文化渲染、文化传播、文化传承、体现寓意、寄托情感、弘扬历史、增强地域民族感染力。基于本国文化熏陶,中国本土居民理解起来并不困难,但是由于中西饮食文化的差异,西方人难以意会。

西方人注重"简单""明了""实在",菜名只需要体现菜的原料和做法,西方菜名颇为直接,目的在于直观、理性的表达。因而,在翻译此类"写意型"菜肴时,应遵循"意译为主,直译为辅"的原则,可以舍弃菜名中对信息传递无关的信息,直接指出菜肴的主料、配料和烹饪方法等基本信息。重视菜肴的信息传递功能,以实代虚、化繁为简,简明扼要地译出菜肴的主料及做法,为外国人提供准确的菜肴信息,避免"虚"而不"实"。

以冬奥会菜谱之一"红烧狮子头"为例,"红烧狮子头"为扬州名菜,起于隋朝,盛于唐朝。前身是隋炀帝命御厨特制菜肴"葵花斩肉"。唐朝时,人们觉得用巨大肉丸做成的葵花形菜肴宛如雄狮头颅,威武霸气,寓意盛唐国泰民安,也对应唐朝将军的狮子帅印,寓意戎马一生,所向披靡,因此从唐朝起,此菜改名为"狮子头"。官方将其译为 Stewed Pork Ball in Brown Sauce 准确简明地将狮子头的主要用料、做法及酱汁译出,这样能让外国人一目了然,摆脱了原文内容的束缚,反之,若将其译为 Braised Loin's Heads,恐怕不仅不会吸引外国宾客,还会起到反作用,令其感到害怕。因为狮子在外国人眼中是百兽之王,狮子的头更是不可食用的,在翻译写意类菜肴时,译者需充分考虑到中外文化的差异性,尽量翻译出菜肴的实质性内容。

(三)典故型——直译 + 解释性翻译

中国诸多菜肴的名称中融入了历史名人或者历史典故,目的多为表达赞扬或是缅怀纪念,能直观地体现历史,让人们在品尝菜肴的同时对文化历史留下深刻的印象。如"东坡肉"Dongpo Pork,为北宋元祐年间,苏东坡先生在杭州任职,治水有功,将肉工整切块后炖煮至香酥软烂,设宴与百姓同乐。百姓为纪念苏东坡,将此肉命名为"东坡肉"并流传至今。据调查得知,外国人在冬奥会期间最喜爱的菜肴为"宫保鸡丁",宫保鸡丁是由清朝名仕丁宝桢所创,丁宝桢闲暇之时喜欢研究菜肴,将辣椒、花生、鸡丁爆炒后创造出此菜。

在丁宝桢担任四川总督时,为人刚正不阿,为官清廉,多建功勋。皇帝对其授予封号"太子太保"。宫保鸡丁的名字由此得来,该地百姓为了纪念一代名人为一方土地带来的恩泽就将此丁家私房菜发扬光大。官方给出的译文为 Kung Pao Chicken（spiced diced chicken with cashew）,也是直接翻译出"宫保"二字,然后稍加注解,因此在翻译此类"典故型"菜肴时,一般采取"直译+稍加注解"的方法,但是由于此类菜名往往承载较多的文化信息,所以在翻译的过程中难免会出现文化流失现象,因此有学者提出,可以在加注时对菜肴的典故稍加说明,这样一方面能够让国外友人更加了解菜名背后的故事,给他们留下更加深刻的印象,另一方面还能促进饮食文化的相互交流。

（四）地方风味型——直译+突出地方名

华夏地大物博,美食大致分为八大菜系,为了体现各地特色,在菜名中融入地理信息的情况也屡见不鲜。如"西湖醋鱼"West Lake Fish in Vinegar Sauce,杭州西湖盛产草鱼,且由于西湖水系优良使得其草鱼肉质鲜美。将西湖加入菜名使菜肴获得了更高的评价,并且可以直观洞悉来源,加强地域自豪感,传播地域饮食文化。在冬奥会菜谱中,此类"地方风味型"菜肴也比比皆是,如北京烤鸭 Beijing Roast Duck,广东点心 Cantonese Dim Sum,直接采用"地名+原料/加工方法"的译法,将地名与菜肴主料相结合。又如,四川辣子鸡 Spicy Chicken, Sichuan Style,北京炸酱面 Noodles with Soy Bean Paste, Beijing Style,则是直接采用了"原料/加工方法+地名汉拼音+Style"的后缀形式。

（五）数字型——简译

中餐中也多以数字命名,在中餐中,数字的意义多表示此菜的特点、精细程度、品质等级、食材数量等。例如,中国地方美食"三不粘"是用鸡蛋、面粉、蜂蜜在高温锅中颠炒而成的糕团型甜品,此菜软糯同时做到不粘锅、不粘筷子、不粘牙,因此得名"三不粘",这一名字准确地体现了菜肴的特色。类似的还有"一品千丝豆腐",一品表示菜的等级,千丝体现的就是烹饪师傅极致的刀工和细节,将一块嫩豆腐横切八十八刀,竖切八十八刀,每一根豆腐线条都细如发丝共七千多条,因此用千丝命名。翻译这道菜名时应当做到灵活变通,碰到有内涵的数字,透过数字的表象看到本源,通过合理的翻译方式准确地体现菜肴名称。我们在处理此类菜肴时,尽量采取简译的方法,如冬奥菜谱中的八宝咸菜 Assorted Pickles,素三鲜煎饺 Pan-Fried Vegetables Dumplings,三丝炒米粉 Fried Rice Noodles,都是省略了菜肴中的数字,直接将菜肴的原料及烹饪手法翻译出来。

(六)寓意型——意译 + 注释

在中国,很多事物都被赋予了超脱原本名称的寓意,如红豆代表相思,青、绿、翠代表生机、希望、美好,鲤鱼代表祝福或高升,金和玉往往寓意财气或良缘,这在传统饮食文化中体现得淋漓尽致。如"翡翠白玉盅"(白菜豆腐汤)寓意平平淡淡、和和美美,"鲤鱼跃龙门"(糖醋鲤鱼)寓意金榜题名或步步高升。在翻译此类极具文化寓意的菜肴时,我们仅需要遵循意译的原则,将材料和主要烹饪方法展示给外宾即可,但是有很多学者表示,这样的翻译未能达到信息传递的功能对等,因此,可以在菜名后面稍加注释,简要介绍,让外宾了解菜肴的言外之意。

以冬奥会的菜肴之一四喜丸子为例:四喜丸子为中国"鲁菜"的代表之一,"四喜丸子"对应中国自古公认人生四大最喜之事,分别是:久旱逢甘霖、洞房花烛夜、金榜题名时、他乡遇故知。此外,在每年年末,新春团圆之时,岁末天寒,风禾尽起,更是少不了四喜丸子,餐桌上的四喜丸子包含了人们对辞旧迎新,来年春风吹满四时吉祥的美好愿景。官方将其译为 Braised Pork Meatballs in Gravy Sauce 也是遵循了这一原则,直截了当地指出此菜的烹饪方式、主要材料和酱汁,让外宾能一目了然。翻译需要在做到"信、达"的基础上再进一步去追求"雅",首先要准确地传达菜肴基本信息,然后可在其后稍作注释,体现出中华菜肴名称的"意"。例如:

老少平安 "Steamed Bean Curd and Minced Fish(the whole family is well)"

佛跳墙 "Fotiaoqiang—the Buddha jumped the wall for luring by its smell(assorted meat and vegetables cooked in embers)"

(七)极具中国文化特色型——音译

冬奥会期间,爱吃韭菜盒子的中国选手谷爱凌,也因边吃韭菜盒子边等成绩登上了热搜,外媒也对中华美食的魅力充满了好奇,*GLOBAL TIMES* 在对此报道时,将韭菜盒子译为 Jiucai Hezi, traditional Chinese snack, a pan-fried dumpling filled with chives and vermicelli noodles,直接采用了音译+注释法,用汉语拼音译出韭菜盒子,再对其进行解释——中国的传统小吃,原料为韭菜和粉丝的煎饺子。再如,比赛期间吃豆包走红的"豆包小姐姐"马耳他运动员珍妮斯·斯皮泰,马耳他驻华大使卓嘉鹰(John Aquilina)在接受采访时更是表示,许多马耳他人因为斯皮泰而知道了什么是豆包。在视频采访中,大使先生直接把豆包的英文名称翻译为了汉语拼音 doubao。这样的翻译更有利于跨文化交流,就像提到"三明治",大家都知道是 sandwich,提到汉堡,大家都知道是 hamburger,直接音译中华美食 doubao,Jiucai Hezi,能更加直接、有效地传递菜肴的文化信息,也更能体现出我们对中华美食的文化自信。下面来看我国常见的饮食词汇与翻译的实例。

汉语饮食词汇	英文译文
(1)烤乳猪	(1) roast pig let suckling
(2)鱼肚汤	(2) fish maw soup
(3)冬瓜炖燕窝	(3) stewed bird's nest with white gourd
(4)生猛海鲜	(4) fresh seafood
(5)海味	(5) seafood of all sorts
(6)甜食点心	(6) dim sum
(7)云吞面	(7) yuntun noodles
(8)及第粥	(8) congee
(9)艇仔粥	(9) snake porridge
(10)炒田螺	(10) assorted snails
(11)炒河粉	(11) fried Shahe rice noodles
(12)煲仔饭	(12) pot rice
(13)生滚粥	(13) congee
(14)米粉	(14) rice noodles
(15)粉皮	(15) bean sheet jelly
(16)粉丝	(16) bean vermicelli
(17)猪肠粉	(17) zhuchang rice noodles; rice rolls
(18)春卷	(18) Spring rolls
(19)蛋卷	(19) egg rolls
(20)葱饼卷	(20) pancake rolls
(21)花卷	(21) steamed buns
(22)杂包	(22) spring wrappers
(23)糯米鸡	(23) stick rice chicken

续表

汉语饮食词汇	英文译文
（24）粽子	（24）zongzi
（25）龟苓膏	（25）guilinggao jelly
（26）茯苓膏	（26）fulinggao jlly；Poria coccus jlly
（27）凉粉	（27）wild fruit jlly/grass jll
（28）马蹄糕	（28）water chestnut jelly
（29）老公饼	（29）laogong cake
（30）老婆饼	（30）laopo cake
（31）烧饼	（31）scone
（32）米糕	（32）sponge rice cake
（33）莲蓉糕	（33）lotus bean paste
（34）钵仔糕	（34）pot cake
（35）萨其马	（35）Manchu candied fritter
（36）香芋糕	（36）dasheen cake
（37）马蹄糕	（37）water chestnut jelly
（38）萝卜糕	（38）radish cake
（39）洋芋粑	（39）mashed-potato cake
（40）南瓜饼	（40）pumpkin cake
（41）红薯饼	（41）yam cake
（42）薯蓉鸡卷	（42）yam paste with chicken
（43）双皮奶	（43）shuangpi milk
（44）姜撞奶	（44）jiangzhuang（ginger）milk
（45）虾饺	（45）shrimp jaozi
（46）东莞米粉	（46）Dongguan rice noodles
（47）虎门膏蟹	（47）Humen roe-crabs
（48）万江干豆腐	（48）Wanjiang dried tofu slices
（49）厚街腊肠	（49）Houjie smoked sausages
（50）满汉全席	（50）Full Set of Manchu & Han Dishes
（51）（广式）烧鹅	（51）roast goose（geese）in Cantonese style；Cantonese roast goose
（52）白云猪手	（52）Baiyun pig trotters
（53）蒜香糯米鸡	（53）chicken with smashed garlic & glutinous rice
（54）（清远）鹅乸煲	（54）goose a la Duchesse
（55）猪杂煲	（55）chopsuey a la Duchesse
（56）盐鸡	（56）salt-baked chicken
（57）椰子盅	（57）coconut dish
（58）什锦冷盘	（58）assorted cold dish

第三节　英汉服饰文化的翻译

一、英汉服饰文化差异分析

（一）服饰材料的差异

中国的丝绸世界闻名，这在中国古代就已经是一件家喻户晓的事情。因此，中国的服饰材料很多都是使用丝绸制作而成的。另外，中国的服饰材料还可以使用棉、麻等。简言之，中国服饰的选材是十分丰富的。

西方社会在服饰选材上倾向于使用亚麻布，原因在于西方很多国家都盛产亚麻，这种材料十分普遍，人们倾向于使用这种材料制作衣服。另外，西方国家倡导个人主义，希望通过自己的奋斗来实现人生的价值，而这种信念与亚麻布是贴合的。人们通过穿亚麻布的衣服来激励自己进行个人奋斗，从而实现人生价值。

（二）服饰图案的差异

中西方民族都拥有悠久的历史，在不同的历史时期，人们所穿服饰上的图案是不同的。在西方社会，文艺复兴之前，人们往往使用花草图案作为衣服的服饰图案，但随着历史的发展，人们对服饰上的图案又有了新的认知与改变。

在中国古代，人们都喜欢在绸缎上绣上丰富的图案，如喜鹊登梅、鹤鹿同春、凤穿牡丹，用这些图案来表达一种对生活的美好向往。西欧服装上的图案随着历史的变迁而不断变化。古代多流行花草图案，意大利文艺复兴时期流行华丽的花卉图案，法国路易十五时期，受洛可可装饰风格的影响，流行表现S形或旋涡形的藤草和清淡柔和的庭院花草图案。

二、英汉服饰文化的翻译方法

（一）保留文化意象法

为确保译文的忠实性，对等翻译是一种常用方法。英汉两种语言虽然属于不同的语系，但仍然存在共通之处。两种语言在交流中可以找到相互替换的、相同含义的词汇。此处保留文化意象法指的是在英语中能够找到不少相似且可以替换的词，因而可以采用直接对等的翻译手法，但是要注意文化因素的影响，从文化角度来处理原文。

"女子盛装百鸟衣"对应的英文为 women's holiday costume hundred-bird coat。

百鸟衣是苗族一个支系的服饰，当地人衣服上绣着各种鸟形鸟纹，再加上衣服飘带缀着白色羽毛，这种衣服被当地人称作"百鸟衣"。文化翻译观指出，翻译应该把文化作为翻译的基本单位，而不是停留在以往的语篇上。"百鸟"可以采取直译的方法，利用连字符"-"将 hundred 和 bird 连接起来修饰 coat。但该译文存在不足，"百鸟衣"是属于苗族服饰文化特有的意象，译文中应该增译 of Miao nationality，给读者传达"百鸟衣"是苗族的服饰这一文化特点。因此，"女子盛装百鸟衣"建议译为 Women's holiday costume hundred - bird coat of Miao nationality。

"百褶裙"对应的英文为 pleated skirt。

"百褶裙"是苗族服饰中常见的女子下装，在英语中也有固定译法，因此将其直译为 pleated skirt 是合理的。

"蜡染围腰"对应的英文为 wax-printed apron。

根据词典，"蜡染"在英语中可找到固定译文，可译为 batik（a method of printing patterns on cloth using cloth）或直译为 wax printing。"围腰"作为苗族女子盛装的重要饰品，主要用于装饰前上半身。此处将"围腰"译为 apron（a piece of clothing worn over the front of the body, from the chest or the waist down, and tied around the waist）是合理的。

"凤纹银冠"对应的英文为 silver crown with phoenix pattern。

"凤纹银冠"为贵州苗族少女盛装头饰。银冠亦称凤冠，帽体由银丝编结而成，纯银制。"凤纹银冠"可以在英语中找到含义上对等的词，因此，《中国苗族服饰图志》中将其直译为 silver crown with phoenix pattern 是合理的。

（二）替换文化意象法

在巴斯奈特文化翻译观视角下，当译者不能直接从译语中找到对等表达时，应当遵循发挥主观能动性的原则。贵州苗族服饰中包含了众多文化负载词，它们当中有些词可以采用直译的方式，但还有一些词没有固定的译法。此外，在翻译的过程中，译者即便能够将单个词对等翻译出来，也不能确保准确传递文化内涵，原因在于不同文化背景下的受众往往倾向于以自己已有的观念来理解译文。因此，在翻译贵州苗族服饰文化词汇时，基于对这些表达文化内涵的理解，译者可以采取音译加注等处理方法，在译文中替换原文中的文化意象，以达成了文化上的等值。

"牯脏衣"对应的英文为 Guzang costume。

贵州榕江月亮山地区苗族的"百鸟衣"，原为古代祭祀时穿芦笙时穿戴，现作节日盛装衣饰，亦称为牯脏衣。衣饰宽大，无领对襟，前胸和后背刺绣鸟、龙、蝶等纹样，下缀有百鸡羽毛，色彩古朴斑斓，绣饰粗犷。《中国苗族服饰图志》一书中将"牯脏衣"译为 Guzang costume，虽然传达了原文的表面含义，但忽视了背后的文化内涵，没有达到文化交流的效果。因此，结合"牯脏衣"的文化背景，此处可以采取音译加注的方法，建议修改为 Guzang costume (dressed at the time of sacrifice in ancient times)。

"青布脚笼"对应的英文为 black-cloth leggings。

"青布"往往指的是青色或者黑色的布。此处"青布"指的是黑色的布料，故译为 black-cloth。"脚笼"一词在现实交流中并不多见，查阅资料可知，这一服饰为"裹腿"一类，因其成对出现，故译为 leggings (outer coverings for the legs, worn as protection)。因此，《中国苗族服饰图志》一书中将"青布脚笼"译为 black-cloth leggings 是合理的。

"无领右衽上衣"对应的英文为 collar-less right-buttoned jacket。

"无领"一词在英语中有现成表达，不需使用连字符"-"。所以此处可将连字符"-"去掉，直接译成 collarless。根据词典，衽，本义衣襟。左前襟掩向右腋系带，将右襟掩覆于内，称右衽。故《中国苗族服饰图志》中将"右衽"译为 right-buttoned 是合理的。因此，"无领右衽上衣"的译文建议修改成 collarless right-buttoned jacket。

"鼎"的对应英文为 hat。

查阅资料可知，此处的"鼎"并不是青铜器中所谓的"鼎"，而是贵州省黄平县谷陇乡少女所戴的圆筒形挑花帽或者儿童戴的小花帽。因此，为了传递文化含义，实现文化交流，此处可以采用音译加注法，建议将"鼎"的译文修改为 Ding (small embroidered hat)。

"银压领"对应的英文为 silver collar weight。

银压领是一种腰饰,主要流行于贵州清水江流域苗族地区,因佩戴后可平整衣襟而得名。《中国苗族服饰图志》中将其翻译为 silver collar weight,这一译文直译过来会迷惑英语读者,他们在很大程度上会觉得不知所云。根据其具体含义,此处可采取音译加注法,建议将其修改为 silver collar weight(silver ornament that makes collar flat)。

"刺绣麒麟纹云肩"对应的英文为 embroidered shoulder with unicorn pattern。

中国云肩亦称披肩,它与霞帔等同属一个系统的概念,均为披搭在领肩部位的服饰品。《中国苗族服饰图志》中将"云肩"译为 shoulder。根据词典,shoulder 的英文释义为 the part of a piece of clothing that covers the shoulder,中文意思为"(衣服的)肩部"。由此可知,此处将"云肩"译为 shoulder 是不准确的。因此,根据"云肩是搭在领肩部位的服饰"这一含义,建议将"云肩"译为 shoulder adornment。

"女子贯首衣"对应的英文为 woman's through-hole jacket。

苗族贯首衣历史悠久,因"幅中作孔,穿中而贯其首"而得名。《中国苗族服饰图志》中将"贯首衣"译为 through-hole jacket,这一译文虽然表现了该服饰的特征,但译成中文"穿孔的夹克",受众不免会感到困惑。根据服饰特征,此处可采用音译加注法,译为 woman's Guanshou costume(with a round neckline for the head to go through)。此外,为体现服装的民族特性,"女子贯首衣"建议译为 Miao nationality's woman's Guanshou costume(clothes with a round neckline for the head to go through)。

"刺绣上轿衣"对应的英文为 embroidered wedding costume。

贵州省安顺市黑石头寨苗族服饰女子盛装上衣称为上轿衣,喜事时穿戴,布料为缎子和彩色蜡染布两种。"上轿"一词是典型的中国传统词汇,为文化负载词。书中在处理这一译文时,考虑到了"上轿衣"的文化内涵,将其译为 wedding costume,体现了该服饰的文化特征,英语读者能够获知其中的文化含义。

第四节 英汉建筑文化的翻译

一、英汉建筑文化的差异分析

（一）中国建筑推崇宫室本位

在中国古代社会，人们对大自然产生的是一种敬畏之情，这种精神尤其体现在畏天方面。为了表示对大自然的敬畏，人们特别喜欢筑坛植树。后来，在这一传统思想的影响下，人们修建了很多寺庙、道观等建筑，体现了中国宫殿建筑的一种精神。中国建筑的主流思想就是宫室本位，为了体现皇权的至高无上性，古代皇帝为百姓灌输奉天承运的顺从思想，天子享受着无上的尊严，对臣子具有生杀予夺的权力，并且对世界上的万事万物都要负责。

（二）西方建筑推崇宗室本位

在西方社会中，由于宗教观念十分深入人心，因而在建筑层面主要体现的是宗室为本位的思想。教堂是神圣不可侵犯的，是人们精神的一种代表。西方社会中很多哥特式教堂体现出灵动、奔放的特点，利用空间推移、直接的线条以及色彩斑斓的光线，为人们营造了一种"非人间"的境界，让人产生一种神秘之感。

二、英汉建筑文化的翻译方法

（一）西方建筑文化翻译

在进行语言翻译时，必须将所翻译的语言置身于大的文化背景去考虑。语言是文化的构成，文化包容与孕育着语言，因此语言翻译活动不能独立于文化存在。在翻译过程中，既要考虑语言的表达方式，以及人的表述方式、表述思维等，还要考虑承载着语言的文化环境。

在翻译活动中,还需注重翻译的实际应用要求。翻译出的作品最终是要用到实践中,为一些研究或建设工作服务,所以翻译要讲究技巧,但也不能失去实用性,要实现"地道"的翻译,便于读者阅读、理解与应用。由于西方建筑文化中的很多常用语在汉语中都有对应的表述,因此在翻译这些内容时可采取直译法。例如:

anchorage block 锚锭块　　　　bearing 承载力
cure 养护　　　　　　　　　　masonry 砌体
pier 桥墩　　　　　　　　　　　glass 玻璃
common brick 普通砖　　　　　cellar 地下室
corner 墙角　　　　　　　　　　door 门
floor 楼层　　　　　　　　　　　pillar 柱/柱脚

(二)中国建筑文化翻译

1. 丰富知识储备,提高自身能力

要想翻译好建筑英语,就必须有扎实的功底,要掌握丰富的专业知识,有一定的英语素养。翻译人员需不断在学习与实践中锻炼、提升自己的能力,丰富自己的知识储备,不断提高自己对建筑英语知识归纳、整理、分类、转化及应用的能力,进而提高建筑英语翻译能力。建筑英语与一般英语之间既有联系,又有不同,要想翻译好建筑英语,就需分析、挖掘、发现以及整合建筑英语与一般英语之间的融合点、衔接点,将建筑英语的专业性与一般英语的开放性、灵活性等有机糅合,进而使翻译工作更加顺利,让翻译成果更加出彩。

翻译人员需正确认识到:英文词语表达中的修饰词汇、语法、语序和表达语气及语境的描述等都是建筑英语翻译所要掌握的基础知识与必备技能,因此在平时要不断学习,不断积累,持续夯实基础,为翻译工作做好准备。另外,要想让翻译精彩,就不能只机械地记忆词汇、语法等理论性的知识,要在平常的学习与实践中加入自己的感性认知,要主动了解、分析建筑文化、建筑文化特色等,从而更好地把握建筑翻译的核心或灵魂,使翻译成果更加灵动。如在翻译某栋建筑时,不仅要运用专业的英语词汇准确描绘出建筑的大小、造型、占地面积等,还要深入了解建筑的建造背景、设计理念及时代特征等,要在翻译的过程中注重一些文化性的东西,以免自己的翻译理性有余而感性不足,或者出现空洞乏味,使人不想阅读的情况。

2. 更新翻译观念，提升表达技巧

对于翻译，很多人将其简单理解为不同语言之间的相互转化。这样的解释或认知只突出了语法、单词等的重要性，而忽视了翻译的文化属性，在这样的理解或认知下，翻译人员容易将翻译过程变为简单的词语转换与句子排列，最终导致翻译出的作品不是十分出彩。翻译人员应正确认识到，翻译是一项比较复杂的活动，翻译时，不仅要考虑将原文含义准确翻译出来，而且还要考虑译文的美感、风格、阅读感受等问题。所以在开展建筑英语翻译活动时，翻译人员要适时转变翻译观念，从多个角度出发思考与认识建筑翻译，并在翻译过程中综合考虑多种因素、多个方面，以提高译文的整体质量，提高译文的可读性、实用性与艺术性。

在翻译过程中，翻译人员需充分考虑语序、语言风格、语言习惯及语境等要素，注重语言的情感表达与语言的美感，在准确表达原义的基础上对语言做适当修饰，使译文更易阅读、更易理解，更加符合目标语言的语言环境，更具有人文性。具体而言，中国有句话叫一方水土养一方人。地理环境不仅影响人的生活方式、生活习惯与思维方式，而且影响建筑风格与建筑文化。在进行建筑英语翻译时，必须将翻译活动放到大的地理环境与文化环境中，立足整体、全局的角度去感受与把握建筑的造型风格及文化特色，然后再将翻译细化到具体的字词句上来，确保最终的译文血肉丰满、丰富生动。比如在对陕北高原的建筑解说进行翻译时，就需从当地的地理环境、人文环境等出发去感受当地建筑的风格与特色，把握当地建筑的特征，在此基础上合理措辞，科学构句，保证整体的翻译质量。陕北高原的地理环境与气候条件与江南水乡有显著不同，陕北高原多属温带大陆性气候，气候干燥，降水较少，一些地方黄土遍布，在这样的自然环境下，陕北高原的建筑不会有江南水乡建筑的秀丽玲珑与清新柔美，而是充斥着壮阔雄浑之感。陕北高原的建筑也如当地朴素坚强的人一般给人以硬挺、硬汉的感觉。

在翻译这类建筑的解说时，必须把握大的感情基调，不能过于温言软语，要将解说原有的情感、含义等正确、生动地表达出来，让阅读译文的读者能够感受到陕北建筑的硬汉风格，感受到陕北建筑带来的震撼。

总体来说，在进行建筑英语翻译时，译者要有自己的观念与见解，要明白，建筑英语翻译并不是要求在翻译过程中照本宣科地将建筑语言翻译成英语，而是用特定的语言技巧将对建筑的审美与历史文化、风俗习惯等融合起来,使译文更加生动鲜明,更具有阅读价值,给人以好的阅读体验。

3.建立先进理念,进行跨文化交流

由于建筑英语的专业性与综合性较强,所以建筑英语翻译具有一定难度,在建筑英语翻译中,通常很难准确表达出源语所含的情绪。针对这种情况,翻译人员要能运用先进的理念与技巧方法巧妙处理,以保证最终的、整体的翻译效果。如在对北京故宫、西藏布达拉宫、苏州园林等极具中国文化特色且具有深厚历史文化底蕴的建筑进行翻译时,就需要打破文化的交流隔阂,树立先进的文化理念。

以故宫为例,故宫是历史的遗物与结晶,是中国特色文化的体现。故宫不仅是极具特色的建筑,而且还是一种文化象征,是人们情感的寄托,是部分外国人对中国的印象。在翻译故宫或与故宫有关的解说时,应准确把握故宫在建筑领域、文化领域、艺术领域及中国历史上的重要地位,在翻译中体现出故宫的庄重庄严与古典韵味,凸显出故宫恢宏壮阔的"皇家气派"。英国议会大厦是英国非常重要的公共建筑,相较于文化性,议会大厦的功能性更被人们所看重。因此,在翻译英国议会大厦或有关英国议会大厦的描述时,应着重体现其正式与实际作用。

通过上述分析我们可以总结出这样一条建筑英语翻译技巧:在进行建筑英语翻译时,可先根据建筑的用途、类别等对建筑进行归类,从大体上把握建筑的主要特色,然后再将建筑置于大的自然环境与文化环境中,分析历史及当地文化给建筑施加了怎样的色彩,并根据分析结果确定翻译方向与语言特色,之后在具体的翻译中再结合实际情况确定是采用"增加修辞"还是"减少旁白"等具体的翻译策略,有效提高译文质量。

建筑英语翻译具有一定难度,要想翻译出高质量的作品,就需做好对专业词汇的学习与运用;在翻译过程中注重翻译的文化属性与实际应用要求;翻译人员要不断丰富自身知识储备与实践经验,多阅读、多实践,不断更新自身翻译理念与翻译技巧,并在翻译过程中树立文化意识,重视文化差异,从多个角度出发去思考与认识建筑翻译,能够充分考虑语序、语言风格、语言习惯及语境等要素,注重语言的情感表达与语言的美感,在准确表达原义的基础上对语言做适当修饰,使译文更易阅读、更易理解,符合目标语言的语言环境,具有人文性。

下面来看我国常见的一些建筑文化词语及其翻译。

汉语建筑词汇用语	英文翻译
（1）西关大屋	（1）Xiguan（western side）dawu mansions
（2）竹筒屋	（2）zhutongwu mansion
（3）客家围（龙）屋	（3）Hakka's circular house（weiwu in Chinese）
（4）骑楼	（4）sotto portico（qilou in Chinese）
（5）开平碉楼	（5）Kaiping Castles
（6）石板巷	（6）stone-slab-paved lanes
（7）羊城	（7）（The）City of（Five）Rams
（8）五羊雕塑	（8）Statue of Five Rams（The Statue of Five Rams is the emblem（symbol）of Guangzhou City）
（9）光孝寺	（9）Guangxiao Temple（the first Buddhist temple even before Guangzhou coming into being and famous for its Five-Hundred-Abbot Hall）
（10）光塔	（10）Guangta Minaret, located in Huaisheng Mosque
（11）能仁寺	（11）Nengren Temple
（12）金刚法界	（12）the Invincible Dharma
（13）六榕寺	（13）Liurong（Six-Banyan）Termple
（14）五仙观	（14）Wuxianguan（Five Immortal）Temple
（15）三元宫	（15）Sanyuangong（Taoist）Palace
（16）黄大仙祠	（16）Wong Tai Sin Temple
（17）南海神庙	（17）Temple of South China Sea God, also Polo Temple（594 BC-）at Huangpu Harbor, is an evidence of this overseas trading tradition. It is called Polo, for it comes originally from the word paramita in Sanskrit, meaning reaching the other side of the ocean.
（18）广州圣心大教堂	（18）Guangzhou Sacred Heart Cathedral
（19）云津阁	（19）Yunjinge Pavilion
（20）莲花塔	（20）Lianhua（Lotus-Flower）Pagoda
（21）越秀镇海楼	（21）Zhenhai Tower（Five Story Tower appeasing the sea）on Mt Yuexiu
（22）阁	（22）mansion
（23）塔	（23）pavilion
（24）亭	（24）kiosk
（25）牌楼	（25）pailou
（26）曲桥	（26）zigzag bridge
（27）水榭	（27）waterside pailion
（28）柳堤	（28）river bank（embankment/causeway）lined with willow trees

第五章

英汉翻译与中国文化传播

著名学者季羡林先生曾经指出,文化交流是人类社会向前发展的动力。多元文化发展是世界文化发展的助推器,汉译英使中外文化的交流与衔接呈现出了新鲜的活力。在多元文化融合的基础上,中国文化需要不断保留自己的特点并开拓与其他文化的相处之道。然而,中国文化能否保持自身的特点,关键在于汉译英,即能否将汉语文化移植到目的语文化中。本章就来分析英汉翻译与中国文化传播的问题。

第一节　中国传统优秀文化的精髓

一、中华文化的精髓

中华文明是世界上唯一流传不息的古老文明。从中华文明的发展史可以看出，虽然中华民族文化受到了外族文化的入侵，但是入侵的文化往往迅速被融合或者同化，这就彰显了中华文化的博大精深。

中华民族是一个古老的民族，有着深厚的文化底蕴，在五千年的历史中，中华文化生生不息、绵延起伏，是当今世界上唯一一个没有被中断的文化。正是因为这一点，中华文明是中华民族的骄傲。对其他民族的古代文明进行研究的时候，现代人已经读不懂他们祖先的文字了，因此很难了解他们祖先的文明。但是，中华民族仍旧能够读懂几千年前的文字，在不断发展的社会中，将中华文化流传至今。汉字是长久以来流传下来的，是唯一一种现存的表意文字，因此在研究中，中华文化有着极其重要的地位。中华文化是中华民族不断进步的动力，其中蕴含着很多优秀的文化传统。

（一）汉字

汉字是世界文化之林的一道风景，文字是人们进入文明社会的一种标志。汉字是中华文化的书写，它在中华文明的传承方面发挥着巨大的作用。在今天，汉字文化被中华民族广为应用，彰显的是中华文明。

汉字文化的影响力不容低估。这一文化覆盖区域包括汉字文化的发祥地中国及与古代中国有朝贡关系的地域。汉字文化的覆盖地域称为"汉字文化圈"。汉字文化圈中的越南和朝鲜已经完全废止汉字的官方使用，韩国仍保留使用部分汉字。但是，各国的古文仍然完全用汉字表记。

文字是一个民族、一个国家的历史的痕迹，中国文字的演变是跳跃式的，是华丽的，是耐人寻味的，就如同中国的历史一样。中国人创造中国文字，中国文字也同样引导着中国人前进。

(二)史书典籍

史书典籍彰显的是中华文明,其规模非常宏大,是世界上绝无仅有的。

正史:以纪传体、编年体的体例记载帝王政绩、王朝历史、人物传记和经济、军事、文化、地理等诸方面情况的史书。

别史:主要指编年体、纪传体之外杂记历代或一代史实的史书。

杂史:只记载一事之始末,一时之见闻或一家之私记,是带有掌故性的史书。

野史:有别于官撰正史的民间编写的史书。

稗史:通常指记载闾巷风俗、民间琐事及旧闻之类的史籍。

(三)经书

1.《易经》

《易经》是我国最古老而深邃的经典,是华夏五千年智慧与文化的结晶,被誉为"群经之首,大道之源"。《易经》是中华文化的根基,《易经》也是中国哲学的源头。

2.《道德经》

《道德经》是中国历史上首部完整的哲学著作,也是道家哲学思想的重要来源。老子的哲学思想和由他创立的道家学派,不但对我国古代思想文化的发展做出了重要贡献,而且对我国多年来思想文化的发展产生了深远的影响。

(四)中国古典诗词

中国古典诗词是中国古代文学艺术的精髓,是中国文化长河里的瑰宝。中国是诗词王国。中国的诗词历史悠久,源远流长,从《诗经》《楚辞》、汉乐府到唐诗、宋词以及元人小令,已有近三千年的历史。三千年来,中国诗词以其丰富的内涵、清丽的神韵、优美的语言和铿锵的音调影响着一代又一代人。

人的情感借由诗词得到了淋漓尽致的抒发。吊古怀今,社会风貌,自然山水,伤情别离,朝堂政治,皆成了诗词描摹的对象。诗词的魅力在于任凭时光流逝,岁月更迭,浓厚的诗情依旧在人的精神中熠熠生辉。古典诗词的美超越了时空的限制,哪怕身在今天的我们,时隔千年,去温读这些精练优美的诗词,依旧能深切感受到古人抒发的感情,勾起每个人心里的无限诗意。诗词被称作中国古代最优美的文字是当之无愧的,它以最精练、最抒情的文字直达人心底。时而婉约到极处,时而又豪放到极处,细细品味间,让人沉醉心迷。

（五）丝绸

中国是世界上最早发明丝绸(养蚕缫丝织绸)的国家,而发明丝绸(养蚕缫丝织绸)这一伟大贡献的发明家,就是我们中华民族的伟大始祖轩辕黄帝的妻子嫘祖。嫘祖"养天虫以吐经纶,始衣裳而福万民",开启了享誉中外的丝绸文明,泽被天下。

（六）茶

茶——世界三大饮料之一。中国是茶的发源地。如今,国内新兴的茶文化节如雨后春笋,久违了的传统民间茶歌、茶舞焕发新貌、重放异彩。

（七）瓷器

中国是瓷器的故乡,举世闻名的中国瓷器是中华民族的伟大创造和发明,瓷器是中国古代文明的象征,也是中华民族的文化瑰宝。中国发明的瓷器是中华民族对世界文明做出的伟大贡献。中国的瓷器制造技术被传到世界各国,对中外文化交流做出了重要的贡献,中国也博得了"世界瓷国"的光荣称号。

（八）武术

武术是我国一项传统的体育运动,古称"技击""武艺",近代以来又称"国术",海外将武术叫作"中国功夫"。它以踢、打、摔、拿、跌、击、劈、刺等攻防格斗技法,按照攻守进退、动静疾徐、刚柔虚实等运动的技击规律,组成徒手和器械的各种套路和功力练习形式,兼顾引人入胜的优美形态,既具技击特点,又有艺术色彩,可用来锻炼身心,防御自卫。

(九)中国建筑

世界建筑依地区来区分,中国、日、韩及中南半岛诸阁被称为东方系,西方系则以欧美称之,此外还有其他系统。中国建筑作为世界建筑史中的一大分类,有着悠久的园林历史。

(十)戏曲

戏曲艺术是我国艺术宝库中的瑰宝,是我国所独有的戏剧形式,它拥有丰富的内涵。戏曲艺术是我国各族人民和众多前辈艺人通过生产实践、社会斗争,用集体智慧创造出来的,并在长期的流传过程中得到不断提高和发展。戏曲艺术源于古代的乐舞、俳优和百戏,经过漫长的孕育过程,到唐宋时才逐渐形成。由于它是多种表演技艺在历史发展中经过相互吸收逐渐趋向综合的结果,所以它不同于歌剧、舞剧或话剧。戏曲艺术是歌、舞、剧三者有机结合的艺术统一体,以唱、做、念、舞(包括武术和杂技)作为它的表现手段,用精练而夸张的艺术手法来塑造人物、阐述故事、烘托主题。

二、中国文化对外传播的现状

随着中国对外开放的进一步发展,传播和交流中国文化的重要性越来越突出。由于文化的传播和交流关系到国家形象的建设,所以从政府到人民为促进中国文化的"全球化"采取了许多措施,取得了显著的成就。

(一)"多种多样"的视觉媒体

视觉传播是指通过图像、短片、电视、电影等进行视觉元素的传达。就效果而言,视觉媒介将中国文化的一个特定部分展现给国外的受众,它具有图像、声音和视频等多种形式,既直观又吸引人。

(二)关注"日常生活"

中国文化对外传播的最终目的是让国外的人们了解中国的日常生活,乃至中国源远流长的历史文化。优秀的文化交流需要共鸣,如从关爱家庭、热爱和感激生命、尊重和保护自然等日常生活的角度出发,选择能够触动每一个普通人内心柔软的方式,是文化输出的最佳途径。

(三)背景、隐藏形式的沟通

从整体上看,以往中国文化的传播是以文化资讯为直接对象,以中国文化的特定成分为切入点,而现代网络时代的来临为中国文化的传播开辟了新的途径。在不同的媒体中,文化资讯可能不再是主要的沟通主体,而成为影像、摄影主体、舞台背景历史情境、人物、事件或其他主体因素。以这种文化信息为背景,使外国观众能够通过一种润物细无声的交流方式逐渐了解和接受中国文化。在"微型媒体"的视觉表现中,文化信息也是以其为背景进行传播的,只不过这个过程更为复杂、晦涩。

三、中国文化对外传播的表现——中国民族文学"走出去"

民族文学是我国文学的重要组成部分,也是民族文化的瑰宝,是国家文化"走出去"战略的重要环节,更是人们传承中华文化的基石。中国民族文学可以反映出人们对少数民族的情感与实现,真实展现少数民族人民的生活与文化。民族文学"走出去"有利于提升我国文化软实力,实现民族的伟大复兴,更有效地传播中华文明。

(一)译介学视域下翻译的标准研究

译介学翻译标准,就是在接受读者和接受环境欠成熟的过渡时期,译入语文化对于源语文化比较陌生的情况下,着眼于意识形态、诗学观和赞助人,采取"归化"策略和"意译"方法进行文学翻译,以译介学翻译标准作为权宜之计,作为传统的语言学翻译标准的补充,让接受读者开始了解,逐渐理解,最终实现向传统翻译标准的柔性过渡。

(二)中国民族文学"走出去"的阻碍

1. 资源开发不足

一直以来,中国民族文学的输出以象征符号为主,无论是京剧、武术,还是剪纸都不是以文字的形式呈现。随着多元文化的产生，人们为了迎合西方文化的审美，中国文化象征符号内涵不深刻，输出形式上也只是固定的资源，无法全面地展现中华文化的博大精深。由此可见，我国民族文学资源开发力度不足。①

2. 译介体制不够完善

我国民族文学译介体制依然遵循着国有企业经营机制，在市场经济竞争中缺乏竞争实力。但是现如今文化的发展已经以高科技为载体，以产业化为支柱，以市场化为发展渠道，民族文学如果依然依赖国家政策的大力支持，将很难释放自身的文化活力，民族文学的译介体制依然落后于其他文化。而且，当前译介体制下的民族文化缺乏强有力的文化市场支持，文化销售渠道狭窄，组织管理与运行机制不完善，严重影响中国民族文学"走出去"战略的发展。

3. 跨文化障碍

中国民族文学代表的是少数民族和地域性文学，其内容难以与国际性接轨。民族文学"走出去"的传播途径也缺乏针对性，当代文学主要采用转译的翻译方式，质量不高，翻译人员无法完整地将原著作者的精神表现出来，翻译的内容也无法体现原著内容的意蕴，导致文学作品在世界文学中的影响力较低。不仅如此，西方国家为了得到更高的商业利润，在翻译的同时没有尊重原著，对原文的删改比较明显，严重影响了民族文学的完整性。

4. 译介与传播渠道不顺畅

中国民族文学译介与传播渠道不顺畅，这与文学作品译入、译出不匹配有关，不仅如此，中外文化交流互动不足，国外出版机构与国内民族文学之间缺乏沟通。中国民族文学作品翻译量远远不如西方文学作品的翻译量，文学译介没有积极地推动中外文化进行交流。而且，中国民族文学在国际市场中的影响力还不够，国外的出版机构没有将更多的目光放在

---

① 欧阳可惺.当代中国少数民族文学研究的三种范式[J].民族文学研究，2017, 35(5)：5-19.

民族文学作品上,导致民族文学译介传播渠道过于狭窄。

5. 译介人才实力不足

对于民族文学译介传播来讲,我国译介人才明显缺乏,人才实力不足,使其成为民族文学作品难以"走出去"的制约因素。我国缺乏能够引领民族文学走向世界文化前端的高端创意人才,缺乏高外语水平与汉语言文化水平、跨文化交流水平的国际性人才。不仅如此,我国也缺乏先进译介传播技术型人才,从事译介翻译的人才对中华文化没有达到熟知的程度,翻译能力较弱,自身实力无法满足现实要求。

(三)中国民族文学"走出去"的策略

1. 发掘特色化文学资源

充分开发我国民族文学的文化底蕴,将可以传承的、有影响力的民族文学资源提升译介力度。中国民族文学中展现了少数民族的文化风貌,书中那些难以令人忘怀的文学细节,不仅会让人加深对该少数民族的认识,还会使人在阅读文学作品的同时对民族文化产生认同感,从真实而生动的文字中感悟活灵活现的少数民族人的生活场景。

2. 实现译介渠道的多元化

民族文学在"走出去"战略发展中,可以充分利用国家经济活动与互联网大众传媒,传播民族文学作品时可以选择人们喜爱的传播渠道,例如电影、广播或者互联网,很多民族文学作品都会选择以互联网为载体,将各国人民联系在一起,人们通过网络平台加深对中国民族文学的理解。中国民族文学不仅可以利用大众媒介的传播优势,还可以发挥民间力量对自身的推动作用,优秀的作品可以在受众中得到良好的口碑,这些民间组织和国民行为可以潜移默化地成为中国民族文学的传播者。①

---

① 陈冬雁.译介学视域下中国民族文学"走出去"研究——以《狼图腾》的成功译介为例[J].才智,2016(34):238-239.

3. 传递共同的核心价值观

虽然文化是国家的软实力,但是文化也可以通过吸引人们的兴趣,获得各国人民的尊重,这种尊重也会凝聚为文化认同感,使中国民族文学中的价值观被人们接受。一个国家如果可以将自身文化价值观念展现给其他国家,并且达到各国人民的认可,那么这个国家的文化在国际文学市场中也会有较大的影响力。因此,中国民族文学在译介中,人们需要牢牢把握中国民族文学作品中反映出来的价值观念,以作品彰显人物坚强的意志与勇敢的民族精神。因此,建议将中国民族文学"走出去"战略任务与作品核心内容相融合,推动各国人民价值观念的深刻交流,实现我国社会主义核心价值观的"走出去"。

4. 以多语种为目标

中国民族文学想要成功地进入西方文学市场,深入西方国家,并在西方人群心中产生深远的影响,就要翻译为相应国家的官方语言。因此,将中国民族文学"走出去"战略与多语种战略相融合,是提高我国文化影响力的重要途径。改革开放以来,我国的文学翻译事业有了长足进步,但成绩的背后也存在一些不容忽视的问题,那就是一味地外译中,却殊少中译外。很多翻译人员一心做国外学者的翻译研究和教学,却较少对国内翻译名家翻译实践做学理上的梳理和诠解。人们一心研究如何重视国外特别是西方的文学、文化,如何在译进时忠实外来文本,如何在译出时尽量考虑目标语读者的接受习惯和思维方式,却较少注意到翻译活动的重心问题,很大程度上失去了自我,失去了文化自信。翻译人员在翻译文学作品的时候,不仅要掌握扎实的双语言翻译能力,还应当拥有深厚的文化基础与社会担当。

5. 提高翻译策略,培养高端翻译人才

在译介学视域下,提高翻译人才的综合素质,有利于减少中国民族文学的跨文化障碍,为文学的"走出去"提供便利条件。翻译可以成为不同文化之间沟通的桥梁,将不同人的人生经历与信仰联系在一起,人们可以从作品中感悟每个人的生活体验,看到中国民族文学的文化实践。

总而言之,中华文化源远流长、博大精深,中国民族文学是中华文明的瑰宝,对人们传承与发扬中华民族文化有着重要的意义。多元化世界

文化背景下,想要实现中国民族文学的"走出去",需要深度发掘文学作品中的民族资源,为人们展示少数民族的神秘感与特殊性,吸引人们观看作品,并产生文化认同感。

第二节　汉英翻译中的文化空缺现象

一、文化缺位翻译理论

因为文化缺位的存在,很容易出现翻译失误的情况。当原文本在单词上有错误而翻译的目的是完全保留原文本并按字面意义进行翻译时,翻译人员应翻译错误而不进行更正,否则会导致翻译失误。但是,当原文本是需要准确翻译的科学或技术论文时,翻译人员应纠正在这种情况下发现的错误。如果将翻译失误定义为未能执行翻译摘要中所隐含的说明,并且无法充分解决翻译问题,则翻译失误可分为四类:实用性翻译失误、文化性翻译失误、语言翻译失误和特定文本的翻译失误。其中,文化性翻译失误是由于在复制或改写特定文化习俗方面没有做出适当的翻译决定而造成的。下面针对文化性翻译失误来具体分析。

(一)语言维度

1. 拼写错误

(1)英文单词拼写错误

单词拼写错误主要因译员工作不细致或是印刷制作人员产生的纰漏。例如,"象山"翻译为 Elenphant hill,"节约用纸"翻译为 Use less papre。

(2)不符合英文构词法规范

一些英译文本显然不符合英语的构词法规范。如"灰冠鹤"译为 Grey Crown-Crane。陆国强的《现代英语词汇学》的复合词构词法相关章节中有载,连接形容词和带 -ed 词缀变成形容词的名词,构成形容词性前置复合修饰语。例如, a well-educated woman 一位教养很好的女士。并且,《连字符"-"后首字母的大小写》中提到,"实词—实词"——前后首字母均用大写,即连字符前后均为实词时,两个词的首字母均大写。例如,Initial-Boundary Value Problem。因此,正确译法应是 Grey-Crowned Crane。

2. 语法错误

语法错误是英语翻译易犯的第二大错误,主要原因是译者语法不过关或直接使用机器翻译结果而不加修改。例如,"离岛请往此方向"译为 Please toward this direction to leave the island,此处 toward 的用法有待商榷,可以改译为 Please leave the island this way。

(二)文化维度

1. 语气的转变

有别于口语,书面语语气更多强调字里行间的感情色彩,能表达作者的态度,也能影响读者的理解。比如,"爱护绿草,请勿践踏"译为 Keep off the grass,译文确是英语国家对"请勿践踏草坪"的普遍译法,但中文除去传达"请勿践踏草坪"的指令之外,还蕴含了对人们保护环境的告诫,这一点在英文译文中毫无体现。不如改译为 Color our city green with well-attended grass,译文中蕴含的温情与原文基本达成一致。

2. 刻板译文

一些译文只做到了单纯的字句对应。例如,"保护环境,从我做起"译为 protecting the environment starts from me 就属于死板直译。建议跳出原文的句式囹圄,改译为 Everyone Should Protect the Environment,言简意赅地表达了原文的呼吁目的。

3. 专有名词、俗语的翻译失误

(1)专有名称翻译失误

靖江王府共有 11 代 14 位靖江王在此居住过,历时 280 年之久,系明代藩王中历史最长及目前全中国保存最完整的明代藩王府。

There were 14 Jingjiang Prince of 11 generations lived here for over

280 years. It is the best preserved imperial palace of Ming dynasty in China.

在这句话中,译者将"藩王府"翻译成 imperial palace。但事实是,即使有人不是皇帝的亲戚,当他在战场上做出了巨大贡献并赢得战争胜利时,他也将被授予"藩王"的头衔和居住的王府。"藩王"并不总是翻译成 prince。译者可以将其翻译为 seignior,是"封建领主"的意思,他们通过封建分配获得土地。

（2）俗语翻译失误

被誉为"漓江明珠""漓江零距离景区"和"桂林山水甲天下,山水兼奇唯冠岩"。

Being zero distant to Lijiang River, it is famed as the Pearl on Lijiang River and there is even a poem attributed to it, which goes "While Guilin scenery tops the world, the Crown Cave area tops Guilin with its unparalleled beauty in both its hills and waters".

在此翻译中,译者翻译了原文本中存在的俗语,目的是赞美皇冠洞风景区的美丽。但是,这种翻译是否适当以及如何改进仍然值得商讨。由于俗语应该朗朗上口,因此需要考虑用对仗和押韵来加以改进。在此翻译中,前半部分的单词数几乎是后半部分单词数的三分之一,不符合押韵的要求。因此,可以翻译为: east or west, Guilin landscape is best; mountain and river, the Crown Cave Scenic Area is wonderful。

（三）交际维度

翻译应该以读者为中心,重视译文所产生的社会影响,通过传达准确、真实的信息来重现原文要旨,尽力让译文读者获得与源语读者接近的效果。例如,在旅游英语翻译中,有些景区存在明显的信息不对等,因此需要通过旅游英语公示语来弥补游客对景区了解的差异。

1. 用词不当

例如:

奉献一份爱心,点燃一片希望。
Dedicate A Love To Light A Hope.

显然,dedicate 虽然有"奉献"的含义,但它与 love 并不匹配,因此用在此处是不合适的,可以改译为:

Devote Your Love to Light up the Hope.

又如：

关注一个成长的心灵，播种一个灿烂的明天。

Pay close attention to a growing mind and plant a brilliant tomorrow.

译文中的 pay close attention to 虽然有"关注"的含义，但原文中的"关注"应该理解为"关爱"，而非 pay attention to 所强调的"集中注意力"；plant 也不能对应 tomorrow。因此，原文可尝试改译为：

Take good care of a growing mind to create a bright future.

2. 重点不明确

例如：

抗旱护林防火喷淋时段路滑积水，请注意避让。

It is easy to accumulate water in the spraying water of drought resistance and fire prevention, please avoid the time and place.

原文想要传达的含义是"请游客注意避让积水，积水是在抗旱护林防火喷淋中形成的"，这句话的重点在呼吁游客避让积水上，但译文把表意重心放在了积水是如何形成的，喧宾夺主的同时也让原本清晰易懂的语言变得晦涩难明。因此，可以改译为：

Please avoid the water accumulated by water spraying for drought resistance and fire prevention.

3. 译与不译

在翻译工作开始前，译者应该先思考一个问题：这句话有必要翻译吗？景区英语译文的主要读者应该是能读懂英语的外国游客。因此，从文本内容来看，一些明确针对本国游客的条款实际上并没有翻译的必要。例如：

桂林市市民（含12个县）凭本人居民身份证入园。

Citizens of Guilin (including 12 counties) can enter the garden with ID Card.

原文的主语明确指向桂林市市民，这一条款不必向广大外国游客公告，因此不用翻译。

4. 冗余

有些英语语汇简洁，措辞精确，只要不影响准确体现特定的功能与意义，仅使用实词、关键词、核心词汇，而冠词、代词、助动词等就都可以省略。简洁是公示语的灵魂，冗长公示语的交际功能反而会大打折扣。例如：

温馨提示 Kindly reminder

其中的 Kindly 就没有承载有效信息，属于冗余词汇。参考西方对于"温馨提示"翻译的平行文本，可将译文简化为 Reminder。

5. 一名多译

影响交际功能的还有在翻译中普遍存在的一名多译现象。这可能是翻译完善过程中由于分批翻译、译者更迭等原因造成的遗留问题。例如，"无障碍通道"被分别翻译为 No Disturbance Way，Barrier-free Path 和 Accessible Way，虽然三个译文都没有明显错误，但同时用于指示"无障碍通道"便会让人心生疑问。因此，上文可以考虑统一改译为 Accessible Pathway。

二、汉英翻译中词汇空缺

"词汇空缺"又称"词空缺"，它涉及语言和翻译的基础和基本要素——词的问题。目前，"词汇空缺"现象在翻译相关论文和文章中经常出现。有些作家还对此下了定义。曾鸣（2006）说："当一种语言用一个词汇单位来表达一个概念，而另一种语言用一个词的自由组合来表达同一个概念时，就形成了一种语言的'真空'，也形成了一种文化的空缺。"贝克尔（Baker，2001）提到了词层面的不等价问题。[1] 而李彦军（2012）则将其定义为"由于地理环境、不同的历史来源、习俗和传统、价值观和其他因素，同一概念在另一种语言中没有对应的语义单位"。虽然这些定义在一定程度上可以让我们看到"词汇空缺"的概念，但仅凭这些模棱两可的表述，我们仍然无法准确地分辨出译文中的"词汇空缺"。然而，一些人认为词汇差距是不可译的，而另一些人则认为一些解决这个问题的策略会失去作者想要表达的意思。因此，下面作者将阐述对汉英词语空

---

[1] Baker, Mona. *In Other Words: A Coursebook on Translation*[M]. London: Routledge, 2001.

缺现象的研究及词汇空缺差距的原因,希望对译者和英语学习者具有更多的启示。

(一)词汇空缺的研究现状

1. 国外研究现状

在国外,对词汇空缺的研究最早可以追溯到20世纪50年代。

1954年,在比较了两种语言的语法结构后,美国语言学家霍凯特(Charks F. Hocketta)首先提出了gap的概念。

1957年,拉多在比较俄语和英语时提出了词汇差距的定义。在他看来,一些充满文化信息的单词表达在另一种文化中很难找到等价物[①]。

1984年,拉森(Mildred L. Larson)在《基于意义的翻译》一书中对词典进行了研究,他通过对不同语言之间意义的成分分析,发现了词汇项的语义不对应和词汇项的文化不对应。上述学者从语言或文化的角度,或从比较的角度,发现了两种语言之间存在的词汇差距。

1992年,贝克尔从词汇层面对非等价进行了研究,并提出了相应的策略。

这些研究者通过分析词汇空缺的原因以及源语和目的语之间的关系,对词汇空缺进行了分类。

2. 国内研究现状

国外专家对英语与其他语言之间的差距做了大量的研究,而对汉语的研究却很少。1980年谭哲熙(1982)首次提出了词汇空缺的概念。通过英汉比较,词典分为四类:词典重叠、词典平行、术语空缺和术语冲突。他还说,在直译空缺的翻译中,直译不是一个好的选择。周玉忠在他的论文中解释了词汇空缺并对其进行了定义。他认为词汇空缺是不可译的。2000年,廖奇义在比较鲁迅小说不同译本时,对文化负载词进行了研究。之后他提出了文化负载词的三种翻译原则:"(1)在翻译中,词义的再现优于形式的再现;(2)译者在选择译语词汇时,应考虑源语语境;(3)译

---

① Lado, R. *Linguistics across Culture*[M]. Michigan: Uni. of Michigan Press, 1957.

者应将源语的隐含意义转化为目的语的非隐含意义。"近年来,一些学者对翻译中的词汇空缺现象进行了较为深入细致的探讨,并在对国外相关理论研究的基础上,在实践中提出了一些有益的解决方案。

多年来,中外学者对词汇空缺现象进行了研究。通过对其研究历史的回顾,作者发现学者们对其研究主要集中在其定义、空缺类型和翻译原则等方面。他们的研究仍然是有限的,对词汇空缺的分类没有统一的观点。

（二）词汇空缺差距的原因

世界上不同的国家有不同的语言,它们有自己的特点。在英语和汉语方面,汉语词典主要以"图标"为主要表达方式,注重视觉效果的类比;英语单词表达声音,强调听觉效果。此外,英语和汉语有不同的构词形式、语法规则和表达方式。例如,英语和汉语单词数量的差异可能会导致两种语言之间的词汇差距。由于封建社会的长期影响,汉语中有许多复杂的词语用于表达各种亲属关系。在亲属关系和婚姻关系中,中国有"伯父""姨妈""叔叔""姑父""舅父""表叔"。同时,新单词和短语的发展可能会导致英语词汇中的差距。

在这个快速发展的社会中,几乎每天都会出现新的东西和想法。因此,也出现了新的词语来表达这些东西。当这些词仅存在于一个社会的语言中而不存在于另一个社会的语言中时,就会出现空缺。在交际和翻译实践中,人们找到了许多方法来处理词汇空缺。然而,有时结果并不令人满意。例如,copy 等于"拷贝",这是一个成功翻译的例子。然而,不知道相关信息的人很难理解复制的真实含义是什么。另一个例子是将"三个伙伴"改为"三个服务",其成功地翻译了扩展的意义,但失去了内容的意义。

第三节　汉英翻译中文化空缺问题的处理对策

一、归化策略

归化策略的根本出发点是尽可能缩减译文中的异域情调,更多地为目的语读者创设一种熟悉的语言环境,保证内容的自然性和易懂性。当源语与目的语的文本以及风格不一致时,目的语读者往往会对源语产生陌生感,此时对原文本采用归化翻译策略能够使译文更符合目的语读者的语言习惯。

二、异化策略

异化策略和归化策略完全相反,要求译者向源语和作者靠拢。异化翻译要求以源语的语言结构和文化形式为切入点,尽可能保持原汁原味的语言氛围,同时在目的语中充分表达出源语中的异国语言结构。

从历史的角度看,归化与异化可看作直译与意译的概念延伸,但不完全等于直译与意译。后两者只立足于语言层面,而前两者在考虑语言的同时还涵盖文化。

三、汉译英中空缺的处理实践

(一)《论语》英译中空缺处理对策

作为中国儒家经典的代表作,《论语》就像一座中国文化的宝库,许多具体的中国文化项目都可以在其中找到。这些词汇项目从多个方面反映了中国本土文化的特点。文化的概念是广泛的,所以没有一个统一的定义。科哈拉(Kohla)给了我们一个全面的定义:"文化指的是某一群体的生活方式,包括人们的所思所想、所说所为以及他们所做的一切事情。"彼得·纽马克将文化与翻译理论联系起来,他将文化定义为一种独特的生活方式,以及使用特定语言作为表达手段的社会表现形式。不管文化的概念有多复杂,它应该包括三个方面:物质文化、思想文化和社会习俗制度文化。在此分类的基础上,本部分将重点研究特定文化词汇项翻译中的文化传播。

1.《论语》汉译英中的表现

(1)材料中的词汇空缺

物质文化是指服装、交通、生活用品以及人类创造的一切物质文明。《论语》是一部距今约2500年的中国古代名著,其中包含了许多反映中国古代文化特色的文化特色项目。孔子是一位相当专业的音乐家,他还把弹琴的道理讲给鲁国的大师兄听,鲁国的大师兄是宫廷里最会弹琴的人。谈到音乐,他提到了"少"("韶")和"武"("武"),这两个在当时都是著名的音乐名字,它们的翻译可能会影响英语读者的理解。

孔子重视仪式规则的重要性,"太庙"(太庙)在中国古代的祭祀仪式中扮演着重要的角色。例如,"子入太庙,每事问。或曰:孰谓鄹人之子知礼乎?入太庙'每事问。'子闻之曰:'是礼也。'"在此背景下,"太庙"指的是鲁国的创始人周公的寺庙,但它不仅仅是一座名为"太庙"的建筑,它还是中国本土文化的重要组成部分,与严肃的祭祀规则和程序以及丰富的中国传统文化相关。

(2)精神文化的词汇鸿沟

与物质文化相比,思想文化更注重精神方面,既包括思维方式、价值观念、世界观、审美观等,也包括历史、文学、哲学等人类智慧的任何产物。由于不同的历史文化背景,非物质文化项目的翻译难度较大。"天"(天)在中国传统文化中是尊称,在《论语》中多次出现。根据语境,"天"的含义大致可以分为两类:一类是指统治者,另一类是指统治整个世界的客观规律。国内外许多译者把"天"译为"天堂"。"天堂"指的是物理上的天堂、天空或似乎无边无际的宇宙,这是这个词在英语中的传统含义。在这一方面,这两个词有某种程度的相似之处。

2.《论语》汉译英中词汇空缺的处理策略

翻译人员不仅要考虑两种语言,还要考虑两种文化。许多只反映特定文化的文学概念和经典作品往往包含难以理解的信息,难以翻译成特定的语言和文化。原文的文化特质往往会成为翻译的障碍。《论语》就是这样一部具有大量文化特色的中国儒家名著。由于受不同的文化历史背景、翻译目的等因素的影响,不同的译者或学者在应对文化差异带来的困难时采取了不同的方法。下面仅就注释这一方法展开分析。

许多译者在译文中使用注释来避免误解和歧义。詹姆斯·莱热的注释是包罗万象的,涉及文化背景、译者评语等多个方面。辜鸿铭的批注则大不相同。他引用西方著名作家的名言,帮助英语读者通过这些熟悉的思想体系来理解。辜鸿铭将"周公"译成 the Lord of Chou,并添加了如下注释:"中国历史上的摩西或梭伦也是孔子祖国的创始人;他将圣奥古斯丁的虔诚与英国国王阿尔弗雷德的政治才能结合起来。"摩西与梭伦在西方国家家喻户晓,辜鸿铭将"周公"与"摩西与梭伦"作比较,有助于更好地理解"周公"在中国历史上所取得的成就。在华盛顿特区法律文献译本中,可以找到两种注释。他从帮助读者理解的角度,列出了其他包含相同观点或相同概念的章节数,这有助于读者形成对文本的整体印象。

另一类注释侧重于对原文中特定文化项目的解释。注释是中国古典文学翻译的一种常见方法。虽然它们可能会占用一些空间或影响读者的阅读速度,但它们确实有助于读者更好地理解。

由于受到多方面的影响,不同的译者在翻译文化特殊性时选择了不同的方法,这就导致了不同译本之间的差异。在翻译《论语》的过程中,如何让读者完全理解原文的意义,同时在自己的文化框架中尽可能地了解源语文化中的文化特殊性,这需要译者去思考。有些译者习惯在英语中寻求类似的表达,但并不总是成功,这就需要考虑文化因素。在《论语》关键概念的翻译中,英语中也有类似的表达,但其隐含的文化内涵却容易被忽略。在两种语言的转换过程中,一些中国传统消失了,一些西方文化背景被强加在这些中国本土的概念上。采用直译、音译、"音译+意译"等异化翻译方法来处理这些儒家思想,有利于文化交流,让世界听到属于中国的声音。虽然一开始歧义是不可避免的,但翻译也是一个不断沟通的过程。误解一般会随着文化交流的加深而逐渐减少。值得注意的是,尽管有如此多的英文译本,但仍然没有一个译本被公认为是权威的。因此,国内外的翻译家和学者应该加强合作,这将有助于产出高水平的翻译,促进不同国家之间的文化交流。随着文化全球化的发展,保持中国文化的独立性越来越明显。因此,中国的翻译家和学者应该担负起自己的责任,更加重视中国本土文化的海外宣传。

(二)《老生》中对相对空缺词的翻译

文化负载词所指的事物或概念与其他语言和文化中的事物或概念之间存在部分对应关系。二者的语义范围并不完全一致,这种词叫作相对空缺词。我们可以将其分为范围空缺词、意义空缺词和用语规范空缺词。

1.《老生》中范围空缺词的翻译

当同一事物或概念在一种语言中用几个或多个词表达,而在另一种语言中只能用一个词表达时,这种情况将导致参考范围出现空缺。通常情况下,亲属称谓很容易造成参考范围的空缺。例如,阿姨在英语文化中可以指阿姨、姑母、伯母、姨母、婶母、舅母,但在汉语中没有对等词可以同时指代如此多的称呼。《老生》中提到的"三个妹妹""孩子"和"嫂子"都属于这一类。但是反过来,这些词的英文翻译相对容易,并且可以翻译标语中涉及范围广泛的对应词。

老表 An uncle

小舅子 Younger brother-in-law

在第一个例子中,原文中的"老表"指的是父辈朋友,译者这里并没有直译甚至是音译,而是结合上下语境,采用改译的方法,用英语中的儿童用语 uncle,即称呼父母的同辈朋友来翻译,让读者能够更好地理解。第二个例子中"小舅子"既是汉语词汇也是方言,在我国北方许多地方管妻子的弟弟叫小舅子,是亲人之间的一种称呼。在英语中,younger brother-in-law 可以指代多个对象即夫妻双方比自己年纪小的同辈男性亲属,并未深究是夫妻哪一方的亲属,更符合译入语读者的思维模式。

2.《老生》中意义空缺词的翻译

意义空缺词指的是在一种语言中有其相应指代物的词,但在另一种语言中该词的文化意义完全不同。例如,当人们提到"松、竹、梅"时,他们会想到"岁寒三友",想到坚守诚信、出类拔萃的精神。这些词在英语中有相应的东西,但没有相应的文化内涵。[①] 意译通常用于翻译这类词语。

城隍庙 The temple built in honour of the deity that protected the city

阉客 A person was skilled in the art of castrating animals

从字面上讲,第一个例子中的"城隍庙"翻译中采用了意译的方法,直截了当地告诉读者这是为了纪念保护城市的神灵而建造了一座庙宇,虽然找到了"庙"所对应的词语,但是省去了解释城隍庙特定的具有中国特色的文化意义。在第二个例子中,"阉客"是专门阉割动物生殖器官的屠夫。然而,在西方国家的历史文化中似乎并没有完全对等的文化词汇。为了让译语读者理解这两句话的内在含义,采用意译的方法向译语读者传达文化内涵。

3.《老生》中用语规范空缺词的翻译

由于生活习惯和思维方式的差异,一种表达在一种语言中有其特定的语用范围,但在另一种语言中没有,这时通常采用直译,即最接近源语

---

① 潘姗姗,刘晓琳. 从跨文化交际视角浅析南京公示语翻译现状及对策[J]. 海外英语,2019(17):142-143.

的目标语言的真实表达来用作目标语言的翻译。①

三亩地 Three mu of land to till

憨 Simpleton

第一个例子中的"三亩地"在现代汉语中有两种用法：第一种是真实的三亩地，意思是农田；第二种指自己负责的地方或者领域。在本例中，它被用作第一种用法，作者直接采用了直译，汉语单位"亩"也直接采用音译。第二个例子中"憨"的字面意思是形容人头脑简单、做事情欠考虑，这里翻译也运用了直译的方法。

4.《老生》中典故的翻译

典故现在指的是文中引用的古代词语或故事，包括神话传说、历史故事和具有文化渊源的词语。翻译此类词语时，译者可以使用音译加注释翻译②。

秦晋之好 Alliance between the two families by marriage

纸上谈兵 You're just talking on paper

在第一个例子中，这个典故指的是春秋时期，当时秦晋两代以上的统治阶级为达政治目的结为夫妻，从而使得两个国家结为联盟，简而言之为联盟。译者采用意译的策略翻译，并采用省略法将秦和晋的意思省略，但保留了中国文化最朴素的特点——"姻亲联盟"。第二个例子"纸上谈兵"来源于战国时期赵括将军的故事。他经常谈论战争策略，但由于缺乏实战经验，他被打败了。现在它被用来形容一个沉迷于空谈、没有实际能力的人。虽然在西方文化中并未找到其完全对等的典故，但从典故字面含义翻译就浅显易懂了。同时，为避免读者产生疑惑，也巧妙地将士兵的形象省略掉。"空在纸上谈论"翻译到目的语中，将其"纸"的翻译突出，这不禁让其联想到人们做事只强调理论性而忽视客观条件以及缺乏实践的形象，容易被目的语读者接受。

5.《老生》中谚语的翻译

俗语大多是劳动人民创造的通俗民谣，通常简单生动。俗语通常包

---

① 吕鹏，张弛，张智豪.文化"走出去"背景下中国纪录片解说词英译的语境顺应研究——以《舌尖上的中国》为例[J].英语广场，2018（11）：12-15.
② 陈仲伟，王富银.中国文化典籍外译传播障碍研究[J].海外英语，2019(1)：90-93.

括俚语、习语和英语口语中常用的习语。这样的词语使交流更加方便,能增加话语的趣味。

针尖对麦芒。

It was as though neither of us wished to give an inch, each more concerned with outdoing the other.

吃肉不吐骨头。

Don't you spit out the bones once you've eaten the meat.

这两句话都是具有中国特色的俗语。在第一个例子中,考虑中西文化的巨大差异,译者采用意译法,但牺牲了源语的文化魅力,这也是文化翻译中常遇到的情况。在第二个例子中,译者采用直译的方法,因在英语中没有对应的谚语,所以采用英语语言构建出对应的译语,并一定程度上凸显出人的贪婪的内涵。

文化负载词承载着一个国家或地区的特定文化。在翻译中不可能实现绝对对等,而译者的工作就是努力实现对等。由于文化负载词在社会、宗教、语言、生态和材料等方面的差异,在翻译活动中应根据具体的文化负载词采取不同的翻译方法。一般来说,中国文学的翻译承担着向外界传播中国文化的重要任务。因此,在翻译中国文化负载词时,应充分考虑其原始文化信息和特征,若不能找到对应的文化词汇,出现语义空缺的现象,就应该及时采用意译、归化的手法或者是直译加注的策略,这样不仅能使目的语读者理解,也可以实现与原文表达的接近对等。

第六章
中国古典文学的翻译理论与实践

　　近年来,随着中国经济的快速发展和文化软实力的迅速增强,中国古典文学也越来越多地走出国门、走向世界。中国古典文学的英语译介是中国文学"走出去"的重要途径,对于提升中国文化的影响力起着重要作用。本章在分析中国典籍、古诗词、古代散文、古代小说的语言特点的基础上,探究各自的翻译技巧,并列举具体的实例来说明,从而让中国古典文学在英语世界得到广泛的传播,更好地"走出去"。

第一节　中国典籍文化的翻译

典籍是古代先哲们思想与人生原则的文本载体,是人的心性明哲不可缺少的教育资源,是古代自然科学成果的结晶,其价值历久弥新,其开放性仍继续向后继者们提出问题并等待后世人们依据其原理做出符合时代精神需求的学习与阐释。中国古代典籍文化包含着中华民族传统文化的精髓,包括文学、历史、法律、军事、天文、医学、地理等多个领域,既是中华民族的瑰宝,也是世界的珍贵财产。将中国古代典籍文化翻译成英文,有利于向世界传播我国优秀的文化,加深世界对中国从古到今更完整的了解,促进中西方文化更好地交流,也有利于展现中国作为四大文明古国之一的风采与底蕴。

一、典籍分析

《孟子·告子下》云:"诸侯之地方百里;不百里,不足以守宗庙之典籍。"此处"典籍"指"礼制"。《辞源》和《辞海》中将典籍定义为"国家重要的法则文献"。

现代学术意义上的典籍范畴包含上自古代神话,下至清代学术绵延千年的重要作品。广义上的典籍没有时间限制,《现代汉语词典》(2015)定义典籍是"记录古代法令、制度的重要文献,泛指古代图书"。狭义的典籍定义更具体,更能体现某一时期典籍的特色。此外,一些定义还提到了典籍的分类。结合广义和狭义的定义,典籍指清代(19世纪中叶)以前的古籍,这些古籍具有一定的学术价值,有些代表了当时的传统地域文化。另外,我国是一个多民族国家,在中华民族悠久的历史上,各民族一道创造了灿烂的中华文明,并创造了自己的典籍作品。

二、中国典籍文化的翻译方法

（一）典籍翻译中的译者主体性的体现

在传统翻译理论的框架下，翻译活动严格限定在语言层面。在相当长的一段时间里，翻译研究甚至被归结为语言研究的任务。在这样的学术环境下，翻译研究的范围变得非常有限。译者作为翻译活动中最活跃的因素，其作用却被严重忽视。随着各领域学术研究的深入，翻译研究不断汲取各领域的精华，最终摆脱了语言的束缚，成为一门独立的学科。这为翻译研究的深入发展奠定了良好的基础。

翻译学界的文化转向极大地拓宽了翻译研究的视野。翻译不再仅仅是词与词之间的转换过程，而且是一个连贯的过程，包括翻译前的准备、翻译过程和翻译后读者的反馈。这样学者们也可以从多层次、多角度来研究翻译活动。在这种观念的转变中，译者的地位和作用越来越受到理论界和实践界的关注。

1. 译者的角色和地位

在传统的翻译研究中，翻译活动被认为是一种语言活动，是语言之间的交流。在这种观点的影响下，翻译过程被认为是不同语言符号之间的转换，而译者在这个过程中的作用只是遵循语言的规律，完成符号转换的具体实现。在这一理论的指导下，译者有必要在翻译过程中尽可能含蓄地表达自己的个性，避免在翻译过程中留下任何个人印记。劳伦斯·韦努蒂使用术语"隐形"（invisibility）来描述当代英美文化中译者的处境：顺便说一句，译者自己倾向于"流利地"翻译成英语，以产生一种地道的和可读的目标文本，从而产生一种"透明的幻觉"。这一观点在翻译过程的狭义分析阶段、翻译的具体技巧和策略研究阶段都发挥了重要作用。同时，这种观点也严重制约了翻译研究在更广阔空间的发展。当跳出语言的层面，从更广阔的文化层面来研究翻译活动时，我们必须思考译者的角色以及译者在翻译过程中扮演的角色。

关于人的主体性的研究早在17世纪就由法国哲学家勒内·笛卡尔在欧洲哲学界提出，后来这一理论发展为主体间性研究。自从翻译和翻译研究被纳入语言研究的框架以来，翻译主体性的研究一直被搁置，很少有人提及。如何界定译者在翻译过程中的位置以及译者在翻译过程中所扮演的角色？译者与作者、原文、译文与读者是什么关系？这类问题一直被忽视。在这种学术氛围中，译者所扮演的角色总是被描述为被动的，或者只是一个连接媒介，如仆人和媒人——翻译机器。

20世纪80年代末，通过国际翻译家在学术领域进行了更为全面且多层次的研究，在翻译研究重点的方向、翻译研究方法的转变和翻译家系统研究等问题上取得了许多新的认识。学者们越来越意识到，翻译活动是以译者思维和个人素质为中心的，不可忽视的是对译者的识别和研究。

目的论的创始人德国翻译研究者汉斯·弗米尔（Hans J. Vermeer, 1930—2010）指出："译者在翻译过程中起着至关重要的作用。在翻译过程中，翻译人员首先作为翻译摘要和原文本的接收者。在与客户就所涉及的条件达成一致后，翻译人员会生成他们认为符合翻译摘要要求的目标文本。"他还提出，译者是一位跨文化专家，他知道如何"生产"一个符合翻译目的和目标文化的文本。

弗米尔认为，译者在翻译过程中的作用是非常重要的，译者是整个翻译过程中义务的主要载体，对客户和读者负有双重责任。译者在翻译过程中要完成分析、检查、解释和翻译等一系列工作。没有权利就没有责任，我们可以看到，在这个过程中，译者已经摆脱了被动角色的束缚，变成了一位"负责人"，所以译者必须对整个翻译过程中的所有行为负责。

翻译理论家道格拉斯·罗宾逊（Douglas Robinson, 2001）在对西方传统理性主义的批判基础上，明确提出"译者是作家"的观点：译者不会变成原作者，但她/他可以成为一位作家，一位非常像原作者的作家，因为他们都在写作，并以大致相同的方式，利用他们自己对语言和世界的经验来制订有效的话语。传统理论认为，译者完全可以依靠自己的理性来控制自己的思想和行为，译者的翻译行为必然会受到一种神秘力量的激励。罗宾逊则认为，影响译者的一定有一些更为复杂的因素，而不仅仅是理性或神秘的力量就能够把问题解释清楚。因此，他试图在这两个极端之间找到一个妥协点，并为这两种力量的相互融合找到一个灰色地带。罗宾逊关于译者角色的论述更加明确：译者是作家，与原文作者具有平等的地位。

从以上的陈述可以看出，无论译者是负责人、作者还是对话的一方，译者在翻译过程中所扮演的角色都不再是被动的。应该说，这种态度的转变有助于从多层次或更客观的角度来识别翻译过程。

在探讨了译者在翻译过程中所扮演的角色之后，很自然会想到一个问题：译者在翻译过程中占据着怎样的地位？只有理顺了译者在翻译中的地位，才能更加清晰全面地研究译者在翻译过程中的作用。

毫无疑问,在传统翻译的理论框架中,译者在翻译过程中的地位是很低的,或者直接地说,译者是被有意忽视的。西方传统翻译理论主张,在翻译研究中,译者只是充当作者与作者之间的传声筒。在中国传统的翻译观念中,也有许多理想的翻译标准,如严复提出的"信、达、雅"的标准。这种理想的翻译标准,像西方提倡的译者隐形概念一样,认为理想的翻译应该像玻璃一样透明,让读者感觉不到自己是在阅读翻译作品。这种理想化的标准使译者陷入了一种尴尬的境地:一方面,译者必须全力以赴地完成任务;另一方面,他/她必须使翻译的作品看起来没有任何翻译的痕迹。此外,在传统理论的观念下,翻译的价值被认为低于原作,翻译是模仿,是对原作的依赖,是缺乏创造力的。因此,译者的地位低于原作者,译者在翻译过程中的创造力被完全抹去。

传统翻译理论在翻译标准等一系列问题上的见解还是很有道理的,但还不够全面。翻译作为一项复杂的活动,需要从多层次的角度进行分析。在翻译学界出现"文化转向"之后,建构了一种新的文化学派理论,即语言文化理论。文化转向使翻译主体性逐渐成为翻译研究的重要议题,也使译者主体性成为翻译领域的重要课题和新的研究课题。操纵派的代表人物勒弗维尔(Lefevere Andre Alphons)认为,文学翻译实际上不是如何遵循或使用规则,而是译者做出选择的过程。通过这一过程,译者根据自己所掌握的最充分的材料,确定如何将文本描述为特定时期的特定文化的最有效策略。而另一位代表苏姗·巴斯内特(Susan Bassnett)则认为翻译是译者操纵文本的过程,必须用多因素理论来取代忠实于原文的原则。后殖民主义翻译学者利用译者的主导作用,而不是译文与原文之间的服从关系。女权主义翻译理论强调译者的存在,强调译者对原文的主导地位。

由此可见,翻译工作者的地位正在逐渐提高,从一个被忽视的地位上升到一个主导地位。正确认识译者在翻译活动中的地位,有助于我们更加客观地评价译者的翻译活动和翻译作品的价值。它还可以帮助译者走出"尽善尽美"而又"欲罢不能"的尴尬境地,使译者更加清醒地认识到自己的责任,从而以更高的质量完成翻译工作。

2. 译者主体性

主体是一个哲学概念,它与客体的概念相关。这对概念概括了人类一切活动的相对论关系。特定的相对性关系具有特定的主体和客体。

考虑到翻译活动的复杂性,采用广义翻译与狭义翻译的区分概念更容易被接受。狭义翻译的主体是译者,广义翻译的主体是作者、译者和读者。目前对翻译的定义还存在一些分歧,不能简单地将翻译定义为译者将原文转化为译文的过程。翻译本身是一个复杂的过程,涉及各种社会文化因素。作者的感知、写作形式的确定、源文本的选择、语言的转换、读者的反馈是一个紧密相连的系统。在这一体系中,作者、译者和读者都有其特定的对象。

主体间性是指主体之间的相互作用,是人的主体性的重要组成部分。主体以主体间的形式呈现,主体间的本质是个体性,因此主体间是个体间的共存形式。具体到翻译活动中的主体间性,又有其自身的特点。查明建(2003)认为,翻译既是作者主体性和译者主体性共存的场所,也是主体性间的互动方式。原文是作者与译者交流的机会和平台,译者与读者的关系必须由译者的读者意识来表现。许钧(2003)从现代解释学的角度出发,对翻译活动进行了重新定位,将理解、解释和再创造活动纳入了翻译活动的循环之中。在这个循环中,作者、译者和读者各自保持着相对独立却相互影响、相互制约的地位,形成一个活动场域。在这一领域中,译者处于中心地位,作者、译者和读者之间进行着积极的交流。

从这些论述中可以看出,两位学者都倾向于将翻译主体间性描述为作者、译者和读者之间的对话。学术界也有另一种观点,认为作者、译者和读者不可能进行对话,因为作者用文字形式固定了他对世界的感知之后,作者就完全脱离了文本。也就是说,一旦作者用文字固定了他的思想,作者思想的流通就消失了。因此,译者可以只与文本对话,而不是与作者对话。

我们认为,尽管作者、译者和读者处于不同的时空,但翻译活动将他们紧密地联系在一起。虽然文字逐渐超越了语言的意义,语言的流通可能随着文字形式的产生而消失,但文字包含着作者感知客观世界的核心思想,这是译者应该接受的信息,也是译者再创造的局限。通过这个过程,作者和译者完成了他们的交流。如果译者不能通过文本与作者进行交流,那么如何实现文化传播和思想交流的意义呢?毕竟文学活动的主体也是人,文学翻译的最终目的是影响人。没有作者主体性约束的文本也失去了存在的意义。

虽然关于译者主体性的表述不尽相同,但我们可以归纳出译者主体性的一些特征:第一,它是译者的一种特殊的主观能动性,或者说是译者的一种积极态度;第二,它是译者的一种自觉,是对周围环境和自身经历的一种反映,是译者素质的一种本能反应;第三,译者的主体性表现为译者自觉的文化品格和审美创造力。

3. 译者主体性在典籍翻译中的表现

在讨论了译者主体性的特征之后,我们从典籍翻译活动来看译者主体性的表现形式,以及译者主体性如何影响翻译过程。

在具体的翻译活动中,译者作为主体,以原文和译文为对象。因此,我们首先从这两个角度来分析译者的主体性。译者对原文的主体性首先表现在对原文的选择上。目的论认为,翻译是一种有目的的活动。既然是有目的的,那么译者就会对文本有选择的余地,即使在同一篇文本中,译者也会侧重于某些点,而忽略其他点。而这些关注和忽视,显然都是主观主动的结果。其次,存在一个翻译前的过程,在这个过程中,译者会学习和再现原文。而这一阶段的理解和解释是译者主体性被积极激发的阶段。乔治·斯坦因认为"译者的第一步是'投入信念',相信 ST(source text)中有可以被理解的东西。"作为读者,译者必须调动自己的全部技能、情感、精神、美学和创作来填补原文的"不确定性"和"空白"。译者还必须与原文进行沟通,调整自己的前期建构,最终达到视域的融合,从而完成对原文内涵的建构。在接下来的翻译阶段,译者必须充分发挥自己的欣赏能力和敏锐的观察力,以探索和评价原文的深刻思想和意境。在这个过程中,译者的积极性得到了积极的发挥,译者的素质也面临着极大的考验。来华传教士最初选择儒家典籍作为翻译的文本,无不体现了这一主体性,他们认识到儒家思想对中国文化的影响,因而为了尽快了解中国社会,首先选择儒学经典进行翻译,这也能够解释为什么《论语》持续受到译者的垂青。

比较而言,译者与译文之间的关系比译者与原文之间的关系更加自由。在翻译过程中,译者最关心的是能否达到自己的翻译目的。在进入语言转换阶段后,译者的主体性得到了极大的激发,因为译者必须用自己的感知再现原文的精髓和风味。这是整个翻译过程中最困难、最烦琐的部分,为译者提供了更大的创作空间。因此,这个阶段可以被认为是最有创意和意义的部分。

语言转换完成后,译者的主体性还体现在译文结构的重新安排上。译者可以决定是保持原文的措辞和风格,还是对原文结构进行修改和重新安排;或者是将整个源文本呈现给目标文化,还是只选择其中最有效的部分。在这些方面,译者有很大的空间可以发挥自己的主动性来决定如何对原文进行再创作。然而,由于出版和赞助等方面的要求,在这一阶段,译者主体性的作用似乎不像语言转换初期那么明显。正是由于译者在翻译过程中发挥了主体性,同一典籍尤其是每一类型的几种代表性典籍译本呈现出多样化的特点。

如果跳出具体的翻译行为,把翻译看作一个从作者对客观世界的感知开始,到读者对译文的反馈结束的过程,译者的主体性以另一种形式发挥作用。

译者与作者同为翻译主体,相互影响。一方面,译者对作者的身份认同和作者的文化背景是译者对作者能动性的调动;另一方面,译者也受到作者对客观世界的感知的制约。从结果的角度看,作者产生原文,译者产生译文。因此,原文与译文具有同等的地位。原文是作者的产物,译者的主动性使译文具有了自己的"审美品格",并烙上了"目的语文化认同"。典籍翻译的最终目的是传播,从读者接受的角度来审视典籍翻译,一些"误读"就有其合理性。美国诗人庞德(Ezra Pound,1885—1972)是中国诗词的爱好者,著有《神州集》(Cathay),其中对中国诗词有种种误解与误读,但庞德的努力引起美国诗坛对中国诗词的兴趣,而且把中国文化传播到美国文化圈。

在译者与读者的主体间性中,译者的主体性主要表现为译者的"目的语文化意识"和"读者意识"。无论译者是将感知信息隐藏在译文的文字中,还是将其放在一个单独的段落中,其目的都只有一个,只是为了让读者体验和品味。译文在译入语中所达到的文化效果在很大程度上取决于译者对信息转换的形式和程度。同时,译者的"读者意识"还包括读者对译者客观性的认识。客观性是主观性的前提。客体的再现和情感都要遵循客观规律,尊重客体的约束。译者主体性主要包括译文的选择和译文的处理方法,它受到目的语读者接受程度的限制。读者对译者翻译方法的接受程度也会影响译文的最终效果。

(二)接受理论视角下中国典籍文化翻译

1. 接受理论

接受理论,又称接受美学,它起源于20世纪60年代西方文学的研究领域,以该时期德国所处的政治、经济、文化为背景,体现出了文学作品对读者、文本同等的重视程度。读者在对文学作品进行阅读的过程中并不是被动地、消极地去接受,他们是带着"期待视野"去欣赏、理解文学作品,同时对文本的"召唤性结构"进行填补与丰富,这样一来,读者可以产生自己对作品的理解。总之,接受理论的核心观点就是文学作品是以读者的接受为目的的,它以读者为中心。①

接受理论的主要代表人物是尧斯和伊瑟尔。作为接受理论的主要特征的"期待视野"就是尧斯提出来的观点。"期待视野"的主要意思就是指在文学作品的接受活动之前,读者会根据原先的阅读经验、自己的意识形态、教育背景、价值取向等对文学作品产生了一种潜在的审美期待,因此读者其实是在自己的期待视野下完成对文学作品的阅读。在这种观点下,文学作品价值体现的唯一表现就是作品符合了读者对于作品的期待视野,并且接纳该作品。另一位接受理论的代表人物伊瑟尔,他提出了一个重要概念——"召唤性结构",也就是"文本空白"。伊瑟尔认为,每一个文学作品都不会把作品中所有的内容都表现出来,那些没有用文字体现出来的部分就是文本空白的部分,也就是作者所要暗示的部分。而这一部分就需要读者在阅读的过程中,在带着本身对作品的期待的同时,根据作品的前后内容、故事情节的变化等,通过自己的想象来完成对文本空白部分的填充,形成自身对文学作品的理解。不同的读者对文本空白的部分理解也千变万化,这样才有了"一千个读者眼中会有一千个哈姆雷特"。②

2. 接受理论与中国古代典籍文化翻译

接受理论特别强调读者在文学翻译中的重要作用,它认为,在文学的翻译过程中,考虑读者的阅读感受十分必要,只有让读者也参与到翻译中才会有文学价值和意义。③中国古代典籍文化英译是译者在阅读原文并且理解原文的基础上,将译文给表达出来,之后再由读者对译文进行阅读接受。因此,译者在翻译之前是带着"期待视野"通过文学作品和原文的作者进行沟通交流,他需要充分地理解原文作者创作的想法及原文中人物的性格、思想、感情等,最大限度地接近原文,将原文表现出来。同时,在读者阅读之前,译文其实也应该是一个独立的文本,除了要满足读者的"期待视野"之外,还应该留存着"文本空白"的部分,这个空白是需要读者在阅读完译文之后去填补的。因此,译者在翻译的时候需要充分理解原来文本的内容,并将它们准确无误地传达出来,只有这样才能保证译文可以向读者传达出与原文本最接近的内容。例如:

鲁肃曰:"闻皇叔用诸葛孔明之谋,两场火烧得曹操魂亡胆落,何言

---

① 王君.接受美学:典籍英译新视角[J].海外英语,2015(18):113-115.
② 王东凤.论翻译过程中的文化介入[J].中国翻译,1998(5):6-9.
③ 许钧.作者、译者和读者的共鸣与视界融合[J].中国翻译,2002(3):23.

不知耶？"

（罗贯中《三国演义》）

"But I'm told," Lu Su pressed, "Zhuge Kongming twice succeeded in burning out Cao Cao and that Cao Cao twice lost his nerve. Your answer is difficult to accept."

（罗慕士 译）

根据资料记载，在汉语中其实有很多有关"魂""胆"的词语，如"魂飞魄散""胆战心惊"等，这些词语都是用来反映人们害怕受惊的状态的，然而在英语中，根本就没有用 soul 和 gall 来表示害怕恐惧的说法，因此为了更好地将原文本的内容准确地传达出来，罗慕士在翻译时就使用 lost his nerve 这个英语中常用于表示恐惧的词来代替，这样一来，英语读者就可以准确地领悟到原文本所要表达的意思了。

"热病先眩晕而热，胸胁满，刺足少阴少阳。"

（《素问·刺热论》）

"If the patient has the febrile disease and he has dizziness, heat in the stomach, and distention over the chest and hypochondria first, prick the Foot Shaoyin Channel and Shaoyang Channel."

（吴连胜、吴奇 译）

"Febrile disease marked first by vertigo, fever, fullness of the chest and hypochondrium (can be treated by) needling Foot-Shaoyin and Foot-Shaoyang."

（李照国 译）

这句话的大概意思是患有热病的人，他的主要症状就是一开始会感到头晕然后再发热，之后胸胁会感到又满又涨。这个病最开始是发于足少阳的，之后会传入足少阴，治疗方法主要是用针来刺足少阴肾经和足少阳胆经这两个穴位，这样一来就可以将邪气疏散出去了。这里面讲述的医学治疗方法就是可以用针刺足部来治疗那些表现出头晕目眩、发热、胸胁胀满症状的热病。在原文中，"眩晕而热"是指头晕目眩、发热的症状，在翻译这个"热"的时候，吴连胜、吴奇二人将它翻译成 heat in the stomach，是"胃热"的意思，而李照国将它翻译成 fever，是高热的意思。从原文整体的意思来看，"热"应该是"发热"的意思，这样看来，李照国的翻译更加符合原文所要表达的意思，符合读者的"期待视野"，也使医学的专业性更强一些。

3. 接受理论下古代典籍文化翻译中的读者关照

(1) 对译文读者语言需求的关照

接受理论认为读者对文本的接受应该是双向地、主动地接受。一般而言,读者阅读译文的过程应该是一个创造出新的审美价值的过程。在中国古代典籍文化的英译中,译者需要根据自己对原文的理解解构原文,然后用英语来重构原文,读者之后再对重组后的译文进行接受,这个接受其实是一次全新的审美过程。译文当中许多的审美特征最开始都是通过语言层面来表现的,译者在翻译的过程当中,需要准确把握住不同语言的规律和特征,建立读者与译文之间的审美关系,用来满足读者对审美的需求。

然而,不同的民族由于有不同的思维方式,因此就有不同的审美定式。中国人擅长形象思维,因此中国人倾向于追求语言的形象美,而西方人习惯于逻辑思维,他们对语言的逻辑美更加青睐。译者在对文本进行翻译时,对词汇、句法和篇章的选择往往是由自身所在民族的语言审美取向来决定的。

(2) 对译文读者文化需求的关照

语言承载着文化,同时语言本身就是文化的一部分。古代典籍文化的翻译过程也是中西方文化交流、比较的过程。全球的各国文化不仅具有共性,还具有异性,共性为中西方文化交流提供了可能性,而异性又存在于共性当中,表现为每个民族的独特性。译者在将我国古代优秀的典籍文化进行英译的时候,应该要考虑不同民族的独特性,考虑英语主流文化的特征和英语读者的文化审美需求和接受能力。中国两千多年的封建社会使得人们在伦理上还是持保守的态度。相比之下,西方文化在伦理上持有比较开放的态度。这种不同文化的开放度及伦理开放度的不平衡使得译者在进行英译的过程中对原文和译文在伦理上的表现方式和手法不一,这种差异的大小取决于文化开放度的差距。一般来说,英语主流文化的开放度普遍都比较高,这也就意味着读者的文化接受力高,因此在英译的时候,译者会更偏向于英语主流文化。

(3) 对译文读者情感需求的关照

文学语言其实是用来表达情感的工具,也是读者更能感受到情感的媒介,包含着浓厚的感情色彩。这些情感是需要读者根据自身的感情经历去深入其境品味和感受来实现的,通过在译文中寻找共鸣来释放出内心的情感,体现出原文所要表达的情感活动。因此,在中国古代典籍文化的英译过程中,英译出来的作品是否成功,是否广为流传,其中起决定性作用的是读者在阅读译文过程中是否可以唤起情感共鸣。所以,在对文学作品进行翻译时,译者就应该考虑读者心灵上的情感需求。这样译者在选择翻译作品时就会关注读者的内心情感需求,从而符合读者的情感期待。

4. 接受理论视阈下中国古代典籍文化英译译者主体性

传统的翻译重视译文对原文的忠实,在翻译过程中,译者的主体性与创造性长久以来被忽视。20 世纪 70 年代,翻译研究开始出现转向,翻译不再被视为一种简单的语言转换行为,译者主体性也得到了重视与强调。以操纵学派的理论为代表,译者被视为翻译的主体,受到译入语文化背景与社会环境的影响,在翻译过程中占据主体地位,发挥主观能动性。

在接受理论视阈下研究译者主体性,也就是充分肯定译者的主观能动性,不再把译者视为一个隐形的身份存在。译者应该既是源语作品的读者之一,又是译入语作品的创作者。既然译者是源语作品的读者之一,那么译者在源语作品的阅读与接受过程中就会受到期待视野的影响,在对源语作品的理解上就会有自己的选择与偏好,而在对源语作品进行译入语创作时,译者也会考虑译入语读者的期待视野,考虑读者的接受水平与审美特点,联系到读者相对应的文化背景与社会环境,再根据这些因素对源语作品进行适当的翻译,以使译入语读者能够在对译本的阅读与理解上达到更好的效果。[①]

中国古代典籍文化英译一般需要经历语内翻译与语际翻译两个过程。中国古代典籍文化一般都是用古汉语写成的,而古汉语与今天使用的现代汉语在词句、语法上有较大差异。译者要想使中国古代典籍文化能英译准确,首先需要将晦涩难懂的古汉语翻译成通俗易懂的现代汉语,在汉语语言系统内进行词句意义转换,并基于当今社会环境与文化背景,根据翻译目的将历史文本转变为现代文本。将古汉语转变为现代汉语之后,译者还要进行语际翻译,将汉语文本转化为现代英语文本,这就意味着对文本的跨语言、跨民族、跨文化的转化。[②] 中国古代典籍文化英译要经历语内翻译与语际翻译两重环节,既要跨越语言差异形成的阻碍,又要重视文化差异带来的阻碍。在英译的过程中,译者不仅要确保忠实通顺原则的实现,还要考虑译入语国家的社会文化差异,在尽可能全面、客观

---

① 郭尚兴.中国传统哲学典籍英译范式初论[J].中国翻译,2014(5):87-88.
② 季红琴.基于读者接受的《孟子》英译与传播研究[D].长沙:湖南师范大学,2016.

地还原源语作品内容与丰富内涵的基础上,使读者能够理解和接受中国古代典籍文化的内涵。

在接受理论视阈下,译者在将中国古代典籍文化从古代汉语转向英语时,不仅需要注意语言层面的转化,还需要考虑译入语读者的期待视野与社会文化背景,以达到更好的翻译效果。而在寻求最好的翻译效果的过程中,译者的主体性得以凸显,主要体现在以下两方面。

(1)充分考虑英译作品目标读者的选择

中国古代典籍文化英译本面对的是英语国家的读者,而英语国家的读者因年龄、生活环境、生活阅历等的不同,对中国古代典籍文化的认识也不同。译者在翻译中国古代典籍文化的过程中,会对英语国家读者的接受与审美特性进行考察,从而选择相应的英译目标,如在《论语》的英译本中影响较大的是阿瑟·韦利版。阿瑟·韦利在分析中国古代典籍文化与英语读者之后,将英译本所要达到的目标定为让欧洲读者了解《论语》这一儒家经典的内涵;将译本受众确定为欧洲的普通读者,而不是研究中国古代典籍文化的学者或传教士;力求在照顾普通读者的阅读需求的同时,使《论语》的英译本在知识性与文学性上达到一个平衡。为了满足以上要求,阿瑟·韦利在翻译《论语》时除了注重英语译文文字的简洁性与清晰性,还加入了自己对孔子思想的思考,以帮助英语国家的读者更好地理解孔子的思想。而译者辜鸿铭在对《论语》进行翻译时,综合考虑中国古代典籍文化的特性、英语国家读者接受《论语》的程度、中华优秀传统文化的表达原则,将中国传统哲学概念与内涵与西方宗教思想相互印证,使孔子的儒家思想更容易被西方读者接受。[1]

(2)根据目标读者选择英译策略

译者根据英译本受众的接受水平分析,在确定了英译的目标与受众群体后,便要思考英译策略的选择。同样是中国古代典籍文化《论语》的英译本,由于译者自身民族语言与文化素养上的差异,阿瑟·韦利与辜鸿铭确立了不同的英译目标,采用了不同的英译策略,以达到各自的目标,这体现了译者在中国古代典籍文化英译过程中极大的主体性。阿瑟·韦利在《论语》英译本中加入了较多的注释,表达了自己对原文的理解,向英语国家的读者传达了有关中国文化的信息,同时在一些句子中增加了词语,这虽然在一定程度上影响了英译文的忠实程度,但有利于对中国文化并不熟悉的英语国家的读者对内容的理解。阿瑟·韦利作为一位积极传播中国文化的汉学家,为了使西方普通读者更好地接受中国儒家思想,

---

[1] 束慧娟.基于意义进化论的典籍英译模式研究[D].苏州:苏州大学,2016.

采用了对应的英译策略,体现了译者的主体性。而辜鸿铭为了借助西方文化使英语国家读者对中国古代典籍文化有更好的理解,在《论语》英译本中删去了所有中国专有名词,并巧妙地引用西方宗教文化、西方诗词、名人话语来帮助阐释中国古代典籍文化,使英语国家的读者能够跨越中西方文化差异,亲近并理解中国文化。

在接受理论视阈下,译者考量译入语作品受众的期待视野、接受水平及社会文化背景,对源语作品进行再创作。在创作的过程中,译者主体性得以凸显,其主体性的体现决定着译作的水平。在中国古代典籍文化英译过程中,译者根据英语国家的读者的情况选择英译目标与策略,凸显了译者主体性,能够使中国古代典籍文化在英语国家得到良好的传播。

(三)生态翻译学视角下中国典籍文化翻译

1. 生态翻译学

生态翻译学是翻译领域所提出的一种新型理论,可以为翻译工作者提供新的研究模式,进一步优化翻译方法,提升翻译质量水平。生态翻译学由翻译适应选择论发展而来,立足于生态学与翻译学的关联性与相似性,并借鉴了华夏文明"天人合一""道法自然"等生态智慧,在国际社会上应用广泛并且获得了其他专业人员的认可。生态翻译学的重点在于从生态角度出发完成翻译,坚持适应与选择两项原则,要求翻译人员对原文进行分析之后结合自身实践经历选择原文生态环境和生态条件,以此来达到创造性翻译的目的。

生态翻译学是我国教授胡庚申的原创理论。它并不是一个独立的学科,可以将其理解为生态学与翻译学的结合。20世纪六七十年代,人们对于"生态学"的认识,逐渐发展到人类与生态环境的关系上。这使生态学不再仅仅局限于生物学这一单独的领域,而是遍布于各类学科,研究重心也转移到人类与自然界的关系上。在我国生态文明发展的新时代下,胡庚申教授认为生态学与翻译学的结合具有很强的可行性,因此提出一种具有中国特色的本土翻译理论可谓恰逢其时。

生态翻译学"是一种以翻译学科与自然科学的跨学科融合为研究视角,确立以学科交叉、相似类比、概念移植与系统综观为研究方法来探讨翻译现象的生态范式"。自然生态中的整体为"天人合一",万物生生不息,构成一个和谐统一的系统,引申到生态翻译学中,则表示译文、译者、译境三要素相互关联、合为整体。

生态翻译学的理念蕴含两个观点。

首先,翻译生态是原文、译者、译语的平衡统一,包括语言、译文、译者、读者、文化、交际等的整体;翻译则是和谐统一的系统,各个部分相互关联。

其次,翻译过程是译者采用"三维"理论选择出最符合译语生态的文本。

此外,生态翻译学还主张一些理念,如"汰弱留强""适者长存""译有所为"等。

2. 生态翻译学理论简述

随着生态学走出生态界的象牙塔以及人们生态意识的不断强化,"生态"维度进入多种社会科学理论,"生态翻译学"也随之应运而生。初闻"生态翻译学"其名,人们不免腹诽,这究竟是一种什么样的理论,为什么"生态"和"翻译"会联系到一起呢?确实,这种理念被正式提出之前,在中国是绝无仅有的,"生态翻译学"作为一种全新的理念在十多年前横空出世。不难发现,"生态翻译学"作为跨学科的理论构建,无疑是新颖且前卫的,同时又是难以理解透彻的,那么,究竟什么是"生态翻译学"?

胡庚申教授曾在 2008 年给出"生态翻译学"的内涵,他认为"生态翻译学可以理解为一种生态学途径的翻译,抑或生态学视角的翻译研究(translation studies from an ecological perspective)"。从其中的"生态"一词我们便可知,此处的"翻译学"是从生态学的角度来探讨的。但此处的生态是一种"喻指",而并非"实指",其中是将翻译中的"生态环境"喻指为"自然生态"。从翻译学和生态学的角度出发,以翻译适应选择论为基础,"取生态之要义,喻翻译之整体,基翻译之实际",在翻译界渐渐涌现了"翻译生态环境""适应与选择""译者中心"等一系列既与"生态学"相关,又与"翻译学"密不可分的术语,生态翻译学呼之欲出。因此,我们不难得出,生态翻译学立足于"生态学"和"翻译学"两大学科,即"生态范式的译学研究",旨在以生态主义为指导,以"翻译适应选择论"为基石,从生态学的角度对翻译理论和翻译生态进行综述和研究。

生态翻译学的核心观点较多且不同的人对此亦有不同见解,这里简单介绍几项主要且人们耳熟能详的核心观点,即"译者中心""适应与选择"和"三个维度"。由于生态翻译学是以"翻译适应选择论"为基础,而该理论中有一项概念就是"译者中心",即胡庚申教授所提到的"翻译是'译者适应翻译生态环境的选择活动'"。所以,在适应选择论基础上发展而来的生态翻译学也继承了"译者中心"这一观念。作者认为,生态环境或者说是大自然是一个和谐而联系紧密的整体,从达尔文的"适者生存"理论角度来看,人都应是环境中的主体,这一点在翻译环境中也没有例外。所以,在翻译生态环境中,翻译作为一种极富创造性的活动,不再以译文本身为中心,而是以译者为中心。通俗来说,翻译的质量与优劣与译者的个人能力和素养息息相关。

3. 生态翻译学的主要内容

(1) 生态翻译环境

"生态翻译环境"的概念是在"翻译适应和选择的初步研究"中首次提出的。生态翻译学重视对翻译生命与生态环境之间的关联性研究,因此任何影响翻译生命境遇与能力发挥的因素,均可作为翻译生态系统的重要组成要素。翻译离不开翻译生态环境,二者相互包容、相互牵制。译者必须尊重原文内在的生态结构,通过对原文的仔细阅读和深刻理解来发现这种内在的可译性,从而实现译者与作者以及文本之间的平等交流和对话。

(2) 适应与选择

"适应与选择"思想是生态翻译学的主旨思想。"适应性"是指主动适应"翻译生态环境",让翻译的变化更加自然。"选择"是对译文的格式和语言表达进行选择,或不做任何改变进行相应的转换,最终完成整体。"适应与选择"是一系列的动态平衡,也是一个交替循环的过程。生态翻译学提出,译者被翻译生态环境因素所左右的选择活动,背后就是"适者生存""汰弱留强"机制,翻译活动应该在语言维、文化维和交际维之间进行"多维度适应与选择"。

(3) 三维转换

生态翻译学将翻译理论总结为三个转换阶段,即语言维、文化维和交际维,其目的是调动译者在翻译时的积极性,以及确保翻译的准确性。语言维度包括词法、语篇和语法。译者应该充分了解原文的表达习惯并选择适当的语言风格来适应翻译生态环境。文化维度主要关注源语言和目标语言之间的文化差异。在翻译之前,译者应研究译文背景,适应语言所属的整体文化体系。从交际维度转变意味着译者需着眼于双语的交流目的,翻译要确保原文的交际意图能够反映出目标文本所表达的含义,进行和完成语言维、文化维、交际维的适应性选择转换。这需要译文除进行语言信息之间的传递与语言内容的传递之外,还必须把译文信息传递的侧重点放在沟通的层面上,以及考虑在原文中的交流意图如何才能体现在翻译之中。

4.生态翻译学视角下中国典籍文化翻译的策略

中国典籍文化包含了人文社会、科学教育、物质语言等各方面综合的内容,中华文化的输出很多可以在一些经典的典籍著作中体现出来,典籍外译可以让中华典籍文化输出有着更好的发展,所以在典籍的外译过程中,合理的策略可以让读者精准地把控住著作的内容和价值。

(1)采取适宜的翻译方法

在运用生态翻译学进行典籍外译中,把控好文章内容的协调与平衡是非常关键的。所以,在进行文章翻译的过程中要掌握好恰当的翻译技巧,从生态翻译学角度来看,其核心便是"适应"和"选择",翻译技巧的合理性和翻译的准确性必须建立在此基础上。我国的传统典籍所包含的文化内容既有互通性,也存在一定的差异性。所以,在进行典籍翻译中要充分体现其"选择"和"适应",对这种翻译技巧进行巧妙运用,才能尽可能使译文的内涵更贴近原文。生态翻译学理论的重要特点就是对语言环境的把控,让译文与原文在语境和情感上能保持一致。在对外翻译上,不同的语种代表不同的翻译体系,所以对语境把控难度较大,就如汉语与英语之间的思维方式就刚好相反,中国受中华传统文化的影响遵循顺向思维,而西方遵循逆向思维的语言系统。这种语言思维方式的差异直接影响着文化发展,在翻译过程最明显的区别在于语言结构,翻译的过程中可以同时用上多种语言翻译技巧,这样的叠加往往能很全面地表达出原文精彩的寓意。我国古代流传出很多诗篇,其中包含很多耳熟能详的佳作,如果对此只采取直译的方法进行外译不但会使语言生硬,还会使其丧失文化价值和可读性。内容上的片面会造成意境的迷失和内容的空虚。所以,通常在翻译中会采用直译、意译以及音译等多种方法相结合来对文章内容进行诠释。想要保证著作翻译过程中的原作文学价值,必须灵活运用一定的翻译技巧,让读者能够对作者的文章感同身受,从而产生灵魂共鸣,更好地体现出文学价值。

(2)生态翻译下译者的主体性

生态翻译体系中译者居于十分核心的地位,因此可以作为典籍文化翻译的主体,在充分发挥其主观能动性基础上为我们表达出原作的主要内涵。中国的传统文化经过不同时代的发展而体现出丰富的内涵,同一句话在不同的语境和环境中的意义可能不同,所以译者在翻译过程中需要时刻认清自己的主体地位,不能在翻译中只知道字面意思,这样会使翻译过程中内容不一致,并且往往会偏离文章中心,生硬的文字效果甚至会对文章总体起到画蛇添足的作用。所以,译者应发挥自身的主观能动性,要具备对原作文字进行修饰的能力,这样才能保证文字被最大化地还原,贴近其真实内涵,同时在翻译上又能有很高的灵活度。

(3)语言维、文化维、交际维的灵活转换

对外翻译中,各国因文化的不同从而在语言维、文化维、交际维上有着明显区别,所以在过程上的灵活转化可以很大程度上推动文化的传播和发展。文化本身应该具备一定的适应性,对外翻译也应该在灵活应变的基础上符合其适应性。语言维在适应性基础上通过对原文和译文之间进行转换而取得大致的对等性,保证内涵上的统一,从而更好地实现传承和发展。文化的传承可以作为翻译的首要目的,各国之间文化的差异需要做到语言的不断转化,在对外翻译中把握好生态翻译学的文化维。文化维的传承不仅限于形式,还更多注重内涵,所以在翻译过程中为了避免出现文化误差,译者需要把握文化的形式及内容。在文化传承维度里的交际维,要求将语言作为沟通交流工具,并在交际中占据核心的地位。对外典籍翻译中译者充分掌握交际维度可以很大程度上避免文化传递过程中出现的分歧。所以,在中国典籍外译上掌握好文化的语言维、文化维和交际维可以很好地保证文化的传承和交流,显然,单一的维度不能全面地概论一部典籍文化的主要内涵,三者的结合可以更大程度上还原典籍文化的核心思想。

中华典籍文化凝聚了众多的中国文化精华,所以在进行典籍外译中应该尽可能地保留和展现出中华文化特色。生态翻译学为我国对外翻译提供了新的研究思路,从语言、文化、交际三个视角展现出了译者重要的地位。生态理性可以体现生态翻译学的重要内涵,在翻译中实现适应与选择转换的过程,需要译者运用其主观能动性结合"三维"特点来做到适应转换,进而做到在交际中的缺损的补偿,融合各项维度的影响因素来决定采取的中华典籍文化外译中的策略和技巧切换,最大限度地切合目标语来迎合真实语境,使其能达到读者期望,从而更好地传播中华文化。

5. 生态翻译学视角下以《蒹葭》翻译为例的译者主体性

生态翻译学中强调在翻译中运用"多维转换"的方法,即在多维度适应与适应性选择下相对集中于语言维、文化维和交际维的适应性选择转换。这种转换可以在一定程度上评价译文的质量,译者在翻译中的中心和主导地位有助于实现其主体性。

（1）语言维的主体再现

在中国典籍文化中多包含大量的诗词，在语言维上存在众多词、音韵以及表现形式的转化，在语言的维度上应重点保留其音韵美和形式美。以古代典籍文化《诗经》中的《蒹葭》为例，在原文创作中韵律和谐，节奏统一，通篇押韵。在进行英译中，reed, side, bleed, wind 中词尾押韵 /d/，stream 和 gleam 都以 /m/ 音结尾。way 和 away 都以 /er/ 音结尾。在原文和译文中都有着同样的追求——押韵性，译文也把这种韵律做到极致。

（2）文化维的主体再现

文化维要求译者注重翻译上存在的双语文化内涵的阐释与传递，探究原文和译文内容上的统一，避免出现对语言文化的曲解。中国古典典籍文化中以《诗经》最具代表性，其所包含的文化内容对当今读者来说，有些不同的文化和时空跨越。合理的文化维转换可以保留丰富的文化底蕴。在《蒹葭》《离骚》《关雎》中都用"伊人"表达了女子美好的形象，做到意境的保留与含蓄的情感。而"伊人"也可以代表正义、英勇的男子，更贴合西方的文化内涵。文化维可以侧重中国的含蓄委婉，也可以侧重西方的简单直白，不同的侧重构建共同的翻译生态环境。

（3）交际维的主体再现

交际维指译者在翻译中能够重点关注语言双方的交际意图，实现交际维的适应转换。通常在交际维中会因为译者的不同解读而表达不同的交际目的，许渊冲教授在英译上用介词 among, far away, far behind 来形容"水中央，水中坻，水中沚"，在意译中打造朦胧的爱情，表达女主人公对心上人苦寻未果的失望。相对于意译的虚拟与梦幻，庞德先生对文章进行写实翻译，直接将"水中央，水中坻，水中沚"翻译成 in mid water, on tufted isle, on the isle，忠于原文描述画面，给人以不同的感受，不同的描述体现着不同的交际意图，体现交际维的适应与选择。

综上所述，译者的主体性表现在生态翻译中译者在不断适应整个翻译生态环境中对其不断地做出交替的选择和适应的过程。通过结合生态翻译学中以译者为中心的研究核心概念，创新性地探讨译者的主体性，为中国古代典籍文化的翻译开辟一个全新视角。生态翻译下强调的"三维视角"，在翻译上的转换都能够体现译者的主体性，译者在翻译上独立个体的存在可以起到翻译上的主导功能。所以，在对未来翻译的实践与思考上，在翻译过程中应选择合适的维度，从而在中国古典典籍文化外译中传递出中华民族的优秀内涵，并结合译者自身的主观能动性，让译文更符合语言环境，迎合读者期待，实现翻译生态学的动态平衡与进步。

三、中国典籍文化翻译实践：韦努蒂异化理论视域下的《黄帝内经》翻译

中医是在中国古代哲学思想影响下建立起来的一门传统医学。近年来,中医疗法和保健文化在国外更是"圈粉无数",如"汉方医药""针灸热"等。在新冠疫情期间,中医也担起了疾病的预防和后期调理恢复的重任。《黄帝内经》是中国现存最早的医学典籍,居传统医学四大经典著作之首,具有深刻的医学、哲学、文学和史学价值。中医文化走出去离不开高质量的中医译本,因此对《黄帝内经》英译本的研究能促进传统中医精粹的传播以及中西医文化的交流。

（一）文本的选择

异化的效果可以通过文本的选择实现。韦努蒂认为,即使你使用通顺的翻译策略翻译,这种选择偏离译入语文学规范文本的倾向,本身就使规范陌生化,从而取得了异化的效果。西医以研究人体的生理构造为基础,强调的是分析事物之间的微观因果联系。中医则是建立在东方宏观哲学的基础上,从人体脏腑生理功能、人体经络运作机制、病因病机等方面论述天、地、人之间的相互联系,强调"人与天地相参""与日月相应"的医学理念。中医提倡的"大医治未病"也是西医所从未涉及的领域。由此看来,中西医是完全不同的两个体系,而现代医学的发展以西医为基础,西医占据着现代医学的制高点,长期拥有医学界的话语权,中医学则处于边缘地位。文树德选择了存在异质性的中医文本,通过翻译的行为把中医的差异性凸显出来,让人们看到了处在边缘地位,被忽略、被泯灭的东西。

（二）文体策略的应用

1. 语言层面

译文越接近原文的措辞,对读者来说就越显得异化,就越有可能起到

修正主流话语的作用[①]。东西方文化焦点的巨大差异造成了明显的词义空缺现象。而异化效果可以通过吸收源语文化在民族历史进程中逐渐积累并有别于其他民族的表达来实现。拿中医名词术语来看,文树德没有采取用目的语表达去意译、解释这些中医概念的方式,而是以中医的思维去解读,主要通过直译加注或音译加注等方式来确保译文更充分地接近原文,反映原文的真实内容。据统计,文树德译本共计使用了 5912 条脚注对译文进行注解[②]。所有的这些译注、解读和说明为读者领会原文本之"异"提供了直接资源。

(1)直译加注

直译是表现源语文本差异性最常用的策略之一。面对特有的中式表达,文树德在文本处理上大多直译,然后采用注解去丰富直译背后蕴含的深刻含义。例如:

弱而能言,幼而徇齐,长而敦敏,成而登天。

While he was (still) weak, he could speak.

While he was (still) young, he was quick of apprehension.

After he had grown up, he was sincere and skillful.

After he had matured, he ascended to heaven.

注:Wang Bing: He casted a tripod at Tripod Lake Mountain. After he had it finished (成), he rose to heaven in broad daylight (as an immortal)." Zhang Jiebin takes this story to be a fairy tale and interprets 登天 as "to die". Yu Yue suggested to interpret 登天 as assuming the position of ruler and he quoted the following statement from the *Yi Jing* (易经), *Ming Yi Zhuan* (明夷传) to strengthen his point. Tanba Genkan adduces evidence from the almost identical passages in the *Shi Ji* (史记), the *Da Dai Li Ji* (大戴礼记), and the *Jia Yu* (家语). In all those sources, instead of (登天) the text reads (聪明), "(he was) clever."

面对"登天"这样一个中西意义差异较大的词,文树德采用直译加注的方法,将"登天"翻译为 ascended to heaven。接着在脚注中给出了其他学者的解读并补充各类注释。例如,列出王冰的注解为"黄帝后铸鼎于鼎湖山,鼎成而白日升天","登天"即成就不死之身;张介宾将其理解为一个神话故事,"登天"即为死亡;俞樾从《易经》《明夷传》里引用"初

---

① 蒋晓华,张景华.重新解读韦努蒂的异化翻译理论——兼与郭建中教授商榷[J].中国翻译,2007(3):39-43.
② 蒋辰雪.文树德《黄帝内经》英译本的"深度翻译"探究[J].中国翻译,2019(5):112-120.

登于天,照四国也"佐证,"登天"即继承王位;丹波元简从《史记》《大戴礼记》《家语》里找到证据,认为"登天"即为聪明之意。"登天"一词明显带有强烈的"异域色彩",译者没有根据自己的理解进行意译,而是通过直译的翻译方法保留了这一异质特色,通过脚注将其进一步延伸彰显,呈现出多面、立体的意义。

（2）音译

例如：

女子七岁,肾气盛,齿更发长。

In a female,

at the age of seven,

the Qi of the kidneys abounds.

在中国古代哲学观点中,"气"指"构成万物的基本物质"。中医学便是基于这样一个出发点来阐释自然界的运动变化、人体的生理病理规律以及四时节气变化对人体的影响。此处的"肾气"即肾精化生之气,指肾脏的功能活动。在译本中,译者采取音译的异化翻译方法,译为 the Qi of the kidneys。Qi 是一个模糊概念,文化内涵丰富,存在于所有可能的状态中,所以译者直接用异化的手法音译为 Qi。这种译法保留了源语独特的文化概念,还借此将 Qi 引入了目的语。同理,通过在译文中引入大量此类异质性话语,既能凸显语言和文化的差异性,又对目的语起到一定的补充、丰富的成效。虽然从短期看可能会给跨文化交流带来一定的障碍,但只要该术语被接受了,就会对中医学概念的传播和目的语文化建构起到积极的推动作用。

2.结构层面

韦努蒂说,他的翻译是要在目的语中重新创造与原文中相类似的特殊表达方式,力图忠于原文中的一些特殊表达,使译文和原文的关系既是一种重现的关系,又是一种相互补充的关系。原文的医理是以"黄帝"和"岐伯"之间的对话形式来呈现,文树德在译本中同样采用对话的结构,使得读者从全局了解到《黄帝内经》的话语特色。原文中有大量结构对仗的并列句式,文树德尽力保留原文句法的并列结构与句法顺序,以并置方式让英语国家的读者真切地感受中医话语的内在结构。为了使译文与原文句型结构一致,译者会使用括号来补充原文中省略但表达了意思的词汇或短语。例如：

食饮有节,起居有常,不妄作劳。
(Their) eating and drinking was moderate.
(Their) rising and resting had regularity.
They did not tax (themselves) with meaningless work.

原文为并列的四字结构,且前后对仗。译文为了达到与原文句型结构上的高度统一,对原文进行了模仿,并采用括号这一形式来补充相关内容以连贯文气。虽然这种非线性句式的表达并不符合英语中重前后逻辑、连贯的形合特点,但是这种不连贯在另一个层面上则是保留了差异性和陌生性。

《黄帝内经》文树德译本以异化翻译为主并采用多种话语策略,正视差异、尊重差异、强调差异、保留差异,最大程度地反映了原义和原貌,保留并彰显了原文本的"文化之异"和"语言之异"。通过"存异"使得处于弱势地位的中医文化在西方国家维护了自身的主体性,译者的主体性和自身价值得到了充分体现,读者领略到异域文化的特色,目的语文化也得到一定程度的丰富和发展。

第二节 中国古诗词文化的翻译

一、古诗词分析

中华古典诗词之所以具有形式美和韵律美,这是由汉字的特点决定的。汉字作为世界上流传最久远的表意文字,不仅是中国文化得以记录和传承的脊梁,也是汉语具备"诗性语言"特征的基础,在古诗词创作上占尽了优势。注重"意合"的特点使得汉语在组合上具有很强的灵活性、跳跃性和自由度,这一点在古诗词创作中直接呈现为意象的密集,且由于受到篇幅的限制,诗人为了在有限的篇幅中传达出深刻的意蕴,往往采用语序的颠倒、省略、压缩等来实现"言简义丰"的目的。可见,古诗词创作的过程就是汉字中各个要素的重现和整合的过程,目的是最大化地呈现汉字的特点,这是其他文体难以企及的。

二、中国古诗词文化的翻译方法

（一）古诗词翻译原则

1. 不可因形废意

对于古诗词而言，其形式主要是格律，古诗词格律的体现确实十分困难，重现格律或许可以做到，但若是为了形式废掉意义就不可为了。奈达认为翻译"过于拘泥字面也许会抹杀原文的精髓"[①]。一味寻求自认为押韵的译诗，因形废意会扭曲古诗词的意象，影响意境传达，从而破坏了古诗词感性之美，此类译诗很难适应译入语的文学生态，传播效果自然就大打折扣。通过比较《赋得古原草送别》的两个译本，我们能更深刻地感受到"因形废意"对古诗词感性的破坏。

离离原上草，一岁一枯荣。
野火烧不尽，春风吹又生。
远芳侵古道，晴翠接荒城。
又送王孙去，萋萋满别情。

译文 1：
Wild grasses spread ov'er ancient plain;
With spring and fall they come and go.
Wild fire can't burn them up again;
They rise when vernal breezes blow.
Their fragrance overruns the way;
Their green invades the ruined town.
To see my friend go far away,
My sorrow grows like grass ov'er grown.

译文 2：
Thick, thick the grass grows in the fields;

---

① 谢天振. 当代国外翻译理论导读[M]. 天津：南开大学出版社，2008.

Every year it withers, and springs anew.
The prairie fires never burn it up;
The spring wind blows it in to life again.
Its sweet smell carries to the old road;
Its green haze touches the crumbling wall.
Now that we are seeing our noble friend on his way,
Its close verdure fills our parting thoughts.

诗人通过描绘古老原野上的野草,抒发送别时的依依不舍之情。译文 1 押尾韵,译文 2 则是自由体式诗词。"枯荣"二字,译文 1 运用了拟人的修辞,译为 come and go,草本来扎根于土壤,这里将它译为会移动之物,失之偏颇,与"枯荣"本意也有较大差别。第三句译文 1 的 again 似是为了押第一句的韵而加,回译是"野火不能把它烧光;再一次",原诗本意是只要残存一点根须,小草来年会依旧焕发蓬勃生机,但此译文并没有很贴切地传出原诗神韵,反会增添疑惑。译文 2 不囿于形式与押韵,加了 never 一词,表现出古老原野上草的特性就是具有顽强的生命力,强调它有再生的力量。意象是主观情意与客观物象的结合体,它渗透着主体的情意,传达着诗人生命的勃动和性情的激荡。[①] 颔联尾句意象"荒城"指荒凉的古城,诗人用"晴翠"和"荒城"作对比,突出野草的翠绿与古城的荒芜,但为了韵脚统一,译文 1 改变意象原意,翻译为 ruined town,荒城是荒废了的,不一定是被破坏的。译文 2 的 crumbling wall 让人联想到古城只剩下摇摇欲坠的墙块,而且 town 在我们脑海里的图片也不如 wall 破败,译文 2 更能体现原诗句的对比。原诗尾句是写与友人离别的场景,译文 1 用 ov'er grown 表达送别的痛苦,很可能是为了凑合 town 押韵,译诗回译为"悲伤的心情就像疯长的野草",诗词含蓄之美就消失了,对整首诗词意境与感性的破坏很明显。使用自由体译诗,虽然"放弃押韵",并不是不能用 neat, fleet, sweet, meet, treat, eat, feet 等词做韵脚,而是因为有某些情感和活力不应该用人们过去熟悉的手段或图式来体现,[②] 但是为了追求所谓的押韵,因形废意,原诗情景交融的感性之美就会所剩无几。

2. 译诗应符合主流诗学

共时性是诗词感性体现的另一个维度,译诗体现原诗感性应满足

---

① 朱晓慧. 诗学视野中的宋词意象[M]. 福州:福建人民出版社,2005.
② 李公昭. 20 世纪美国文学导论[M]. 西安:西安交通大学出版社,2000.

当今西方主流诗学的文学规范与审美需要。芬兰翻译学者彻斯特曼（Andrew Chesierman）指出"期待规范"（expectancy norms）以及译者在翻译过程中选择遵循的一系列"专业规范"（professional norms）的概念，译者所采取的"专业规范"最大限度地迎合读者与社会的"期待规范"，译本就具备了在译语文化被接受的重要前提。从这个角度来说，庞德等英美意象派创立者的译诗理念可以为中国译者提供思路。

庞德在凡诺洛萨手稿的基础上转译了19首中国古诗取名《华夏》，并从中获得启发，开创了意象派诗词。"意象派对诗词的要求是：诗词必须凝缩、简练、含蓄，突出意象美，抓住写诗时的内在冲动的节奏感，不必过多追求形式与韵律。"[①]庞德大胆地随着诗文而改变音似的幅度，模仿汉诗不使用连接媒介而把一段描述与意象并放在一起的感性特点。例如：

妾发初覆额，折花门前剧。
郎骑竹马来，绕床弄青梅

While my hair was still cut straight across my forehead.
I played about the front gate, pulling flowers.
You came by on bamboo stilts, playing horse.
You walked about my seat, playing with blue plums.

（庞德 译）

译文平铺直叙，勾勒了幼童玩耍的画面。"花""竹马""青梅"是前两行诗句的关键意象，这些美好的意象让人联想到商贾与商妇两人由幼年玩伴成为夫妻，共同拥有甜蜜浪漫的童年回忆。而且，译诗同原诗一样，诗句间未添加任何连接词，拥有和原诗几乎同样的感性美感。

3. 译诗应体现诗人自身的感性特色

重现诗人自身的感性特色可以从以下几个方面把握。首先在译前，译者要对诗人的背景和诗词内容进行仔细研究，如古诗常使用"以乐写哀"的方式突出情感，不可望文生义造成误译；加脚注向读者介绍原诗的背景与诗人的经历，但诗词内容的翻译尽量避免依赖脚注，否则会给读者带来很差的阅读体验；此外，对于诗词产量比较多的诗人，译者可以尝试翻译其诗集，运用丰富的译介全方位呈现诗人形象与其诗词的感性特色。

---

① 金百林. 庞德英译《诗经》小议[J]. 外语研究，1995（2）：45-46.

蒲乐道（John Blofeld）翻译的《寒山诗集》（*The Collected Songs of Cold Mountain*）中部分诗词的译文对照如下：

少年何所愁	What makes a young man grieve.
愁见鬓毛白	He grieves to see his hair white.
白更何所愁	Besides that what makes he grieve.
愁见日逼迫	He grieves to see the day draw near.
移向东岱居	He goes to stay Taishan.
配守北邙宅	Or leaves to guard Peimang.
何忍出此言	How can I bear to speak these words.
此言伤老客	These words pain an old men.

寒山在此诗节中猜想少年之愁，用夸张的手法表现少年想要去"东岱"与"北邙"以保持年轻，而这些恐怕是诗人自己对于青春易逝的愁苦之感。诗词语言简单有趣，又富含哲理，译文的翻译也在遵循寒山的风格，原文中重复的部分，"愁见……"译文也在重复"He grieves to..."突出诗人想要让读者和他一起思考少年之愁到底为何。虽然诗句可以糅合成一个整句，意义也不会改变，不过这样一来，诗人自身的感性特色就消失了，《寒山诗集》的译本在海外十分受欢迎，倘若用长句翻译，他在读者心中的文学形象就会发生改变，一位风趣智慧的诗人可能变成喜欢说教的说客了。此外，对于"东岱"和"北邙"，译者只让读者在诗中了解这是两个地点，在文后加脚注解释，译者的解释也颇有寒山的风格，简单易读，保证了阅读的流畅。

宇文所安将《杜甫诗词》翻译成书 *The Poetry of Du Fu*，书中介绍了杜甫的价值观和文学地位，向读者展示了一位有温度的诗人，这在一定程度上拉近了读者和诗词的距离。他提供了详实的材料介绍诗词中的典故、传说等，解释了杜甫的语言特色与自己翻译的考虑，又附上原诗，让读者可以从多维度去靠近原诗，自然地进入诗人的精神世界。可见，用丰富的译介展现诗人及诗集，不失为译诗体现诗人感性特色的有效实践。

古诗词有深邃的情感、精巧的意象和严谨的形式，经过了岁月淘洗，它的感性魅力一直涤荡着我们的心灵，翻译诗词绝不仅仅是把意思翻译出来即可，而应是在译入语环境中创造它的感性之美。

通过以上分析可以看到，诗词的形式、意象、意境及诗人风格是影响诗词感性之美的因素，形神兼备的译诗虽是佳作，但是难以实现，有待学者专家继续深耕。若格律难以实现，笔者认为优秀的自由体译诗亦可以达到不错的效果。译者在翻译古诗词时要分析好诗词的感性之处,三条凸显感性的翻译原则即不可因形废意,译诗应符合英美主流诗学,译诗表现诗人独特的感性色彩可为其提供思考,进而选择合适的翻译策略,创作出意象准确、意境深远、独具诗人风格的翻译佳作。

(二)古诗词的翻译技巧

庞德对中国古典诗词的英译有不少更改之处,有些归因于他创造性的翻译手法,也有些源自他对原诗的误读。从传统的翻译理论来看,庞德英译的中国古诗对原作而言讹误较多,忠实性大打折扣,加深了人们对庞德译作的误解和批评。但若以解构主义翻译的观点来探析,就能合理地评析庞德译作的立异之处,还能探寻译作与原作、译者与作者的平等互补关系,从解构主义翻译观中获得更多的启发性思考。

第一,打破忠实:庞德英译古诗中的创造性。中西学者一贯秉持"求信""求真"的翻译标准,要求译文尽可能地贴合原文,以译文的忠实程度来思量译文的可取性,对译文里出现的改译、误译持反对意见。然而,解构主义坚持文本意义的不确定性,强调源语文本的意义一直是开放的、流动的、不断生成的,译文无法从真正意义上对原文做到内容上的忠实和结构上的对等。解构主义翻译观打破了一成不变的"忠实"原则,允许译者发挥主观能动性,也为翻译中出现的文化误读和误译现象提供了理论依据。落脚于庞德具体的英译中国古诗,庞德身为译者的主体性和创造性值得称赞。以庞德对《怨歌行》的改译为例,他将原诗重新题名为 *Fan-Piece, For Her Imperial Lord*,直接点明原诗中的核心意象"团扇"和诗中暗指的"君王",直白地引导读者把握诗词中关于宫怨的悲情主题。《怨歌行》本就短小精悍,但庞德的英译仅有三句,"O fan of white silk, / clear as frost on the grass-blade, /You also are laid aside." 译诗前两句是对前四句"新裂齐纨素,皎洁如霜雪。裁为合欢扇,团团似明月"的糅合,形容团扇宛如秋冬草叶上的白霜,纯白而又光洁。"You also are laid aside." 一语双关,also 传达出君王既将团扇搁置又无情冷落嫔妃的双重内涵,与最后两句"弃捐箧笥中,恩情中道绝。"相吻合。与原诗相比,庞德的英译只保留客观事物的呈现,摒弃了所有修饰性的字词,使原诗中哀怨的情绪愈发含蓄,令人回味。庞德对中国文化的掌握十分有限,除了对原诗的增译或漏译,他的译作还存在很多典型的误读和误译。《华夏集》中,庞德将"烟花三月下扬州"译成"The smoke-flowers are blurred over the river.",其中,smoke-flowers 显然是庞德对"烟花"的误解,却巧妙地呈现出一种迷蒙的视觉意象，无疑是庞德对原诗送别画面的领悟和重构。庞德的误译也常与英语语法不合，敢于挑战英语诗词的语言规范。譬如，他破格将李白的"荒城空大漠"和"惊沙乱海日"分别译成"Desolate castle, the sky, the wide desert."和"Surprised. Desert turmoil. Sea sun.",虽说不顾词法和句法规则，但多个意象的平行并置，有力地渲染出荒凉壮阔的诗词意境。上述几例可以看出，庞德对中国古典诗词的英译有以下特点。首先是语言的简练与自由。庞德采用自由诗体来表达原作，背离了原诗的古典形式。从解构主义角度出发，翻译是一种"延异"行为，庞德在所处的20世纪初西方文化语境里解读中国古诗，其生成的译作符合当时文化语境下的语言风格即可。其次是意象的并置和凸显。庞德的英译古诗常常删繁就简，略去诸多原诗的修辞性以及抒情性的表达，只把原诗里的重点意象并置在译文里，使得译诗比原诗的抒情更加含蓄，以供读者遐想。庞德在译诗里对意象的强调，更是与他所推崇的意象派诗词创作理念达成了契合。最后是文化的误读和差异。解构主义思想包容翻译中因文化误读而产生的差异，认为误译能为译作所处的主流文化带来新的文学表现形式。庞德的英译古诗推动了东方诗词理念和西方意象派诗词理论的交融，也为维多利亚时期的诗词传统注入新活力。

第二，树立新生：庞德英译古诗与原诗的联系。通过具体实例的解析，庞德的英译古诗的创造性和差异性显露出来，译作里受到批评的改译和误译也得以正名。接下来，庞德的译诗与原诗的联系也值得商讨。解构主义翻译观提出，翻译是赋予原作生命力的重要手段，译作衍生自原作，却又独立区别于原作。译作能够成为原作的"来世"，在时间和空间意义上对原作进行拓展和延续。以此推之，庞德的英译中国古诗是否也起到焕发原诗生机的功效？答案是肯定的。T. S. 艾略特在《庞德诗选》的序言中，曾高度称赞庞德是"我们这个时代中国诗词的发明者"。他评论庞德的《华夏集》"将被视为'二十世纪诗词的杰作'，……庞德以其传神的翻译丰富了现代英语诗词的宝库"[①]。其中，庞德译自李白《长干行》的 The River-Merchant's Wife: A Letter 被收录于多家出版公司编选的经典英美诗集中，如《诺顿诗选》等，可见，庞德的译作在海外受到了广泛的认可，为中国古典诗词在西方的"播散"（dissemination）作出有力的贡献。同时，解构主义观还提倡文本的互文性，文本间既有联系的一面，更有差异的一面，所以译文和原文之间是平等互补、求同存异的关系。庞

---

① Eliot, T. S. *Ezra Pound: Selected Poems*[C]. London: Faber and Faber Limited, 1934

德对中国古诗的英译不仅是对原诗进行了个性化的解读,也对原诗内涵加入了新的诠释,深化了原诗主旨。总体来看,庞德的古诗英译对原诗起到了积极的影响,使中国古典诗词在西方的文化语境里获得了新生。

下面综合一些译者的观点,分析中国古诗词的翻译技巧。

1. 注重诗词的形式

众所周知,古诗词所表达的形象往往与作者思想是紧密相关的,诗人喜欢利用一些恰当的表现方法来表达自己的思想和情感。对于这类诗词的翻译,通常合理的做法是采用形式翻译,确保所翻译的译文在形式上与原文具有一致性,从而准确传达原文的形式美,体现原文的韵味。

在诗词中,诗词的形象与内容密切相关。诗人如果想要全方位传达自己的思想,就需要利用具体的物象。进一步而言,形式翻译的过程中需要注重两个方面。①

第一,保留诗词的形式。译者需要准确传达诗词所包含的文化特性以及内涵,这是首要的,进而保留诗词的形式,从而实现诗词翻译的形式与韵味。

第二,保留诗词原文分行的艺术形式。不同的诗词使用的分行格式是不同的,格式在一定程度上也体现着诗词的意蕴,是作者不同思想意图的传达,因而译者在翻译过程中需要充分考虑诗词分行中所包含的美学意蕴,并给予最大程度的保留。

在诗词形式上,屈原打破了《诗经》整齐的四言句式,创造出句式可长可短、篇幅宏大、内涵丰富的"骚体诗",开创了中国浪漫主义的先河。因而,再现原文诗词形式对于"骚体"的再现具有重要的意义。许渊冲认为,"形美"指译诗在句子和对仗工整方面尽量做到与原诗形似。②但是,许渊冲所追求的并不是对号入座的"形似"。根据许渊冲的翻译诗学观,在诗词形式的处理上,他兼顾翻译规范、目标读者的阅读习惯以及审美倾向等因素,在忠实于原文的基础上合理使用归化策略,传达出原文的内涵,尽可能实现形式美。例如:

揽木根以结茝兮,贯薜荔之落蕊。
矫菌桂以纫蕙兮,索胡绳之纚纚。

---

① 张欢. 浅析文化语境对诗词英译的影响[J]. 今古文创, 2021 (18): 123-124.
② 许渊冲. 文学与翻译[M]. 北京:北京大学出版社, 2003.

I string clover with gather wine, oh!
And fallen stamens there among.
I plait cassia tendrils and wine, oh!
Some strands of ivy green and long.

在翻译上，许渊冲根据英汉诗词的异同，使用英语诗词的平行结构再现原文诗词的形式美，同时也实现了原诗的意境美。许渊冲的译文在句式方面，照顾到目标读者的阅读习惯，补出了主语 I，构成英语 SVO 结构，第一、三句的字数对等，构成主语对主语、谓语对谓语的结构，给人以视觉上的美感。另外，译者发挥译语优势，在兼顾原诗形美的前提下，用等化的译法将"落蕊""菌桂""胡绳"逐一译出，fallen stamens, cassia tendrils, strands of ivy green，再现了原文的意象，从而使读者知之、乐之、好之。可见，许渊冲基于原文的基础上用符合英语语言规范的方式表达，充分调动自己的审美能力和创造能力，根据原诗内容选择恰当的译诗形式，将原诗的神韵传达出来，做到了形神兼备。

2. 传递意境美和音韵美

《离骚》诗词里的意象是诗人情感的寄托。许渊冲先生译诗最讲究的是传达诗的内涵意义，却又不过分拘泥于原诗。例如：

椒专佞以慢慆兮，樧又欲充夫佩帏。
既干进而务入兮，又何芳之能祗？

The pepper flatters and looks proud, oh!
It wants to fill a noble place.
It tries to climb upon the cloud, oh!
But it has nor fragrance nor grace.

"椒"和"樧"喻指专横的小人，"芳"则喻指品德高尚之人。译者并没有将这些意象一一译出，而是将诗句的意思传达出来。可见，译者追求的并不是表层的意似，而是深层次的意美，展现了诗人笔下的小人谄媚之态。因而，译者采用了浅化的译法，将"佩帏"译为 noble place，再现了官场中品行低劣的小人攀权附贵的行径。另外，许渊冲将原文中的部分意象省略,如将"椴""佩帏"以及"芳"省略,并没有局限于原文,而是将诗句的意思传达出来。同时,译者也保持了诗句的押韵和形式上的工整,以及诗词的音美和形美,可见,许渊冲把"意美"放在第一位,同时尽可能兼顾音美和形美的翻译诗学观。

三、中国古诗词翻译实践:以汪榕培的《木兰辞》翻译为例

《木兰辞》作为我国古典诗歌的名篇,这首诗歌因为其丰富的思想内容、凝练优美的语言形式及传奇的故事情节而深受中国人民喜爱,并被译成多种语言,在世界上广为流传。作者在对比分析《木兰辞》原文和汪榕培译本时发现,翻译转换理论视角下,汪榕培译本中存在结构转换、类别转换和单位转换,因此下面主要详细阐述《木兰辞》汪榕培译本中存在的结构转换、类别转换和单位转换。

(一)结构转换分析

在分析《木兰辞》汪榕培译本的过程中,笔者发现汪榕培译本中绝大部分句子都存在结构转换,其原因主要是汉英句子在结构上存在较大的差异,汉语注重意合,而英语注重形合,因此在诗歌翻译的过程中很难做到原文和译文形式的完全对等。此外,汉语诗歌中存在较多的无主句、连动句、兼语句等句式,英语中并不存在此类句式,在翻译汉语诗歌时需要对此类句式进行转换。通过分析可以发现《木兰辞》汪榕培译本中的结构转换主要存在以下四个原因。[1]

第一,《木兰辞》原文中主语的缺失。

例(1):

昨夜见军帖,可汗大点兵。

I saw the new recruiting lists last night; The Khan is summoning the men to fight.

例(2):

愿为市鞍马,从此替爷征。

I'll go and buy a stalwart horse and pad; So as to go to battle for my dad.

例(3):

归来见天子,天子坐明堂。

---

[1] 林茵茵.论卡特福德翻译转换理论的有效性及其局限[D].兰州:兰州大学,2010.

Mulan receives an audience from the Khan; Who makes a huge grant to the valiant "man".

例(4):

同行十二年,不知木兰是女郎。

We fought for twelve years in the same brigade; But never knew that Mulan was a maid!

例(5):

策勋十二转,赏赐百千强。

Mulan is praised and offered the highest post; And given piles of treasures she can boast.

以上五个例句皆为无主句,这种句式在中文中比较普遍,但在翻译为英文时需要根据实际情况补充主语或者将其翻译为被动句省略主语。例(1)译文的主语是根据前一句"女亦无所思,女亦无所忆。"来增添的。前一句译文中将"女"译为"I",例(1)沿用前一句译文的主语,增添主语"I"。例(2)译文的主语是根据前一句"阿爷无大儿,木兰无长兄。"来增添的,前一句将"木兰"译为"I",例(2)译文中继续使用"I"作为主语。例(3)译文的主语是根据句意来增添的,前后文并没有提到"木兰",但是根据其句意推断是木兰"归来见天子"。例(4)译文的主语也是根据句意来添加的,是木兰的战友与木兰同行十二年,译文中译者以战友的身份来述说,即我们"同行十二年"。例(5)译文的主语原本是"天子",译者将句子处理为被动句,增添主语Mulan。

第二,《木兰辞》原文中存在较多的联动句。

例(6):

旦辞黄河去

She leaves the Yellow River by daylight

例(7):

归来见天子

Mulan receives an audience from the Khan

例(8):

从此替爷征

So as to go to battle for my dad

例(9):

出郭相扶将

Her parents leave the courtyard arm in arm

例（10）：

磨刀霍霍向猪羊

Her younger brother butchers pigs on the farm

汉语连动句特点是在句中使用多个动词,并且这多个动词连系着同一个主语,而在英语中一句话不能同时有两个谓语。所以,在《木兰辞》中汉译英时,会转换汉语连动句中的一个动词,将其省略或者转换成其他结构。例（6）和例（7）都是汉语中的联动句,在翻译时只翻译两个动词中的一个。例（6）省略了"去",只翻译了"辞";例（7）省略了"归来",只翻译了"见"。例（8）（9）（10）在翻译时都是将连动句中两个动词的一个处理为其他结构。例（8）译文中将动词短语"替爷"转换为介词短语 for my dad;例（9）将动词短语"相扶"转换为状语 arm in arm;例（10）将两个动词短语"磨刀"和"向猪羊"转换为一个动词词组 butchers pigs on the farm。这种处理相对来说是比较灵活的,可以将连动句中的一个动词处理为介词短语、状语或者动词词组等等结构。

第三,《木兰辞》原文中还出现了较多兼语句。

例（11）：

唯闻女叹息

You only hear the maiden sigh and moan

例（12）：

问女何所思？问女何所忆？

Good lass, what thought has occupied your mind? Good lass, what thought can you not leave behind?

例（13）：

不知木兰是女郎

But never knew that Mulan was a maid

例（14）：

爷娘闻女来

On hearing that Mulan will soon be home

李临定归纳了兼语句的三个特点:名词是动词1的宾语,动词2是谓语性成分;从语义关系上来看,名词是动词2的施事。一般来说,汉语兼语句是由一个动宾短语和主谓短语组合为一个句子,称作兼语句。而且,句中主谓短语的主语在结构上是前一个动宾短语中的宾语。在《木兰辞》汪榕培译本中,译者对原文中兼语句的处理方法主要有两种:一种处理方法是将其中的主谓短语转换为宾语补语,另一种是将主谓短语转换为宾语从句。例（11）将兼语句的主谓短语"女叹息"转换为 hear the maiden sigh and moan 中的 sign and moan。例（13）中主谓短语"木兰是女郎"转换为 But never knew that Mulan was a maid 中的宾语从句 that Mulan was a maid。例（14）译文将兼语句中的主谓短语处理为宾语从句 On hearing that Mulan will soon be home。

第四，《木兰辞》原文中也存在倒装句。

例（15）：

万里赴戎机，关山度若飞。

She goes for miles and miles to join the war; And crosses hills and valleys with the crops.

当原文中存在倒装的时候，译文中会改变倒装的部分。例（12）中"何所思"和"何所忆"为倒装，正常语序为"所思何"和"所忆何"。例（15）中"万里"为定语前置，在译文中处理为 for miles and miles，"关山"为宾语前置，在译文中将宾语放在谓语"度"之后。

以上四个原因是笔者在分析《木兰辞》原文和译文中发生结构转换的主要原因，并具体对这些转换进行归类分析。由此可见，结构转换在中英互译中是最常见到的，也是普遍会发生的翻译转换的一种。中文中特有的句式在翻译为英文时无法找到对应的句式，因此只能通过转变句式来实现。而转变句式也存在较多的方式，如无主语句可以增添主语或者转变为被动句，连动句可以将其中一个动词省略或者处理为其他结构，兼语句可以将其中的主谓短语处理为宾语补语或者宾语从句。

（二）类别转换分析

类别转换指的是原文和译文中的两个等值成分在类别上发生了转换。在分析《木兰辞》原文和译文的过程中，笔者发现主要是原文和译文的词和词组之间会存在等值的转换，两个等值成分在词性上会发生转换。

例（16）：

女亦无所思，女亦无所忆。

I've nothing that has occupied my mind; I've nothing that I cannot leave behind.

例（17）：

暮宿黄河边

And stays by the Yellow River for the night

例(18)：

送儿还故乡

To send me home to start my life anew

例(19)：

木兰无长兄

I have no elder brother to carry the gun

例(20)：

木兰不用尚书郎

High posts at court are not what I pursue

例(16)中原文的副词"无"转换成名词 nothing,原文中的名词"女",转换为代词"I"。例(17)中原文的名词短语"黄河边"在译文中转换为介词短语 by the Yellow River。例(18)中原文的名词"儿"在译文中转换为人称代词 me。在词的类别转换中,主要是将原文中对人的称呼转换为人称代词。例(19)和例(20)中原文的"木兰"是一个名词,在译文中转换为代词"I",主要是因为在英语中为避免重复,常常会使用代词来代替已经出现过的词,而在汉语中词语的重复是十分常见的。

例(21)：

东市买骏马,西市买鞍鞯。

She buys a strong steed in the eastern market; She buys a saddle in the western market.

例(22)：

出郭相扶将

Her parents leave the courtyard arm in arm

例(23)：

开我东阁门,坐我西阁床。

She opens doors of chambers east and west; And sits upon her bed to take a rest.

《木兰辞》原文和汪榕培译本中还存在较多短语词性的转换。例(21)中原文里的"东市"和"西市"为名词词组,在译文中转换成了介词短语 in the eastern market 和 in the western market。例(22)中原文的动词短语"相扶"在译文中转换为名词短语 arm in arm。例(23)中原文的"东阁"和"西阁"翻译为英语作前置定语时过长,因此在译文中作后置定语,译为 of chambers east and west。通过分析以上几类短语转换可以发现,主要是根据该短语在原文中所充当的成分,在翻译时对该成分进行适当的转换,使之更符合译入语的语言习惯。

在卡特福德的《翻译的语言学理论》一书中提到类别转换是两个等值成分在翻译的过程中,二者的类别发生了转换。有论者提出类别转换主要是词性的转换,但是笔者在分析《木兰辞》中类别转换时,考虑到原文和译文的等值成分也可能是短语层面的,因此将短语之间词性的转换也归为类别转换。

(三)单位转换分析

《木兰辞》汪榕培译本中存在较多的单位转换,且存在将原文中的词语转换为译文中的短语和从句。

例(24):

女亦无所思,女亦无所忆。

I've nothing that has occupied my mind; I've nothing that I cannot leave behind.

例(25):

朝辞爷娘去,暮宿黄河边。

She leaves her dearest parents by daylight; And stays by the Yellow River for the night.

例(26):

寒光照铁衣

The chilly moon shines on their coats of mail

例(27):

伙伴皆惊惶

They stare at her in great surprise

例(24)中将原文的动词"思"和"忆"翻译为宾语从句 that has occupied my mind 和 that I cannot leave behind。例(25)中将原文前半句的名词"朝"转换为介词短语 by daylight,将原文后半句的名词"暮"转换为介词短语 for the night。此外,还存在将原文中的短语转换为译文中的复合短语或者句子的情况。例(26)中将原文的偏正短语"铁衣"译为名词和介词短语 coats of mail。例(27)中将原文的动词短语"惊慌"转换为译文中的动词词组和介词短语 stare at her in great surprise。

通过分析《木兰辞》中存在的一些单位转换的例子可以发现,产生单位转换的原因主要是汉语单个词或者词组所蕴含的意义比较丰富,而在英语中要找到相对应的词或者词组存在一定的难度,所以往往需要更高一级的单位来对应。例(12)中将原文的动宾短语结构"何所思"和

"何所忆"分别翻译成句子 what thought has occupied your mind 和 what thought can you not leave behind。例(8)中原文的动词"征",意思是"出征",在译文中转换为动词短语 go to battle。汉语中短短的一个词或者词组,在翻译为英语时往往需要一个词组或者句子来与之对应。

通过对《木兰辞》原文和汪榕培译本的详细分析,笔者发现结构转换是最为普遍发生的翻译转换,其次分别是类别转换和单位转换。在分析类别转换和单位转换时,笔者发现原文和译文中存在的等值成分是不同词性的短语,在分类时笔者将其归为类别转换。因为笔者认为短语词性之间的转换也是归于类别转换的。但也有不同的论者提出,仅仅把词的词性转换归为类别转换,而把短语的转换归为单位转换,所以关于短语的转换是否属于类别转换这个问题还有待进一步商榷。

四、中国古诗词翻译实践：以模糊语境译张继的《枫桥夜泊》为例

现如今,博大精深的中国文化在世界范围内得到快速传播,古诗也受到越来越多人的追捧与喜爱。为了使其更好地传播和发扬,翻译成为必不可少的工作。然而,到目前为止,诗歌仍然缺乏一个统一的翻译标准。随着世界各国之间联系的日益密切,为了更好地在世界范围内传播中国文化的精髓,需要我们继续加大对中国古诗翻译的研究和探讨工作。因此,如何更好地对古诗进行翻译成了每位译者面临的主要问题。

所谓模糊语境,就是指联系上下文的、模糊的、蕴含着作者心理活动及审美意识的、能为读者提供想象空间的语言环境。在对古诗进行翻译时,需要对这种语言环境进行深入研究和挖掘,将原作的风貌与神韵通过翻译再现于读者面前,从而实现作者、译者以及读者之间心理活动的有效沟通和交流。在文学类作品中,尤其是诗歌类作品中,这种语境是广泛存在的。唐代诗人张继在《枫桥夜泊》一诗中就通过对模糊语境的成功运用,将一幅凄清的秋夜羁旅图展现在读者面前。这首诗所采用的意象排列方式使整首诗具备了电影蒙太奇效果般的意蕴。通过对"江枫"与"渔火"两个事物的描写,使得画面一明一暗、一静一动,充满意蕴。月落的夜晚、迷蒙的江面、醒目的渔火、可感的寒霜、乌啼钟鸣的寂静夜空,这种动与静、明与暗的有效结合,将情中景、意中音刻画得淋漓尽致,意境浑融幽远,疏密错落,暗藏诗人愁怀,达到了真正的情景交融。该诗分别从夜色、愁眠、远寺、钟声四个角度进行描写,充分烘托出诗人的愁意。在诗中,愁作为全诗的主旨贯穿于整首诗的描写之中。

首先,我们看一下佳宁先生在英文译诗中对这种意境的再现。在姑苏城外并没有远山,寺前的河流上也没有枫树,孤零零地立着江村桥和枫桥两座桥。枫树性恶湿,无法在河流边生长,这样看来,指代两座桥的"江枫"一直以来都被世人错译了。将"江枫"译为江边的枫树,从翻译上来看是一致的。那怎么就能说是"错译误解"呢?反而是以 reach the ear of the boat's passenger 表达"到客船",以 Bleak Mountain Temple 表达"寒山寺",不是很贴切。这就体现出,译者在翻译过程中缺乏对原诗意境的真正体会。可以想象,即使是诗人独自旅居,也不会是 the ear(一只耳朵)听钟声,更别说是客船了。

除此之外 reach 一词略显绵弱无力,难以使船客的感官产生足够触动与共鸣。另外,位于苏市以西的寒山寺即与枫桥毗邻,传说是由于唐初的寒山和尚曾在此参禅,故得名"寒山寺",因此其理应是寺庙的名称,就必须当成专有名词翻译,这样更符合常识,以 Bleak Mountain Temple 代表寒山寺,是无法与事实吻合的。在《牛津大辞典》中,将 mountain 解释为:"A very high hill usually of bare or snow-covered rock." 而在 Oxford Advanced Learner's Dictionary of Current English 中,又将 mountain 解释为 "Mass of very high land going up to a peak." 可真实的寒山寺,是什么样的呢?

笔者想大家都是心知肚明的:诗歌是具有灵性的语言,是诗人的感悟和外界事物碰撞而产生的共鸣。中国的古诗凝聚了中华民族悠久文化的精髓,更是世界文化难以复制的一座高峰。伴随着世界的开放,中西方文化交流的兴起繁荣,越来越多的国际人士想要了解我国的古诗词文化。中国古诗词走向世界是促进文化交流的主要途径,国内外译者对我国古诗的翻译研究也在逐步开展。中国古诗惜字如金,言简意赅,但意境无穷,诗人利用几句精练的语言就可以创造出美妙、深远的意境,展示了汉语言的博大精深,然而,正是如此精练的文字,却给今日译者带来了极大的挑战。我们再来看刘克璋教授的翻译,刘教授考虑到诗的形式美和韵律,直接把"江枫"翻译为 two bridges,而以 Hanshan's Temple 代表寒山寺,通过夜半悠远的钟声传达寒山寺僧人的灵感和宗教的教化,从而使读者对诗人身在客船以及诗人的思想情感产生深刻的体会和强烈的共鸣。而以 woke up the passengers in boats 表达"到客船",更是开创了模糊语境运用的先例,成功地将模糊语境引入诗歌创作中来,使读者可以充分利用自己的想象去体会外界刺激带给船客们和诗人怎样的心理触动及他们做出的思维反应。对于刘先生的这些想法及其对古诗的理解与所做的说明,笔者是非常赞同的,但是在遣字用词方面和真实表达的翻译方法方面,却不太认同。首先,读者很难对 two bridges 产生联想,而 Hanshan's Temple 也不便于读者的理解。woke up... 用得不当,夜半寒山寺,隐约传来的钟声也不足以惊醒远处船上熟睡的旅客。诗人在这里恰恰是要以远处的动来反衬夜晚的静。

下面就对这首诗的翻译和理解做一个简要分析。

该诗开篇句是对霜天夜景的描绘,远树上扑棱乱飞的树鸦不安地鸣叫着;紧接着是对江枫和渔火的描写,天边隐约的残月映衬着江边星星点点的渔火,使江面的月光愈发显得惨淡,江边的枫树上依稀挂着残红,在这寒意渐浓的秋夜,船客心头烦乱、忧郁难眠;接着写道"寒山"及"钟声",将诗人从忧愁的状态中抽离出来,脱离愁的困扰,联想到唐初诗僧寒山也曾在此潜心修佛终成正果,在宗教的启迪下获得清醒,思想得以解脱;加上"夜半钟声"的悠扬,使诗人心胸大开,沉浸在诗境中,对未来充满希望和憧憬。

全诗的描写既有霜天、残月、树鸦等远景,又包含江枫、渔火、泊船等近景;既有视觉描写月光、红枫,又有听觉体验凌乱的乌啼、隐约的钟声;既潜心于描写,又不忘寄托情思;将声音、色彩、层次、明暗有机结合起来,将一幅清冷孤寂的秋夜羁旅图立体地、突出地描绘了出来,将诗人羁旅穷途、救国的情感寄予其中。这种与诗人所处社会环境紧密结合的描写使得诗人的情意更加真实、感人。诗人有感而发,借景抒情,运用这样一首绝句抒发了自己的感情,这些就是原诗意境的朦胧感悟。因此,翻译时必须对原诗意境的充分再现做深入思考。

在前者翻译的基础上,通过将他人翻译优势以及笔者自身理解的有效结合,笔者对《枫桥夜泊》一诗做了如下翻译:

Mooring by the Maple Bridge for a night!
at moonset the rooks caw high in the frosty sky.
Dim fishing lights shine on maples in gloomy dream I lie.
Beyond the walls of Gusu stands the Hanshan Temple.
The tolling of the bells greets my ears in the dead night.

古诗首句描写了落入江中的残月以及受光线明暗变化刺激的乌鸦在充满寒气的夜空中惊叫乱飞的景象,将秋夜的寒冷、凄凉与不安充分体现出来;紧接着对"江枫、渔火和对愁眠"进行描写,乍看"星星渔火"与"江枫"似乎为凄冷的寒夜增添了些许暖色,然而这些难以打消诗人寄居他乡的孤苦和哀思,无法排解诗人孤闷的心情,诗人愈发彻夜难眠。因此,在这里以 in gloomy dream I lie 代表"对愁眠"。在半梦半醒间想到"城外寒山寺",那位名为寒山的诗僧也有类似的经历,诗人似乎略感安慰,隐约的"夜半钟声",使诗人更加坚定翌日的美好,而最后两句中 stand 和 greet 的运用,体现出诗人对身边环境的逐步适应以及对美好明天的信心和期盼。

感性思维发达的中国人创造形成的优秀文化产品和注重理性思维的西方人著作形成的文化产品差别是巨大的,其中,唐诗所体现出来的文化差异尤其明显。作为中国古代文学的典型代表,唐诗成为文学发展史上难以逾越的典范。在形式上,唐诗注重韵律格致的讲究;在内容上,唐诗更是努力追求意的表达。古人所提倡的"言有尽而意无穷"就是对唐诗这一特点的最佳注解,也就是说,诗意的表达不能只局限于言内,言外也要有所体现。这也是我们今天所说的"神韵意境"。准确地表达出言外之"神境"是十分艰难的,如果用更加重视形式的西文来写诗无疑更难,所以大家才有了这样的共同经验:诗难译,中国古诗尤其难译。目前,利用模糊语境进行的潜意识翻译,特别是对于古体诗歌的翻译,缺乏成熟的可用模式,怎样才能把诗译好?还是要结合语境,依据情形或利用解释说明性译法,将其具体化,还原真实性;或采取形容描绘性方法,以求朦朦胧胧、若隐若现;或采取以模糊直译法,从而将诗意充分挖掘出来,为世人还原真相。"信、达、雅"是诗文翻译需要遵循的最基本的要求,从而尽可能地使译者、读者能与作者产生相同的心理意识和审美观念,使他们的理解心弦产生共鸣,共同想象,进而将模糊与具体、存在与想象、真实与感觉有效融合,使诗歌的表达可以实现意境形式的完美统一。

第三节　中国古代散文文化的翻译

一、古代散文分析

王荣生在《散文教学教什么》一书中提到散文的定义一般采取"排除法",在古代,采取两分法,凡是韵文、骈文之外的都是散文。[①] 方孝岳在《中国文学批评·中国散文概论》中提到"散文"这个称号,是相对于骈文而来的,"论其本体,即是不受一切句调声律之羁束而散行以达意的文章"[②]。他认为散文形式异于骈文,散文精神异于骈文。吴小如在《古典散

---

① 王荣生.散文教学教什么[M].上海：华东师范大学出版社,2014.
② 方孝岳.中国文学批评·中国散文概论[M].上海：生活·读书·新知三联书店,2007.

文述略》一文中指出,在我国古典文学的领域中,所谓"散文",应具有广、狭两义。就其广义说,散文是对韵文而言的一种文体;就其狭义说,则指包括在散文这一文体中的与骈体文(又称骈文、四六文)相对而言的散体文。① 关于古代散文的特点,欧阳心意在其《初中文言散文教学目标设计研究》一文中概括为"语言简洁、形式散行,文以载道、注重实用,笔法多样、内容广泛"②。曾羽霞在《魏晋南北朝散文文体批评研究》一文中指出"古代散文文体的独特性在于'散''实''真'"③。可以发现,以上学者主要将古代散文与骈文、韵文相对立。

当前,古代散文内涵并未明确,而是将其表述为"文言文",但实则文言文与古代散文不能同等看待。关于文言文的内涵及定义,周海婴在《语文教学视域下"文言文"范畴的窄化》一文中指出"文言文是一种古代书面语,其是逐渐脱离口语而产生的"④。王力在《古代汉语》中指出:"文言是指以先秦口语为基础而形成的上古汉语书面语言以及后来历代作家仿古作品中的语言"⑤。徐时仪在《古白话词汇研究论稿》一文中提到"汉代之后,沿着'文言体'发展的书面语趋于定型,具有一套相对完整的词汇和句法系统"⑥。由此可以看出,以上研究者更多地是将文言文作为一种书面语言。综上所述,可以认为古代散文是与骈文、韵文相对立的概念,是用文言文习作的并具有言简形散、注重实用、笔法多样、内容广泛、情感真切等特点的文学体例。另外,广义的散文被认为是与小说、诗歌、戏剧三类并列的文学体裁。

古代散文具有如下几个特点。

第一,简练、畅达。古代散文要求简练、畅达。简练的古代散文语言不仅能够将所要表达的内容传达出来,还能够表达作者对人、对物的态度。这不是作者精心雕刻的,而是作者最朴实的情感表达。畅达的散文不仅能够让词汇挥洒自如,还能够让情感表达自由自在。总之,二者是相辅相成的关系,是古代散文重要的生命线。

第二,节奏整齐、顺畅。众所周知,古代散文具有很强的节奏感,这主要在其声调的分配上有合理的展现。古代散文的节奏感还体现在句式的整散交错以及长短句的紧密结合。正是因为古代散文的节奏整齐,所以

---

① 吴小如.古典散文述略[M].北京:北京出版社,2016.
② 欧阳心意.初中文言散文教学目标设计研究[D].杭州:杭州师范大学,2020.
③ 曾羽霞.魏晋南北朝散文文体批评研究[D].湖北:湖北师范学院,2011.
④ 周海婴.语文教学视域中"文言文"范畴的窄化[J].洛阳师范学院学报,2015,34(12):121.
⑤ 王力.古代汉语[M].北京:中华书局,2001.
⑥ 徐时仪.古白话词汇研究论稿[M].上海:上海教育出版社,2000.

让读者在阅读时能够朗朗上口,感觉顺畅自然。①

二、中国古代散文文化的翻译方法

(一)动态、静态转换

散文的语言是人对客观世界的一种反映方式,有动态和静态的不同表达。静态的表达往往会把事物的运动和变化描述为一个过程或状态。而动态的表达法则注重对引起变化或运动过程的行为与动作。英语句子的基本意义常常用静态表达,而汉语则通常用动态表达。

(二)情感的传达

散文的创作在于传达作者的思想感情,因此情感是散文的灵魂所在。在对散文进行翻译时,译者需要体会原文的情感。也就是说,要想让读者顺利读完译者翻译的散文,获得与原作读者相同的感受,就需要译者把原作的情感融入进去,这样才能真正地移情。

三、中国古代散文翻实践:以欧阳修的《醉翁亭记》为例

下面通过欧阳修的《醉翁亭记》来分析。

醉翁亭记
欧阳修

环滁皆山也。其西南诸峰,林壑尤美,望之蔚然而深秀者,琅琊也。山行六七里,渐闻水声潺潺而泻出于两峰之间者,酿泉也。峰回路转,有亭翼然临于泉上者,醉翁亭也。作亭者谁?山之僧智仙也。名之者谁?太守自谓也。太守与客来饮于此,饮少辄醉,而年又最高,故自号曰醉翁也。醉翁之意不在酒,在乎山水之间也。山水之乐,得之心而寓之酒也。
……

---

① 张保红.文学翻译[M].北京:外语教学与研究出版社,2010.

The Old Drunkard's Arbour
by Ouyang Xiu

The district of Chu is entirely surrounded by hills, and the peaks to the south-west are clothed with a dense and beautiful growth of trees, over which the eye wanders in rapture away to the confines of Shantung. A walk of two or three miles on those hills brings one within earshot of the sound of falling water, which gushes forth from a ravine known as the Wine Forntain; while hard by in a nook at a bend of the road stands a kiosque, commonly spoken of as the Old Drunkard's Arbour! It was built by a Buddhist priest, called Deathless Wisdom, who lived among these hills, and who received the above name from the Governor! The latter used to bring his friends hither to take wine; and as the personally was incapacitated by a very few cups, and was, moreover, well stricken in years, he gave himself the sobriquet of the Old Drunkard. But it was not wine that attracted him to this spot. It was the charming scenery, which wine enabled him to enjoy!

……

（H. A. 翟理思 译）

【赏析】

（1）首句"环滁皆山也。"是欧阳修修改后的句子。原先列出许多山名,后皆删去,以至于如此精炼。滁为州名,州可译为 prefecture（州,郡）,译者不详此义而泛译为 district（地区）。此句可以单独译为一句,但译者连至下句以形成视觉上的整体印象。

（2）"其西南诸峰,林壑尤美。"一句,译文谓语用 are clothed with a dense and beautiful growth of trees,是描述性处理,其中动词尤为生动。此句处理复连下句:"望之蔚然而深秀者,琅琊也。"用一个定语从句译出:over which the eye wanders in rapture（极目望去,心旷神怡）,是神来之笔。但 away to the confines of Shantung（直至山东边界）,不是要漏译"琅琊山",而是误解导致误译——译者把滁州的琅琊山误解为山东的琅琊郡了。

（3）"山行六七里,渐闻水声潺潺"一句,先以一名词短语 A walk of two or three miles on those hills 引出句子,再以 brings one the sound of falling water 成句,但译者没有忘记心理感受的原理,因而增加了 within earshot of（在听觉所及的范围内），实在是很有必要。此谓"在文学中不忘科学，人文之情不背科学"之理。译者认为"泻出于两峰之间"有赘文，故以虚带实，仅用 from a ravine（从深谷出）轻轻带过，而以 gushes forth（喷泻而出）状其形态水势，最后用 known as the Wine Fountain（酿泉）结句。

（4）此句复以 while 与上句相连。hard by（在近旁）in a nook（处凹角）at a bend of the road（路拐处）stands a kiosque（矗立着一个凉亭），在一连串的介词短语排列以形成寻找的曲折艰难感之后方见此亭。英文以 kiosque 代 arbour，乃西人同义词多在脑际浮现以便于把捉实物之故。commonly spoken of as（人称）较之直译"那是"（that is）要传神些。"临于泉上"因与上句结束时的酿泉紧接，故而用包孕法略示之，不再译出，而"有亭翼然"（standing like a perching bird）没有译出，其形象性是有所损失的。

（5）"作亭者谁？"和"名之者谁？"两个问句，译者认为没必要，故而略去，而是以英文的陈述句将二者分别示出，又使其间联系加强。"山之僧智仙也"译为 a Buddhist priest 不如 a Buddhist monk 好，因 priest 有基督教（传）教士之嫌。"智仙"为人名，意译为 Deathless Wisdom（不死的智者），不如 Wise Immortal 贴近中文。接着以两个定语既交代了居于山中，又说明了从太守（the Governor）得名的原委，可见，这样处理并非全无道理。再从以上几句译文惯用长句致使行文沉稳来看，译文的书卷气和古语味应是有意为之。

（6）接下来，译者便可以依原文用笔从容叙述太守了。其实若以 prefecture 译州郡，则可以 prefect 译太守，不过译者仅用 the latter（后者）代之。这几句的用词也很讲究，如 hither（here）的古语、well stricken in years（being the eldest）更具文学性，其他如 the sobriquet（诨号）的直取、be incapacitated by a few cups（不胜酒力）的文雅，均可看出译者所追求的古雅的译风。

（7）"醉翁之意不在酒，在乎山水之间也。"乃是此篇点题的名句，必须花大力气译出哲理味来。译文用了强调句型，但将山水之间虚设的意境实写为此处。"But it was not wine that attached him to this spot" 使整个句子成为叙述式的交代，哲理味便体现不出来。其部分原因是把重点移到下句："It was the charming scenery, which wine enabled him to enjoy." 以之结句，韵味尽出，但不求"山水"二字的直译。

限于篇幅，本部分仅分析上述几个层面。

第四节 中国古代小说文化的翻译

一、古代小说分析

在学术界有三种方法用来界定中国古代小说,首先是应用传统目录学来界定,这种判断标准下,笔记、杂录被收录在中国古代小说的概念之内,但虚构性文言小说并不被纳入其中;其次是借鉴西方判断小说的方法,但弊端是,唐传奇之前的作品被排除在外,如《世说新语》;最后一种,采用宽厚严为的方式,较为合理地评判古今的作品,以调和为主,以《中国古代小说百科全书》为例,笔者的本次研究即采用这种方法。用这种方法为中国古代小说下个定义:中国古代小说文备众体[1],起源于神话传说、寓言故事和史传[2],止于清末,是散文形式的叙事性虚构作品。

古代小说的语言具有如下特点。

第一,形象与象征。小说的语言往往通过象征等手法,将情感、观点等形象地表现出来,而不是简单地直接叙述。也就是说,小说的语言往往会用形象的表达对人物、事件等进行描述,使读者产生身临其境之感,从而获得与小说中人物一样的感悟与体会。小说对人物、事件等展开具体的描述,其语言也使用具象语言代替抽象语言,这样才能感染读者。小说中经常使用象征的手法,但象征并不是绝对代表某一观点、某一思想,而是用暗示的方式将读者的想象激发出来,其是用有限的语言表达言外之意。可见,用象形的语言表达暗示之意,极大地增强了小说语言的艺术性与文学性,这也凸显了小说的一大特色。

第二,讽刺与幽默。讽刺即字面意义与隐含意义之间呈现对立,有时候,善意的讽刺往往能够产生幽默的效果。讽刺对语篇的伦理道德等有教育强化的意义。幽默对增强语篇的趣味性意义巨大,虽然讽刺与幽默的功能差异比较大,但是将二者相结合,能够获得更大的效果。讽刺与幽默的效果往往需要通过语调、语气、句法等手段来彰显。

---

[1] 方正耀.中国古代小说的文备众体[J].中州学刊,1989(1):83-86.
[2] 袁行霈.中国文学史[M].北京:高等教育出版社,2005.

二、中国古代小说文化的翻译方法

(一)古代小说文化的翻译技巧

1.人物性格以及人名的翻译

小说特别重视对人物进行刻画。因此,译者在翻译时,需要注意选词,找到恰当的表达手段,让读者通过读译作,形成与原作读者相同的人物印象。另外,姓名不仅仅是单纯的语言符号,更富有文化内涵以及社会意义。因此,译者应该考虑如何将日常交际中人物姓名的翻译规范化,以便达到使文学作品中的人名翻译能够最大限度地传达作者的想法,同时保持原作风格的效果。

《红楼梦》是中国文化的瑰宝,其中的人名更是极具中国传统文化特色,涉及小说人物多达四百余人,被誉为中国古典小说史上描写人物的典范作品。曹雪芹这位语言大师,十分灵活地利用了汉语在音、形、意等方面的特点,赋予了《红楼梦》中的人物一个个独特的名字。但是,正是这份独特的命名艺术,常常给读者带来理解方面的困难,只有结合作者所处的时代背景以及每个人物的性格特征和命运,才能领略这些名字的独到之处。正因如此,这更为小说的翻译带来了巨大的障碍。下面主要通过对比分析霍克斯译本和杨宪益译本在《红楼梦》中人物姓名的英译,进一步分析和比较不同翻译手法所体现出的人名翻译特色,从而得出在翻译富有汉语言文化特色的文学作品中的人名时,不同译者所采取的方法与技巧,并帮助大家进一步客观地认识人名翻译行为,从中发现和总结出更多的人名翻译策略,通过对比分析不同人名翻译策略的运用,推动更多优秀译本的出现。

"《红楼梦》本身是一座中华语言文化的宝库,其众多的外文译本亦是翻译研究取之不尽的资源。"[1] 这里主要讨论《红楼梦》中人名的翻译。到目前为止,关于《红楼梦》的英译,有两个比较完整的版本:一个是杨宪益夫妇译本,他们主要对人名采用了音译的办法;另一个则是霍克斯译本,他对主角名字采用音译而次要人物意译的办法。

---

[1] 冯全功.新世纪《红楼》译学的发展现状及未来展望——基于国内学术期刊的数据分析(2000—2010)[J].红楼梦学刊,2011(4): 135-154.

表6-1　杨宪益夫妇和霍克斯关于《红楼梦》人名英译示例

Classification	Chinese name	Yang version	Hawkes version
Main Characters	Jia Zheng	Chia Cheng	Jia Zheng
	Jia yucun	Chia Yu-tsun	Jia yucun
	Jia Baoyu	Chia Pao-yu	Jia Baoyu
	Lin Daiyu	Lin Tai-yu	Lin Daiyu
	Xue Baochai	Hsüeh Pao-chai	Xue Baochai
	Yuanchun	Yuan-chun	Yuanchun
	Yingchun	Ying-chun	Yingchun
	Tanchun	Tan-chun	Tanchun
	Xichun	His-chun	Xichun
	Jinchuan	Chin Chuan	Golden
	Yuchuan	Yu Chuan	Silver
	Xiren	His-jen	Aroma
	Kongkongdaoren	The Reverend Void	Vanitas
	Mangmangdashi	Buddhist of Infinite Space	Buddhist mahasattva Impervioso
	Miaomiaozhenren	Taoist of Boundless Time	Taoist illuminate Mysteroso
Other names	Qiguan	Servants' Names	Bijou
	Baoguan	Pao Kuan	Tresor
	Fangguan	Fang Kuan	Parfemee
	Lingguan	Immortal Names	Charmante
	Wenguan	Wen Kuan	Elegante

根据表6-1不难发现两个版本的异同，很明显有两个相似之处：杨宪益夫妇和霍克斯都采用音译来翻译小说中的主角名字，而针对神仙的名字两版本均采用了意译的方法。

采用音译的方法来翻译主角姓名大有益处。无论采用霍克斯倾向的中文拼音系统还是杨宪益夫妇偏爱的韦氏拼音系统进行音译，都可以暗示汉语名字中的重复字以及发音，这可以帮助读者理解汉字名称文化。而且，由于有些名字是成组出现的，因此音译更可以暗示人物关系。例如，贾家的四姐妹，他们名字的结尾都带有"春"字，表明她们姐妹关系。这些主角名字的音译可以帮助英语读者清楚地了解他们之间的关系。

而针对神仙的名字,杨宪益夫妇和霍克斯不约而同地选择了意译的方法。僧侣、神仙这种具有中国文化特色的人物身份是外国读者比较罕见的,因此采用意译的方法不仅可以为整个故事营造一种神秘的氛围,也能够比直译或者音译更易于读者理解。例如,仙女、和尚等这些不为大众熟知的角色,只会出现在特定的时代,但是这些人物的名字以及其本身又在后面的故事情节中起到了重要作用,因此这些名字的翻译不容忽视。意译可以使他们身份易于区分,并表达其名字的隐藏含义。因此,两位译者多选择具有神秘含义的单词,如"虚无""无限""无国界""伟大的圣人"等这些带有强烈神秘感的词语。

而通过表 6-1 也可以明显看出两个版本有很大的翻译差异。杨宪益夫妇主要使用韦德－吉尔斯(Wade-Giles)系统来命名大多数人物,即主要采用意译的方法,尤其针对其中隐藏有特殊含义的人物名字,通常在其中添加脚注以进行解释。但是,霍克斯倾向于音译,并使用汉语拼音系统作为主要翻译基础。

另外,虽然杨宪益夫妇和霍克斯在翻译神仙和僧侣的宗教名字时都使用了意译翻译,但是对于具有特征的名字,他们选择了不同的词。杨宪益夫妇偏爱使用英语单词,但霍克斯充分利用了多国语言,如英语、希腊语、法语、梵语、拉丁语和意大利语。杨宪益夫妇通常使用那些与中文名称具有相似含义,并且在翻译其名称时具有很强的神秘感的英语单词,如牧师空虚、热情的和尚、无限空间的佛教徒、无限时的道家等。这些单词的身份可以通过英译清楚地显示出来,这是因为杨宪益夫妇选择了不朽和尚的名字作为词汇。这样这些名称就可以营造一种神秘的气氛,并且很适合这个故事。尽管这些角色看起来很常见,但它们在整部小说中仍然占有重要的位置,因此霍克斯更加关注这些名称,并使用多语言对其进行翻译。

杨宪益夫妇在翻译仆人的名字时主要采用音译,从而可以向外国读者介绍中文姓名文化,但由于大多数仆人的名字在小说中都有隐含的含义和特殊功能,因此音译往往不能够将这些全部表达。相反,霍克斯采用意译来翻译仆人的名字的时候,由于考虑到仆人地位低下的现实因素,霍克斯偏爱用植物、石头等词汇来意译仆人的名字。

2. 语境的翻译

语境就是语言环境,指的是用语言展开交际的场合。小说语境的翻译要比语义的翻译更加困难。译者在翻译时,应该注意分析原作的总体语境与个别语境,运用恰当的表达手段,对原作语境进行准确的传达。

(二)中国古代小说翻译译介模式构建探究

1. 中国古代小说对外传播的现状

中国第一部译成英语并出版为单行本的中文小说是 1761 年由英国伦敦多德斯利公司出版的《好逑传》。中国小说真正开始稍具规模的英译是在 19 世纪末,当时一批学习过西方文化的有识之士将中国小说翻译成外文,以此加强外界对中国的理解。20 世纪 50 年代,由于中国文学"走出去"的需要以及政府的支持和干预,中国小说的译介数量开始激增,20 世纪 80 年代迎来了出版高潮。中国小说在百年间的英译数量呈现不断增长趋势,小说种类和出版形式也变得越来越丰富。目前,中国小说在英语世界的传播存在如下特点。

第一,对古典小说的英译更为重视。以《红楼梦》为例,在 1830 年就有了第一个英文译本,此后的半个世纪共出了 4 个版本的译本。20 世纪后,又陆续出了好几种英译本。当然,这些译本有摘译、节译、全译等不同的区分。此外,国内对于英译书目的编纂也较为完备。1988 年,上海学林出版社推出了《中国古典小说戏曲名著在国外》一书,对于中国古典小说戏曲名著的翻译情况以及相关作品的研究性论著都有详尽介绍。

第二,中国现当代小说在英语世界传播得还不够广。民国时期,中国现当代小说创作才刚刚起步。本身作品数量不是很多,因此英译规模也较小。新时期以来,文学创作进入繁荣时期,小说数量明显增多,再加上政府机构外文出版社的大力支持,小说英译数量明显增多,但与古典小说相比,还是存在一定的差距。

第三,以本土译者翻译为主。长期以来,我国主要采取的翻译模式是官方翻译,但这些官方翻译的小说不仅在数量上有限,而且在质量上也参差不齐,这在一定程度上抑制了现当代小说在英语世界的传播。

2. 中国古代小说翻译译介模式的构建途径

(1)译介主体

中国古代小说的译介除了采取官方学术机构和本土译者翻译外,还应当采取中外合作的译介模式,因为国外汉学家能够与中国译者优势互补,将更多的小说精品传播到国外去。

（2）译介内容

将中国古代小说译介到国外,应当考虑西方国家的文化背景和政治意识形态等因素,尽量避免翻译与译入语意识形态诗学正面冲突的小说。

（3）译介途径

中国小说"走出去"的译介途径除了国内的官方宣传和出版机构的支持外,还应当加强同国外出版机构的联系与合作。此外,还可以将优秀的小说拍成影视剧或利用国内外杂志媒体进行宣传等。总之,译介途径不能单一,要努力寻找多渠道的译介途径模式。

（4）译介受众

中国古代小说在进行英译时,一定要考虑英语世界的阅读受众,因为一部作品译得出色与否,很大程度上取决于读者的反应与态度。中国古代小说"走出去"要以受众为中心,既要考虑高校的专业读者,也要考虑一般的普通读者。所译的小说要符合西方读者的审美意识,让人在阅读过程中找到共鸣感。

（5）译介效果

古代小说的译介效果是建立在译介主体、内容、途径和受众的基础上的,只有科学地制订译介主体、译介内容、译介途径和译介受众模式,把握传播规律,才能取得好的译介效果。

总体来说,中国古代小说要想"走出去",实现对外广泛传播,就要意识到目前所处的困境,并通过积极构建译介模式的方式,使古代小说外译得到良好的发展。

三、中国古代小说翻译实践以曹雪芹的《红楼梦》为例

下面节选曹雪芹的《红楼梦》来分析。

红楼梦（节选）

曹雪芹

甄士隐梦幻识通灵 贾雨村风尘怀闺秀

石头听了，喜不能禁，乃问："不知赐了弟子那几件奇处，又不知携了弟子到何地方？望乞明示，使弟子不惑。"那僧笑道："你且莫问，日后自然明白的。"说着，便袖了这石，同那道人飘然而去，竟不知投奔何方何舍。

后来，又不知过了几世几劫甲，因有个空空道人访道求仙，忽从这大荒山无稽崖青埂峰下经过，忽见一大块石上字迹分明，编述历历。空空道人乃从头一看，原来就是无材补天，幻形入世，蒙茫茫大士，渺渺真人携入红尘，历尽离合悲欢炎凉世态的一段故事。后面又有一首偈云：
无材可去补苍天，枉入红尘若许年。
此系身前身后事，倩谁记去作奇传？
……

The Story of the Stone (excerpts)

by Cao Xueqin

Zhen Shi-yin makes the Stone's acquaintance in a dream
And Jia Yu-cun finds that poverty is not incompatible with romantic feelings

The stone was delighted.

"What words will you cut? Where is this place you will take me to? I beg to be enlightened."

"Do not ask," replied the monk with a laugh. "You will know soon enough when the time comes."

And with that he slipped the stone into his sleeve and set off at a great pace with the Taoist. But where they both went to I have no idea.

Countless aeons went by and a certain Taoist called Vanitas in quest of the secret of immortality chanced to be passing below that same Green sickness Peak in the Incredible Crags of the Great Fable Mountains when he caught sight of a large stone standing there, on which the characters of a long inscription were clearly discernible.

Vanitas read the inscription through from beginning to end and learned that this was a once lifeless stone block which had been found unworthy to repair the sky, but which had magically transformed its shape and been taken down by the Buddhist mahasattva Impervioso and the Taoist illuminate Mysterioso into the world of mortals, where it had lived out the life of a man before finally attaining Nirvana and returning to the other shore. The inscription named the country where it had been born, and went into considerable detail about its domestic life, youthful amours, and even the verses, mottoes and riddles it had written, All it lacked was the authentication of a dynasty and date. On the back of the stone was inscribed the following quatrain:

Found unfit to repair the azure sky,
Long years a foolish mortal man was I.
My life in both worlds on this stone is writ,
Pray who will copy out and publish it?
...

【赏析】

（1）上述记述一僧一道在峰下的交谈。此处有较大删节。本来是通灵的石头思凡，要到人间享受一番，于是央求两人携带它去，译文却空一大段文字，直接由僧人从袖中拿出宝石（此前已缩小的玉坠），刻字其上，然后再答应携带它而去。这样一来，译文虽然在情节上勉强可通，但仔细想来，还是不够顺畅，至少于文本和情理上有些损失。另外，在文字的处理上，译文借助英语字母印刷的方便，把那"昌明隆盛之邦，诗礼簪缨之族，花柳繁华地，温柔富贵乡"译为10个英语单词，每行排列一词突现出来，煞是醒目，也算是一种超文本的补偿翻译吧。至此，译文空出一行作为分界，显示出较原文连续排列更好的视觉效果。

（2）接下来的段落，描写空空道人（a certain Taoist called Vanitas）经过此地，读石上文字，知是昔日茫茫大士（the Buddhist mahasatva Impervioso）、渺渺真人（the Taoist illuminate Mysterioso）携此宝石幻形入世的一段故事，不仅人物名称的翻译全用意译，而且叙述的文字也注意到宗教色彩。例如，where it had lived out the life of a man before finally attaining Nirvana and returning to the other shore（幻形入世，渡到彼岸，抵达涅槃）这句在章法上，译文将原文的一段偈颂移到此节最后，这样不仅突出了偈颂，而且使叙述文字更加连贯。应当说，这种注重连贯性的换位译法，是十分可取的。这样在偈颂之后的叙述语言里，就增加了下面的句子："空空道人读了这些偈文，知道这石头着实有些来头，遂这样对他说道"。

（3）关于这段偈的翻译也很有趣。前两行的连接，英文增加了"发现"（found）一词，遂将客观的记述转化为主观的感受，同时暗含自我认识中的因果关系。而"愚蠢终将一死的人"（a foolish mortal man）则大大地深化了"枉入红尘"的存在论根据。"身前身后事"（my life in both worlds），既有明白的一面，也有不明白的一面，而"作奇传"译为 copy out and publish it（抄下来发表之）显然是直白与俗气了一些。不过，英文的 pray 一词倒是给译文增加了一些古雅的味道。

第七章

中国视听艺术的翻译理论与实践

自先秦时候起,古人就对天地万物及其运行规律展开分析和思考。古人探索出的成果通过丰富的艺术形式存在于人们生产生活的方方面面,如前面我们提到的建筑、文学、服饰等,本章作为最后一章,对中国视听艺术形式展开分析,涉及古典戏曲、传统音乐以及中国电影文化,进而探究具体的翻译技巧,以更好地让中国戏曲、音乐与影视作品"走出去"。

第一节　中国古典戏剧文化的翻译

一、古典戏剧分析

（一）戏剧与戏曲

戏剧有广义与狭义的区别。广义的戏剧是指运用语言、动作、舞蹈、音乐、木偶等多种要素来讲述故事、表达情感的舞台表演艺术的总和。它包括多种艺术形式。狭义上的戏剧具体指话剧，它发端于古希腊的悲剧和喜剧，是在欧洲各国发展起来，之后在世界范围内广泛普及的舞台演出。它与中国的戏曲具有明显的区别。

作为人类文化不可或缺的一部分，戏剧在产生之初与其他艺术形式有着密切的联系，但是在逐步发展的过程中逐渐割裂开来。例如，戏剧最初与舞蹈有着深厚的血缘关系，但在东西方的发展过程中，歌舞元素最终被弱化了，而代之以较强的戏剧性元素。关于戏剧的本质，有许多种说法，不管哪种说法，都是人们对于戏剧自身规律性的认识。随着人们认识的深化与发展，戏剧的本质分析在未来或许仍将有新的观点。

从广义角度来说，戏曲是戏剧的重要组成部分，是中国传统的戏剧形式。戏曲在漫长的历史发展过程中，形成了完整的舞台表演体系。它的艺术特性主要表现在几个方面。

（1）程序性。戏曲是按照特定的程序规则进行表演。根据戏剧舞台的要求，与生活相关的语言和行为进化为做、打、念、唱等，并在音乐的伴奏下形成结构化、标准化的表演。可以说，戏曲是将生活中的艺术浓缩加工而成的艺术形式。虽然程序化的语言与动作体现了戏曲艺术对生活场景的升华，但它同样在一定程度上阻碍了创新，这是今后需要改善和探讨的课题。

（2）虚拟性。戏曲表演是根据日常生活中的一系列动作而进行的。现实是虚拟性的根源，虚拟性是将现实的行为、语言、场景抽象化，或者是通过使用简单的小道具来进行程序性的表演。戏曲的虚拟性主要体现在四个部分：一是空间的虚拟性，如爬山、过河、下楼梯；二是时间的延长或压缩;三是对简单场景和自然场景的环境方面的虚拟;四是对生活场景的虚拟。艺术家通过戏曲的虚拟性,在有限的舞台空间中创造出无限的表演空间,灵活地表现各种登场人物的生活和环境。

(3)戏剧性。戏曲艺术从单纯的情节发展到完整的脚本,从单纯的宫廷职业发展到对各种角色的诠释,所有这些都是改编的过程,也是戏曲逐渐变得戏剧化的重要表现。戏曲的戏剧性主要表现为空间戏剧性和时间戏剧性,前者主要是指情节的抒情性、滑稽性和悲喜性,后者主要是指时间的长度。因此,在舞台上演奏时,戏曲音乐不仅要适合故事本身的情节,还要注意戏剧矛盾和其他艺术性质的结合。

(4)综合性。戏曲艺术是一种包含有多种艺术元素的综合性艺术形式。除常规的音乐、文学、舞蹈、美术外,它还包括了武术、杂技等。这些艺术元素在同一个表达需要的前提下,彼此之间相互联系,共同发挥作用,创造出了戏曲艺术的丰富性与绚丽性。当然,它们虽然有共同的表现目的,但在具体的表现上,侧重点则是不一样的,如戏曲音乐中唱腔与念白主要偏重于交代故事情节,加强人物塑造,而武术、杂技等做、打则侧重于营造舞台的独特魅力。

(5)民间性与专业性。戏曲的民间性主要表现在戏曲来源于民间,它自产生之始就与民间密不可分,不仅剧本与音乐创作取材于民间歌曲、民间说唱艺术、民间历史人物,其创作出来的作品也是以民间群众为对象的。因此,戏曲具有丰富的民族特色和深厚的群众基础。与民间性截然相反的是,它的表演却呈现出专业性的特点。它的表演者——戏曲演员主要是专业的演员,在表演之前也经过了专业的训练,由此才能够将戏曲艺术活灵活现地展现给观众欣赏。

(二)古典戏曲的发展历程

1. 戏曲艺术的萌芽期

民间歌舞作为戏曲艺术的形成源头之一,其历史可以追溯到原始社会时期。当时的歌舞作为歌唱的辅助工具,大多是伴随着歌唱来表演的,其内容主要是将人们的爱情生活、图腾崇拜和狩猎生活集中体现出来。原始先民通过狂热的歌舞,表现他们朴素、温暖的感情和放松、幸福、满足的心情,充分发挥了舞蹈使人快乐的功能。韶舞和武舞产生于殷商时期至西周时期,其主要功能是颂扬文治武功,这类舞蹈属于宫廷歌舞范畴,等级限制严格。但后来诸侯并起,打破了阶级的局限,开始逾制表演歌舞。其歌舞规模有时候甚至比天子的歌舞场面还要大。这说明当时的文化艺术形式得到了迅速的发展与进步。

西周末年,出现了滑稽戏表演。滑稽戏艺术的最早创造者和来源便是优人。优人是对当时职业艺人的代称。优人对于人民的疾苦和生活非常关注,利用高超的语言技巧和准确生动的语言将劳动人民的情感、疾苦生活或者幸福生活充分表现出来,具备浪漫主义的特征。戏曲便是在应用、继承和发展这种表演艺术的基础上产生的。

秦汉时期中国实现了大一统,社会整体趋于相对稳定的状态,中原文化占据主要地位,周边民族的乐舞屈居末流。汉朝时期经过先秦的快速发展,我国古代的经济得到了突飞猛进的发展,尤其是西汉初期产生的文景之治,使得手工业和商业迅速恢复和发展,一时之间,许多繁华的大城市涌现出来。与此同时,音乐艺术取得了长足的进步,秦汉时期是中国音乐文化发展史上的第一个高峰。随后,乐府这一机构便被汉武帝设立起来。乐府的主要任务是收集和整理各种民间音乐或根据宫廷需要创作新音乐。乐府是中国历史上第一个大型音乐管理机构。可以看出,这一时期的音乐更加系统化、功能化和制度化。当然,汉代乐府的建立极大地促进了民间乐舞的保存、专业音乐的发展和民族歌舞的发展。

张骞对丝绸之路进行开发之后,汉族和西域各民族展开了经济、文化等方面的交流,也为民间艺术的融合提供了契机,使各种民间艺术大放异彩。百戏,在汉代包括各种技艺和歌舞,在民间各地广为流传,又称为"散乐",与宫廷的"雅乐"对称。汉代百戏对中国戏曲艺术的诞生起到了重要的作用。由于许多技艺在同一场所演出,各种技艺、歌舞长期交流、融合,从而孕育出了中国戏曲集唱、念、做、打于一身的综合性的特质。

汉武帝时期,民间还流行角抵戏。角抵戏是秦汉时特别流行的一种表演方式,它发源于一种格斗竞技类的活动,双方戴牛角进行互抵对抗,后加入了一些情节和动作,使其演变成了歌舞表演。在《史记·乐书》《述异记》中,都有对角抵戏的记载,而东汉张衡的《西京赋》不仅分门别类地记载了"角抵戏"中的多种技艺,还生动地记述了当时歌舞表演的热闹场面。在这部书中,我们还可以看到一出名为《东海黄公》的角抵戏。《东海黄公》讲的是一个擅长法术的人,他名叫黄公,能腾云驾雾,还能轻松制服老虎,但后来因为年迈力衰、放纵饮酒,致使法术失灵,最后被老虎吃掉了。这出戏主要展现的是人和老虎搏斗的场面,故事情节较为完整,还加入了很多想象的内容,表演者也有了特定的服装和化妆。表演动作上也有所突破,不再是简单的摔跤动作,而是借助舞蹈来表现人物形象,戏剧性更加明显。《东海黄公》这部戏剧说明角抵戏已经从根本上发生了变化，成为真正的戏剧。从《东海黄公》中我们可以看出，该歌舞已初具戏曲的某些形态了，首先，有完整的故事情节；其次，角色相对独立，有唱有表演；最后，有明显的戏剧冲突体现。相较于前代的歌舞而言，它更加具有实质性的突破。从此以后，广义的戏剧就成了以展现人物和表现故事情节为主的新的艺术形式。

在经历了汉朝400多年的统一局面后，中国进入了战乱和分裂最多的一个阶段，即魏晋南北朝时期。当时的社会民不聊生，百姓流离失所，虽有各项发明和技术的进步，但也于事无补，不能从根本上解决这些问题，倒是动荡不安的局面使得各民族之间的文化有了相互交流的契机。魏晋时期民间艺术发展缓慢，基本上继承了歌舞百戏的传统。小戏就是在这样的境况下诞生的，它属于百戏（散乐）中的一种，兼具歌舞表演，与当时的滑稽戏各占戏曲表演的半壁江山。除二者之外的其余民间乐舞活动，融汇了先前朝代中百戏、杂耍的演出风格，再加上其他领域都将这一表演形式作为传播的途径，因此百戏在此时风靡一时。这一时期比较著名的剧目有《拨头》《踏谣娘》和《大面》，其中的角色、用到的表演手段等更加贴近现实生活，因此流传较为广泛。可以说，中国戏曲已初具模型，是历史推动下的一次大进步。

2. 戏曲艺术的形成期

唐代是中国封建社会的鼎盛时期，中外文化交流空前，由于政权稳定，中国各民族关系进一步加强，文化进一步融合。在这样的背景下，戏曲的发展也兼容了胡、汉等民族的艺术元素。虽然新作不多，但其中"参军戏"一类的剧目则标志着中国戏曲的形成。它在早期滑稽戏的基础上做了一些改编，是开元时期较为流行的新型戏曲。

唐代戏剧是对汉代表演艺术的继承和发扬，不仅有故事情节和人物，还增加了演唱、舞蹈，同时还有伴奏和帮腔。此外，在服装、化妆和舞台布景方面也取得了很大的进步。这个时期虽然没有剧本保存下来，但并不能认为当时就没有戏剧。因为戏剧艺术的中心是由演员的歌唱、舞蹈、动作、说白等表演手段体现出来的。

3. 戏曲艺术的发展期

两宋以来，中国的歌舞文化在时代变迁中不断发展，出现了引领时代的艺术成果,艺术重心由宫廷乐舞转向民间歌舞。此时,国家中部相对稳定,经济得到发展,工商业繁荣,城市随之而兴,形成了市民阶层。与之相适应的市民阶层文化也应运而生,如说唱等民间表演艺术迅速发展,为后期戏曲的产生提供了社会条件。当时的戏剧中心有两个:北方以燕京为代表,南方以临安为代表。

南戏也叫"戏文",形成于北宋末期,主要流行于浙江和福建一带,后来流传到南宋首都临安。南戏作为一种综合性较强的戏曲表演形式,融舞蹈、科介、演唱和念白于一体,吸取了多种演唱艺术的形式和风格,如民间小戏中包含的白、歌和舞,民间傀儡戏中包含的滑稽舞蹈,宫廷乐舞中包含的舞蹈和歌唱,滑稽表演中包含的筋斗、念诵和科诨,还有说唱和民歌。

4. 戏曲艺术的成熟期

到了元代,由于汉民族遭受异族的统治,汉族文人不仅在官场上不被重用,甚至在市井中的地位都要低于娼妓和乞丐。可想而知,汉族歌舞在当时的发展也是步履维艰。元代作为少数民族统治的朝代,必然带来全新的歌舞风貌。此消彼长的关系,使不得志的汉人将大量的时间和才学投入到文学创作当中,元杂剧就是这样诞生的。它的出现是中国戏曲艺术史上最为辉煌的时候,也标志着中国戏曲艺术的完整和成熟。

元杂剧作为一种艺术,和宋词、唐诗一样,是一个朝代文化的代表,许多杰出的文人墨客在元杂剧方面留下了优秀的作品,甚至取得了卓有成就。元杂剧中最出名的作品和故事主要是一些郁郁不得志的书籍,撰写这些书籍的作家来自社会的不同阶层,除了专门撰写元杂剧的专业作家,创作主体还包括官吏、艺人、卜医者。元杂剧的专业作家由于在个人经历、文化修养和出身上存在很大的差别,最后形成的作品也有不同的风格,从不同的社会层面和角度将那一时期的社会风貌、思想意识、情感呈现出来。这恰恰说明元杂剧的作品具有人民性的特征,呈现出积极向上的色彩。

杂剧音乐在形成的过程中,借鉴和吸收了多种风格的民族音乐,特别是唐宋以来的传统民族音乐、说唱音乐和唐宋大曲、调笑转踏都是元杂剧丰富曲调形成的重要素材。因为这些曲牌可以相互借鉴和吸收,所以在多种音乐形式中都可以利用同一支曲牌。原先的曲牌会因为演变和流传产生改变,这也使得曲牌数量不断增加。

元杂剧在角色体制方面比南戏更完善,增加了很多种不同的角色,角色分工进一步细化,角色体制方面基本形成,有了正旦和正末。在舞蹈和武打表演上,元杂剧也创造了很多动作,而且还出现了表现集体战斗场面的"调阵子",许多民间杂技、武术的动作也被吸收进来。

元杂剧的舞台美术达到了一个新的境界,脸谱艺术有了很大的发展,已经出现了红面、黑面、白面、五彩脸等很多种脸谱,在塑造角色时还经常使用面具。元杂剧舞台上的服装已经不再是生活服装,而是经过了艺术加工的演出服装。元杂剧的舞台装置与道具也与今天的戏曲演出更为接近。舞台正中有一块幕幔作为背景,类似于今天的"守旧",起到了净化舞台,隔开前台与后台的作用,舞台两端是演员出入的上场门和下场门。元杂剧舞台上的道具和装置虽然很简单,但它依然沿袭了中国戏曲虚拟写意的表演特征,透过它我们已经可以比较清晰地看出后世戏曲舞台的影子。

5. 戏曲艺术的繁荣期

明清两代由于资本主义萌芽的产生,俗文化获得了较大的发展,说唱、歌舞、器乐、民歌等艺术成为文化的主流,音乐艺术的民间化、世俗化特征愈加凸显。文人在民间音乐的发展中贡献了极大的力量,宫廷礼乐文化显得相对僵硬死板。在这样的大环境下,百姓的情感生活和审美情趣也随之发生了变化。他们更偏爱"俗乐",于是说唱、歌舞和戏曲艺术开始流行起来,并且以极快的速度向各地区蔓延。它们在发展的过程中不仅相互融合,还不断吸收各地区民间小调中的音乐元素,因此诞生了许多新的说唱曲种和戏曲剧种。

经过不同时期的发展和完善,中国戏剧在明代逐渐完善。元末南戏的风头盖过了衰落的北杂剧,因此在进入明朝时,从南戏延伸出了一种新的戏曲形式——传奇,曾一度成为明清时期最主要的表演形式。明代传奇以其华美精致的特点受到人们的喜爱。在编剧和表演技巧方面,传奇都有了显著的进步。传奇的结构较自由,内容主要是民间流传的古怪传说,篇幅相对杂剧要长出许多,因此演出数也相应地不受限制。调式方面不局限于同一宫调,唱腔上形成"弋阳腔""余姚腔""海盐腔""昆山腔"四大声腔并行流传的格局。

戏曲创作发展到这一时期,逐渐形成了三个具有显著风格的流派,分别是以梁伯龙为主的昆山派、以沈璟为主的吴江派、以汤显祖为主的临川派。其中,昆山派的特色在于优美的辞藻和典雅的曲词。吴江派更加强调声调合律和文字词语的本色,简而言之便是文字的质朴性,沈璟在后期编写的作品中使用了淳朴的文字和朗朗上口的韵律。汤显祖作为临川派的重要代表,他认为戏剧创作要以内容作为出发点,利用文字将才华和情感抒发出来,对于道学作风提倡的虚伪和格律观念持反对意见。阮大铖、吴炳和孟称舜都属于临川派的代表。

明代戏曲从前代各种表演艺术中汲取养分,加之民间艺人和爱好戏曲的文人的努力和探索,它不断走向繁荣,在唱、念、做、打以及舞台布景方面不断完善,拥有了更加丰富和成熟的写意手法,能够采用多种虚拟的方式表现舞台场景,推动了中国戏曲艺术表演体系的形成。自清朝以来,士大夫们十分喜爱和认可昆腔,当时昆腔主要在南方的苏州和杭州地区、都城北京一带流传,一时之间,昆腔被认为是"雅部正音",民间戏班和家班的演出非常频繁,备受欢迎。后来越来越多的家班加入民间戏班市场,职业演员之间的演出非常激烈,这也推动了昆腔的良性发展,拉近了它与老百姓之间的距离。明末清初是昆腔传奇发展的顶峰时期,涌现出一大批优秀作品,在宋元南戏和元代杂剧之后,掀起了戏剧创作的高潮。

清朝初期,雅部昆曲和花部剧种之间展开了激烈的竞争,与此同时,京剧应运而生,此时各种声腔艺术达到了高度的融合。京剧的诞生和形成大约在公元1790—1840年间,总体上分为三个阶段:徽班进京、徽汉合流、代表人物的出现与剧种的确立。公元1790年,三庆、四喜、和春、春台四大徽班从安徽来到京城,逐渐发展成一支庞大的花部剧种。在声腔方面,徽班兼容并包,最初有昆曲、二黄等不同的声腔,后来以西皮和二黄为主,在剧目和表演方法上也融合了多种艺术形式,满足了观众不同的审美需求,成为京城剧坛的主流。

二、中国古典戏剧的翻译方法

在我国古代,涌现了大量文史经典著作,灿若繁星的典籍作品是我国古代文人墨客智慧和心血的结晶,这些作品放在现代来看,仍然具有极强的文学性和艺术性。近年来,国学典籍的英译事业发展愈发顺利,作为国学典籍分支之一的戏剧典籍在这样的背景下,却未能得到足够的重视。戏剧这种文学样式相比于诗词而言,更加能反映世情,篇幅更长,包含的内容也更加丰富,其中《长生殿》《西厢记》《琵琶行》《牡丹亭》《桃花扇》并称为我国古代戏曲史上的五大名剧。这些戏剧典籍既有古诗词的文采雅致,又能作为古代寻常百姓喜闻乐见的娱乐方式,若能对它们进行适当的翻译,将其传播到更广阔的事业,我国古代的戏剧典籍势必能够发挥更大的光和热。一般来说，戏剧典籍的英译需要遵循以下过程。

首先，译者需要对戏剧典籍的内容做到深刻理解。比如，在对戏剧典籍《牡丹亭》进行翻译时，并不仅仅要翻译出杜丽娘与柳梦梅之间生死相依、可歌可泣的爱情故事，更重要的是要翻译出这部作品作者想要表达的主旨——那种对自由爱情的向往，以及真情至上跨越生死的信念。昆曲《牡丹亭》的女主人公杜丽娘本是江南女子、名门闺秀，为何能够在梦中一见柳梦梅后就敢于冲破封建礼教桎梏相许终身？这些与时代背景、社会背景有关的内容都需要译者有透彻深刻的理解。

其次，需要考虑语言之间的差异，做到中文与英文、文言文与现代文字之间语义的转化和填补。《牡丹亭》当中除了介绍性的文字，就是一个个曲牌名串起了整个故事，中国古代文言文中有大量省略、倒装、互文的使用，这些修辞手法无疑给翻译增加了难度。为了达到"信、达、雅"的翻译标准，译者需要对文言文和现代书面语都有很深的了解，然后才能将翻译成现代书面语的戏剧再度翻译成为英文。在这一过程中还需要注意尽力填补那些中国人比较了解的背景性描述，如《牡丹亭》中的故事发生的历史朝代以及当时的社会文化，这样才能够使外国读者在阅读时较为顺畅。

三、中国古典戏剧文化翻译实践：以昆曲《牡丹亭》的音韵翻译为例

中国古典戏剧是我国民族文化的精粹，规整的曲牌、婉转的曲调、优美的唱词组合在一起形成了我国极具特色的传统戏剧文化，一直以来受到广大人民的热爱。在我国所有戏剧种类中，昆曲又独树一帜，被尊为我国戏曲的活化石。经典昆曲剧目《牡丹亭》创作于明代，它的作者是有"东方的莎士比亚"之称的中国杰出的剧作家汤显祖。《牡丹亭》运用诗意的笔触，生动地描绘了名门闺秀杜丽娘和文质彬彬的书生柳梦梅的生死恋情，讴歌了反对封建礼教束缚、冲破社会阶级藩篱、追求幸福、渴望自由的精神。加之《牡丹亭》文字水平精湛，具有极高的文学价值和美学价值，一直以来都是我国古代戏剧典籍中的精品，从文学艺术角度对其进行的研究也层出不穷。自1939年起，我国开始有译者着手进行戏剧典籍《牡丹亭》的英译工作，目前比较成熟的译本有：1980年汉学家白芝出版的全译本，中国翻译家张光前1994年出版的全译本，我国著名翻译家汪榕培千禧年出版的全译本以及许渊冲父子出版的《牡丹亭》的全译本。

（一）英语与汉语中音韵差异的比照

由于所属语系的不同,英语和汉语的诗歌创作在音律、韵律和声律上有着显著差异。

首先,英语、汉语两种语言从发音方式上来看属于完全不同的两个语音系统,发音有着本质的差别,导致了音律创作模式和节奏划分都不一样。我国古代汉语诗词中的词语都是单音节词,单音节词辅以不同的声调起伏构成平仄变化,基本不会有很长的句子,且一般句末会押韵,对于中国古代诗词来说,字数就是音节词数。英语则不同,英语中每一个词都基本是多音节词,一个多音节词由多个单词构成,英语中诗歌的抑扬顿挫是通过单词词尾轻重音的变化来体现的,因此在翻译我国古代戏剧典籍时,单词的选择又显得更为重要,这和小说翻译有很大不同。

其次,汉语是声调语言,声调变化不仅能起到朗朗上口的作用,还能够代表不同的含义,声调组合变换进而产生韵律,这是汉语语音美感的独特之处。汉语的声调分类也很细,平声仄声之下还有更细致的阴平声、阳平声划分,中国诗歌的创作的定式组合形成了中国古典诗词中的韵律变化。英语则是语调语言,更加重视的是句子整体的语调变化,升调、降调能够表达不同的情感和句子类型,因此英语在以汉语为母语的人听起来会显得"饶舌"。在中国古诗词向英文诗词的翻译过程中,对中国声韵变化所形成的那种语言的张力的转化和翻译,难度极大,要想能够自然地将中国古诗词翻译成英文,就需要对译者的水平提出极高的要求。

此外,英语与汉语一种是字母文字,一种是单字,两种语言在诗歌创作过程中押韵的模式也不同。汉语拼音一般是辅音直接加元音,构成一个完整汉字的读音,因此元音结尾,通常就押尾韵。与之相对,英语单词的发音要复杂得多,既有简单的单元音的单词,还有复杂的辅音元音再加辅音元音的单词,因此英语词语的押韵模式要比汉语押韵组合方式复杂得多。根据学者候维瑞的统计归纳,英语押韵模式共有六大类:押头韵、谐元音押韵、谐辅音押韵、倒末押韵、排韵、末韵;押韵的形式又分为行际押韵和行内押韵,这些复杂的押韵种类和方式构成了中英文诗歌各自独特的音韵美。[1]

---

[1] 王毅.戏剧翻译的复杂性研究及其翻译策略[J].文学教育(下),2018(2):28-29.

（二）《牡丹亭》中音韵的翻译技巧

音韵铿锵是戏剧表演荡气回肠的一个主要原因，富有韵律美和节奏感的韵文让戏剧表演从实际生活中升华出来，为戏剧所需的强烈的感情色彩和激烈的情节冲突提供了有力的支持。因此，在将中国古代戏剧典籍进行翻译时，音韵的翻译难度非常高，如何在翻译以后，仍然保持原来的节奏感和韵律，能够通过节奏和韵律转变来凸显情节变化就显得尤为重要。在中国古典戏剧中，作家还要根据曲子的韵部进行填词工作，音韵在中国戏剧文本中承担着独一无二的作用，那么，究竟在英文翻译过程中，如何保持中国古代戏剧典籍《牡丹亭》中韵律的有效转化呢？笔者通过对以往文献所做的研究，总结了以下两种音韵翻译技巧。[①]

1. 以韵译韵的翻译技巧

在《牡丹亭》现有的多个英译版本当中，以韵译韵是许渊冲版本的显著特点，许渊冲先生对于中国古典诗歌的翻译实践和理论研究都有着很深的造诣。早年他就提出中国古典诗歌翻译需要遵循"意美、音美、形美"三个原则，尤其是音美[②]，在诗歌翻译中，占据了绝对重要的地位。以许渊冲先生对《牡丹亭》第一幕中的《蝶恋花》的翻译为例，原唱词是：忙处抛人闲处住。百计思量，没个为欢处……但是相思莫相负，牡丹亭上三生路。曲牌名《蝶恋花》本身的规定曲牌是六十个字，共十句，采用末尾押韵的形式，押的是拼音中的"u"韵，而且声调为仄声，许渊冲先生在翻译的过程中，为了能够尽力做到音美和形美，将《蝶恋花》唱词翻译为"No longer busy, I live at leisure, Thinking over where I can find pleasure..."许渊冲先生的译文首先从形式上保留了十句的曲牌格式，但是囿于英语和汉语的语音变化的不同，英译版本《蝶恋花》押韵不再是每句的尾韵，而是变成了隔一行押韵或者两行押韵一次，这样的话，英文版本的读起来仍然能够朗朗上口、铿锵和谐、明快悦耳。[③]

[①] 潘智丹，杨俊峰.论中国古典戏剧中定场诗的翻译——以《牡丹亭》为例[J]. 中国翻译，2017，38（6）：86-91.
[②] 谢宁，沈悦.全球化视域下中国戏剧对外传播策略[J].戏剧之家，2017（9）：26，69.
[③] 魏丽珍，周银凤.全球化视域下中国戏剧的对外传播[J].新闻战线，2017（2）：55-56.

2. 以节奏翻译代韵律

采用这种翻译技巧的汉学家白芝翻译《牡丹亭》的过程中,没有刻意追求规律性的每一句或者每隔几句的押韵方式,基本上是自由的翻译,没有像中国古典诗词那样着重末尾押韵。但是,押韵用得不多不代表就忽视了中国古典戏剧中强调的节奏感,戏剧语言的音乐性不仅体现在音韵美上,还体现在节奏变化上,白芝的译本相比于许渊冲,就更加重视通过英语句子整体的声调交错成的抑扬顿挫来塑造每一个曲牌节奏上的跌宕起伏。对于英语而言,单词的重读、句子的音调都是影响文章节奏变化的元素,英文诗中,重读音节和非重读音节的排列变化构成了英文诗体的格律美,不同的格律变化形成了英文诗体的规则和节奏。以白芝对《牡丹亭》的翻译为例,如"梦长梦短俱是梦,年来年去是何年!"这句话,白芝就将其译作"brief dream, long dream, still A dream; this year, next year, when is the year?",利用反复出现、多次重复的技巧,保留了汉语唱词的感叹伤怀之情,又增强了这句话的节奏感和戏剧性。作为一名西方汉学家,白芝本身与中国译者所接受的审美价值体系影响就不同,语言环境也有巨大差别,因此从白芝和许渊冲的翻译对比中我们可以发现,英语母语者在翻译汉语的过程中往往会更注重强调对节奏的翻译而不是原文音韵的保留,他会以英语语言习惯为主,更注重宏观上主题的把控。[1]

中国古典戏剧典籍的翻译需要译者能够对中国传统文化和英语语言背景有深刻而全面的了解。一方面,古典戏剧翻译本身就比现代文学翻译有着更高的难度;另一方面,戏剧翻译以后,需要搬上舞台进行表演,要求台词能够在瞬间吸引观众注意,这就对译者的水平提出了更高的要求,因此好的翻译作品绝不是一朝一夕就能够完成的,必须不断在细节上精益求精才能获得佳作。与此同时,文化的对外传播也是一个漫长的过程,在跨国界文化交流的大环境下,唯有加强对我国古典戏剧文化内涵的打造和做好宣传工作,才能真正帮助我国传统戏剧走出国门、走向世界。

---

[1] 张红玉.中国传统戏剧的英译的对外传播研究——以戏剧《红楼梦》为例[J]. 新闻研究导刊,2016,7(24):270+280.

第二节 中国传统音乐文化的翻译

一、传统音乐分析

（一）民族音乐

音乐是人类表达思想感情的载体，是超越话语的最为直接、最为彻底的一种情感表达方式。但音乐与音乐之间有着相当巨大的差异，这种差异首先就表现在民族性上。全世界共有两千多个民族，几乎每个民族都有自己独特的音乐创作，在它的历史流淌中沉淀下来了属于自身的音乐文化。从中国来说，我们有汉族音乐、藏族音乐、朝鲜族音乐等，汉族以及55个少数民族中，每个民族都有自己的民族音乐文化，在国际上还有德意志民族音乐、法兰西民族音乐等，不胜枚举。所以，民族音乐是以民族为单位，以民族文化为视角对全世界范围内的音乐所做出的分类。另外，音乐还可以按照产生的时代（如古代音乐和近现代音乐）、创作的性质（如为人民群众的音乐和音乐家的个人音乐）、传播的群体（宫廷音乐、文人音乐等等）、主题、体裁进行不同层面的划分。民族音乐是按照音乐的形式和风格特征所划分出来的一个类型。中国民族音乐是世界音乐中的重要构成部分，是中国音乐中一个非常关键的类别。

但是，要理解"中国民族音乐"这个看起来非常简单的词汇，我们还要厘清一个非常容易混淆的概念——"中国传统音乐"。中国传统音乐是中国民族音乐吗？面对这个问题，我们只能说，在过去非常漫长的几千年的时光中，这个问题的答案都是肯定的，不仅如此，"中国传统音乐＝中国民族音乐＝中国音乐"，这个公式是毫无疑问的。可是，鸦片战争改变了这一切。1840年之后，我国的国门被逐渐打开，西学东渐，欧风美雨，西方音乐文化随着侵略的步伐逐渐进入了我国。中国的许多音乐家在接触西方的乐器、音乐技术和音乐理论之后，借鉴它们创作出了许多融合着西方味道的新音乐。这些音乐在风格、技法等方面上已经和中国的传统音乐有了质的不同，但是这些音乐因为依然是根植于中国的土壤之上的，所以依然还可以算作是"中国民族音乐"。可以说，中国民族音乐的范畴在自身的发展中已经逐渐超越了"传统",但中国传统音乐是民族音乐中非常重要的组成部分。传统不仅仅意味着历史的传承,意味着在今天对过去的简单重现,传统还意味着一种在现代依然起着重要作用的、具有深厚根基的社会力量、用一种潜移默化的形式控制着人们的思维和情感。传统具有相对稳定性,任何一件事物如果有了某种"传统"的烙印,那便意味着在相当漫长的一段时光中将处于不变的地位。但这种"不变"是相对的,如中国传统音乐拥有着符合国人心态和审美习惯的固有的形式、固有的形态和风格特征。于是,从这个意义上说,近现代新出现的"学堂乐歌"、刘天华、聂耳等人根据西方的创作方法谱写的钢琴曲已经不属于中国传统音乐了(但依然是中国民族音乐),相反,产生晚于这些的北京琴书、吉剧、陇剧等因为基本上还是保持了"传统音乐"的原汁原味,故可以归入"中国传统音乐"的范畴。中国传统音乐可分为文人音乐、民间音乐、宗教音乐、宫廷音乐。

(二)中国民族音乐的产生条件

中国民族音乐的产生最早始于原始社会,在这一时期,音乐还不是我们今天的形态,而是与舞蹈紧密地融为一体,所以也常被人用"乐舞"来称呼。

1. 产生于生产劳动

人类几十万年的生存史和几千年的文明史启示我们——劳动创造了人类本身。艺术文化的源头如果打破砂锅问到底地向前追溯,我们总是可以看到祖先劳动的背影。劳动决定了人的体质形态的形成和发展,从1927年发现的北京猿人化石来看,其身体各部分发展是不平衡的,北京人的头盖骨厚,脑容量小,带有明显的原始性,而劳动最频繁的手却进化很快,手腕的灵活程度与现代人接近。

音乐生活及思想感情是音乐表现的内容。劳动塑造了人体,也以直接和间接相互交织的方式影响到了音乐的产生和发展。从表层来说,原始乐舞的内容来自生产劳动,祈祝劳动丰收、表现狩猎生活、模拟春耕夏作等都能在原始音乐中找到它们的影子。从深层次来说,原始乐舞表达了人类内心深处的渴望,特别是与人类繁衍有密切关系的生殖崇拜,对原始音乐具有十分重要的影响。

2. 产生于信仰文化

人类的信仰与原始社会的音乐也是密切相关的,可以说,在原始社会,几乎所有的音乐都有着宗教的味道。在我们的祖先那里,音乐可以将其精神极为兴奋时的状态富有层次感地展现出来。在原始人那里,音乐并不像现代社会作为一种娱乐消遣的活动而存在,在他们的生活中,原始音乐占有至关重要的地位,是一种极具释放性又极为严肃的活动。他们真诚地相信,在癫狂的音乐中,可以与死去的亲人取得联系,可以让他们在追逐中交好运,在战斗中获胜利,可以赐福田地和部落。音乐是创造者、保管者、侍者和保护人。在原始社会人类生活里,没有任何场合离得开音乐。生育、少女献身祭神、婚丧、播种、收割、庆祝酋长就职、狩猎、战争、宴会、月亮盈与蚀、病患——在所有这些场合或情况中,都需要音乐。音乐本身是一种信仰,是一种魔法。在今天,我们依然可以在一些较为原始的民族的音乐中看到原始时期信仰文化的遗存。原始先民相信,在大自然中存在着一股神秘的力量,这股力量以天地日月、自然山川为载体,悄然掌握着人类的旦夕祸福,左右着人们终极的命运。对原始先民来说,万物有灵、灵魂不死的观念仿佛是一种常识。在种种祭祀活动中,人们总是希望能够通过愉悦于神的活动来求得神灵的保佑,使生存更加顺遂,使氏族得以发展。

二、中国传统音乐文化的翻译方法

(一)"三美"理论和歌曲翻译的相关研究

"三美"理论的最初开创者应该是鲁迅先生,他在《自文字至文章》一文中认为应该从意义、声韵以及形状三方面来学习中文。许渊冲先生根据这一看法,将他的诗歌翻译创作思想创造性地与"三美"理论因素结合,由此产生了属于他的"三美"理论。他认为译诗应做到在一定程度上与原诗一样能够撼动读者的内心,引发读者的共情,这就叫作"意美";译诗应有和原诗一样或相似的音韵标准,能够通过声音打动读者,即"音美";译诗应尽可能与原诗在形式上相对应,如句子长短、音节数目、对仗工整等,这就叫作"形美"。

1. 意美与歌曲翻译

要想实现意美,首先应该做到"意似",应该准确表达原文意思,不漏译、多译、误译。[①] 在意美基础上,许渊冲提出了"风筝不断线原则","风筝"指"意美","线"指"意似",只要译文不违背原文,"风筝"不偏离"线",那么增词、减词、换词都可以更好地传达"意美",使"风筝"飞得更高。[②]

2. 形美与歌曲翻译

许渊冲提到的"形美",主要指的是诗歌的结构能在形式上体现美感,表现为简练、对偶、整齐、句子长短等。许渊冲在其《论中国诗歌的押韵》一书中强调,要实现形美,文本翻译应该注意在结构上做到平行,[③] 或是通过字面上的重复以及音节重复和语素重复等。通过重复,整首歌看起来更加具有节奏感和戏剧性,并且整体音乐语言也会变得更加生动。

3. 音美与歌曲翻译

"音美"主要指音韵美,运用到古诗中即平仄相间,读起来有高低起伏、抑扬顿挫的音乐感;[④] 讲究音调和谐、节奏鲜明,朗朗上口。诗歌与歌曲关系密切,歌曲是诗歌的变体,又从诗歌中汲取养分,歌曲与诗歌互相融合,互相渗透,共同发展。

"三美"多运用于诗歌翻译,在诗歌翻译中"意美"占最重要位置,"音美"和"形美"则略微次之,但三者互为补充,共生共荣,能在诗歌、歌曲翻译中实现三美兼具则是最理想的情况。歌曲虽与诗歌关系密切,但二者最大区别是歌曲需要配乐演唱,它在原本诗歌"可读性"的基础上又增加了一个"可唱性"。歌曲最先吸引人的往往是韵律节奏和曲调,其次是歌词中所蕴含的意义以及所呈现出来的形式。因此,在理论选择时,"三美"理论中的"音美"是最符合歌曲翻译的,应该排在首选位置,也就是本书理论选择的出发点,以下将从"音美"出发着重分析歌曲翻译。

---

① 邓科.中国的歌曲翻译研究现状分析[J].当代音乐,2016(15):77-78,84.
② 陈梦亚,李凤萍.从三美论原则看"香奈儿"广告词汉译中美的再现[J].大众文艺,2019(20):184-186.
③ 吴凡.许渊冲"三美"论视角下的中国风流行歌曲译配研究[D].苏州:苏州大学,2018.
④ 陈韵如.浅析许渊冲"三美"翻译理论在中国古诗英译中的运用[J].英语广场,2020(2):6-7.

（二）从"音美"视角来看中文歌曲英译

歌曲翻译略不同于诗词翻译，考虑到歌曲的特殊性是声音的可识别性也就是可唱性，应将"音美"视为最重要因素并且需要首先考虑它。如何在歌曲翻译中保留原歌曲中的韵律、节奏等因素，使译曲仍能在听音方面具有美感是译者在翻译中需要认真考量的问题。

1. 注重歌词押韵

押韵是指一个单词与另一个单词具有相同发音或者以相似的发音结尾。押韵一般出现在句子的开头或是结尾，即头韵和尾韵。押韵可使文章或是歌曲在朗诵或咏唱时产生铿锵和谐之感，以此增强文学魅力和音乐效果。

2. 音韵节奏一致

节奏是指一系列有规则的声音或者动作。节奏在歌曲的整体美学效果中起着非常重要的作用，传达歌曲中的"音美"不仅需要考虑押韵和重复，还需要翻译原歌曲的节奏。[①] 歌曲中节奏是和音符紧密相关的，是在配音过程中确定的，它与歌词中的音符和单词的数量有关。因此，在歌曲翻译过程中，英文音节最好能和每一个汉字相对应，使得歌唱时译曲的总体节奏能在大致上和原曲节奏相对应。

"三美"理论不仅适用于诗歌翻译，还因歌曲与诗歌极大程度同源，是诗歌的变体，所以"三美"也同样适用于歌曲翻译。在歌曲翻译中，考虑到歌曲的特殊性是声音的可识别性也就是可唱性，应将"音美"视为最重要因素并首先考虑它。

---

① 黄文苑.由许渊冲"三美"理论看诗句的英译[J].作家天地，2020（16）：27-28.

第三节　中国电影文化的翻译

一、电影分析

(一)中国电影的发展情况

电影有别于文学、戏剧、音乐、建筑、雕塑、绘画、舞蹈,是世界的第八艺术,是光和影的艺术。尽管电影艺术诞生于法国,但是其在中国的发展,需要记住如下几个电影时刻。

(1)1905年秋,北京丰泰照相馆与京剧名角谭鑫培合作拍摄的京剧片段《定军山》,为戏曲纪录片。它标志着中国电影的正式诞生。

(2)1930年代中国的电影企业家在现实的重重限制中建立一种小型的制片厂制度,由于政治气候的影响,电影反映的内容在"左"和"右"之间徘徊,代表作有程步高的《春蚕》(1933)、吴永刚的《神女》(1934)、袁牧之的《马路天使》(1937)、沈西苓《十字街头》(1937)。

(3)第二次世界大战之后内战时期拍摄的长达三小时的《一江春水向东流》,由蔡楚生和郑君里导演,它再现了中国老百姓在战争时期的生活经验和情感体验。

(4)1950—1970涌现的优秀作品还有石挥的《我这一辈子》(1950)、谢晋的《女篮5号》(1957)和《红色娘子军》(1961)、水华的《林家铺子》(1959)、林农的《甲午风云》(1962)。

综上,电影不仅是媒介和载体,也是科学的技术和叙事的语言。

(二)中国电影对外传播代码解读

在经济全球化以及文化多元化的今天,随着中国在经济实力与国际地位上的不断提升,中国文化在国际社会上的影响力也越来越大。中国电影也成为展示我国文化面貌、文化成就的窗口。让中国电影扩大对外传播的力度,改变旧有的、在世界电影市场中居于边缘的地位,是中国电影人自觉努力的方向。也正是在长期实践中,电影人实现了对我国文化景观的发掘与改造，构建了在跨文化交流语境中具有一定优势的传播代码。

1. 对外传播与代码

电影这一传播载体，以声音和图像为表现形式，以故事为主要的表现内容。讲述好一个故事，乃至传递出一种具体的理念或情感，是绝大多数电影的追求，而尽可能地扩大自己的接受对象，对于电影实现自身的艺术价值和商业价值是有重要意义的。这也就造成了电影有进行跨越国家、地区、民族等输出的必要，尤其在经济一体化日益加快、各个国家与地区之间不断积极进行文化的扩张与互相渗透的今天，这更是毋庸置疑的。然而，尽管电影相较于其他传播方式具有直观可视性、综合性等优势，但如何顺利地取得对方对电影故事、理念与情感的理解、包容以及尊重，是具有一定难度的。

在这方面，大批在拥有强势传播话语权的美国电影的影响下，依然能够在世界影坛展现文化自觉，建立个性的电影，为中国电影提供了范例。以英、德电影为例，欧洲特有的历史文化成为其得天独厚的、足以与好莱坞电影区别开来的资源，欧洲的战争就成为其反复出现的、用以讨论人性的代码之一，如波兰斯基以二战为背景的《钢琴师》，肯·洛奇以爱尔兰战争为背景的《风吹麦浪》等。又以与中国电影处境更为类似的东方电影为例，日本电影从黑泽明时代起，就着力于对外输出日本文化代码，如《七武士》《姿三四郎》等，都有着非常鲜明的武士代码，日本特有的剑侠文化也由此被他人熟知。而印度电影则不断用融入叙事的歌舞表演来涂抹民族色彩，从早期的《流浪者》到《三傻大闹宝莱坞》，再到近年来的《摔跤吧爸爸》等莫不如是。

尽管歌舞出现的契机、歌舞与故事的融合程度有所区别，但以歌舞来彰显民族文化魅力，以歌舞充当某种或神秘，或紧张的氛围，或乌托邦情节的代码，却是印度电影一以贯之的。不难看出，只要有对外传播的需要，电影主创便按照一定的规律来构建文化代码，使之搭载某种意义组合，最终服务于整个故事的诠释，并让观众在反复的接受中，形成一定的思维定式和审美期待，这已经成为各国电影人的共识，中国电影人也不例外。

2. 中国电影的代码构建方式

一般而言，中国电影在构建代码时，或是直接将直观的、有意味的实体对象插入叙事中,或是将抽象的文化理念编织在人物关系、情节发展中,使其具象化地表达出来。其共同特点都是,它们一般都具有较为广泛的文化代表性,观众在接受中将被强化认知电影的"中国"标签。

(1) 实体形态的借用

所谓实体形态,即如中式建筑、瓷器、书画等与中国文化密切相关的典型实物,它们与西方生活中的相应实体有着十分明显的视觉差别,并且通常包孕了某种形而上的文化意蕴,电影人借助这些实体传达与电影情节相关的文化意蕴的过程,就是将其代码化的过程。以张艺谋的《英雄》(2002)为例,电影中中国古代书法就已经成为雅人深致、修身养性、反省体察的视觉代码。在电影中,赵国书馆的教书先生在秦军攻城之际,依然带领儒生们练字不辍,以文明的高傲来对抗对方的野蛮,以表明个体的风骨不会被军事力量所征服。而秦王同样面对书法有自己的思考,当刺客无名对秦王说"剑字有十八种写法,互不相同"时,秦王则表示,他要在统一以后将这些杂七杂八的文字一律废掉,只留下一种写法。大殿上高悬的篆体"剑"字巧妙地为秦王提供了一个解释自己发动战争原因的契机,也使得观众能更好地理解为何最后无名接受残剑的说法,放弃刺杀秦王。而残剑同样也被塑造为一位书法高手,他在劝说无名改变主意时,采用的方式是在黄沙之中大开大合地写下了"天下"二字,这是残剑对于"战争与和平"这一复杂问题思考结果的呈现,观众在获得视觉艺术美感时,也能体会到这份思考的分量。

值得一提的是,实体形态代码并不限于古装电影,在当代背景的电影中也同样存在。例如,郑晓龙在《刮痧》(2001)中,提取了中医之中的"刮痧"来作为一个家庭矛盾爆发的导火索,也使其成为东西方文化差异的视觉代码之一。老父亲出于好意而为孙子刮痧,结果却给孙子丹尼斯的身上留下痕迹以至于让儿子许大同陷入百口莫辩的"虐待儿童"的指控中。许大同只好参加一次又一次令人心力交瘁的听证会,甚至还成为通缉犯。在让人颇为过目难忘的刮痧痕迹和一整套具有仪式性的刮痧手法中,反映出的是中美之间在法律制度、社会习惯等方面的巨大差异。

与之类似的还有李安的《推手》(1991),老朱在移居美国后,用自己默默打太极拳的方式对抗整个格格不入的环境。太极拳也就成为和刮痧类似的代码,它根植于中国的传统文化,在作为"拳法"体现着对抗性的同时,又是医道的一种。老朱正是想凭借着讲究凝神静气,摒弃杂念,物我两忘的太极拳来获得身心的宁静,以一个居于弱势的外来者,实现一种徒劳的、自欺欺人的"以柔克刚"。同时,在观众解码时,有必要意识到这不仅代表了东西方的文化差异,也代表了在行为模式、价值取向上都不同的父辈与子辈之间的沟通鸿沟。与之类似的还有李安的"家庭三部曲"中的另外两部《喜宴》(1993)、《饮食男女》(1994)等。

(2)文化理念的具象

部分中国电影选择了在一个具体的故事中,呈现一个隐含了集体意识的文化理念,如胡玫执导的,以孔子的一番奔走为代码,概括出儒家文化传统的《孔子》(2010)等。除此之外,较具代表性的便是以武功为代码的"人在江湖",以及以京剧等传统戏剧艺术为代码的"戏如人生"理念。

武侠电影属于中国电影的独特产物,而"江湖"这个概念也应运而生,江湖具有系统性,"人在江湖"的一整套规则也在这些电影中借由武功及武功掌握者——武人之间的复杂关系传递出来,让国外观众认识到另一种具有传奇色彩的生态。早期的国产武侠电影热衷于传递"庙堂之高"与"江湖之远"的对立,如在李惠民的《新龙门客栈》(1992)等电影中,江湖人成为对抗阴暗朝堂的重要正义力量,这些电影与美国李小龙的一系列电影遥相呼应,熨帖着观众对正义的需求。在李安的《卧虎藏龙》(2000)之后,由于李安对武术的唯美化再现和将儒道之间的博弈共融纳入江湖言说,"人在江湖"再一次进入世界观众的视野,"人在江湖,身不由己"成为表达主流,如张艺谋的《十面埋伏》(2004)。王家卫的《一代宗师》(2013)等莫不是借一个武林世界,表达人在爱恨关系中的无力,但限于武功的夺人眼球,并非所有外国观众都能接受或注意到导演的立意。

还有部分国产电影运用戏曲这一极具可视性与文化比照性的元素,来阐释人生之沧桑起落无常,尤其是京剧作为国粹,更是凭借其丰赡的历史典故与精美的服装、化装、道具和表演形式,让电影在参与国家文化交流时颇具优势。在陈凯歌的《霸王别姬》(1993)和《梅兰芳》(2008)中,戏曲都为电影呈现出一种西方观众从《哈姆雷特》的传统剧作中早已熟悉的"戏中戏"叙事。《霸王别姬》中程蝶衣与段小楼被裹挟在时代中无可奈何的关系,程蝶衣对小楼单向的、无悔的痴情,是虞姬与霸王关系的复现,最终程蝶衣拔剑自杀与虞姬自杀形成互文,给予观众极大的震撼。观众领悟这种指涉的过程,就是解码的过程。还有的电影只是引入了戏曲,如《大红灯笼高高挂》(1991)中的三姨太梅珊擅长京剧,常常一个人在宅院楼上唱戏一点,就是原著《妻妾成群》所没有的,电影加入这一代码,除了凸显梅珊的娇媚,也是以其"人生如戏"这一集体意识为梅珊后来被欺骗、被残酷杀害的悲剧命运作铺垫。

3. 中国电影的代码构建得失

在代码的构建过程中,中国电影可谓有得有失。就值得肯定的方面来看,在一次次的试探中,中国电影人已经基本找到了全球化和本土化之间的契合点,即让代码承载普适性的道德精神或价值观,以换得观众的共鸣。这其中最为典型的便是张艺谋的《秋菊打官司》(1992)以及冯小刚的《我不是潘金莲》(2016),在这两部电影中,"反复通过法律途径寻求说法的女性"就是一个代码,两部电影的女主角都缺乏法律知识,但又具有坚韧的性格,为了心中的公道而一再奔波上诉,百折不挠。追求公平公正是人类的共性之一,而略显无知、土气的女主人公形象则无疑隐含着弱者的信息,同时,她们的女性身份也使得出现在她们身边的形形色色之人暴露出各种或自私,或贪婪的人性。这一代码很容易跨越国家与地区之间的沟通障碍,使整部电影中主人公遭遇的坎坷波折等情节易于为观众理解。

但另一方面,还有部分中国电影为了抓住国外观众的心理,而选择了制造一种萨义德所说的"东方主义"式的代码,让电影奇观化,且迎合西方对东方的想象,正如费孝通的一个具有争议的观点,即电影"必须是一种'他性的'、别具情调的'东方'景观,要想在国际电影节上获奖,获得世界的尊重,我们就必须将欧洲艺术电影的传统、标准、趣味内在化,将欧美世界的'中国想象'内在化"。例如,在吴宇森的《赤壁》(2008)中,女性成为古希腊神话中"海伦"式的一个文化代码。电影抛开《三国志》的历史背景与《三国演义》的合理虚构,将曹操举大军南下伐吴的动机改为了夺取周瑜之妻小乔,而小乔又在孙刘联盟中起着重要作用,孙尚香因为不满被许配给刘备而出走等。这样一来,海外观众固然收获了通俗易懂的观感以及轻松的娱乐消遣,但是整个故事应有的历史意识被严重淡化了,电影的中国形象也被扭曲。

与之类似的还有如张艺谋的《长城》(2016)电影中,欧洲雇佣兵威廉前来中国,发现中国人建长城是为了抵御怪兽饕餮,而他们恰恰就赶上饕餮降临人间,于是他们与中国将士共同打退饕餮,守护了人类。"长城"和"饕餮"成为彻头彻尾的娱乐代码,它们背后的中国文化背景被迫退场,艺术和生活的界限被严重模糊。与之类似的还有如陈凯歌引入了西方魔幻的《无极》(2005)、混淆了唐风与和风的《妖猫传》(2017)等。这其实是一种电影人丧失"守土有责"意识的体现,是值得重视的。

提高中国电影对外传播的力度,增强国家的文化实力,使中华文化成为不同文化之间彼此交流、尊重、促进的一部分,是当下中国电影人的目标之一。为此,电影人或是直接取用实体形态,或是将虚的文化理念具象化,以使其成为让观众印象深刻的视觉符号。可以说,就用代码完成意义生成,赢得国外观众的理解与认同上,中国电影已经有了长足的进步,但在实现成功的、持续的对外传播上,中国电影还有很长的路要走。

二、中国电影字幕的翻译方法

（一）影视字幕的特点和限制因素

李运兴(2001)教授在提到字幕的功能及文体特点时指出:"字幕是闪现在屏幕上的文字,一现即逝,不像书本上的文字,可供读者前后参照。"鉴于影视作品的特点,为使观众跨越语言障碍,在短时间内很好地理解情节,译者就需要采取一定的策略在有限的时间内将影片中的信息有效传递给观众,使其语言做到通俗易懂。

字幕翻译具有时间限制性和空间限制性两大特点。

时间限制性指的是字幕显示的时间短。与书面作品不同,书面作品读者可以反复观看,而影视剧的字幕随画面一闪而过,字幕的显示时间应与画面中人物的讲话速度同步。翻译过《霸王别姬》《一代宗师》《英雄》的澳大利亚汉学家、翻译家 Linda Jaivin 接受访问时说过"字幕必须短。一般字幕的出现时间是 2～7 秒,因此一行字幕不能超过 33～42 个字符,否则一边看电影一边看字幕就难以跟上"[1]。虽然有时观众并不一定在影院观看电影,可以按下暂停键或后退键观看,但这样做十分影响观影体验,从译者、观众、片方的角度来说,都不提倡这样的行为。

空间限制性也是字幕翻译的另一特点,指的是字幕占据屏幕上的字符少。字幕大多只占据一行空间,偶尔也会有两行的情况,宽度不要大于画面四分之三,且应尽量保持语义的完整通顺。而中文常常言简意赅,一句话中包含的信息很多,在汉译英时,如果翻译出的字幕占据屏幕的空间过大,观众来不及看完所有的字幕内容,从而影响对剧情的理解,导致对观看感受产生不利影响。

李运兴教授对此提出"汉英两种语言的差异,给译者提出了更大的挑战。汉语一字一音,不论时间和空间都比英语来得节省、简约"[2]。字幕

---

[1] 金海娜.从《霸王别姬》到《一代宗师》——电影译者 Linda Jaivin 访谈录[J].中国翻译 2013（4）：65-67.
[2] 李运兴.字幕翻译的策略[J].中国翻译,2001（4）：38-40.

的最大功能就是传递信息,因此译者在翻译时应该注意取舍,灵活转换,争取做到最优翻译。

(二)明晰化策略

翻译,表面上是一种文字到另一种文字的转换,实际上是一种文化到另一种文化的转换,语言只是文化的表现形式之一。武侠电影字幕与其他类型电影字幕的不同之处在于,台词对白多涉及武侠文化背景,反映主人公雄姿飒爽的性格,非一般白话文那样通俗易懂,因此在字幕翻译上需要格外注意。

显化(explicitness/explicitation),又译外显化、明晰化、明朗化、明示等,指的是"目标文本以更明显的形式表述源文本的信息,是译者在翻译过程中增添解释性短语或添加连接词等来增强译本的逻辑性和易解性"。明晰化(explicitation)作为一种翻译技巧,指将原作的信息在译作中以更为明确的方式表述出来,它主要涉及省略、增补、替换、阐释,具体方法包括增加额外的解释、直接表达出原作暗含的意思、添加逻辑连词等。明晰化的译作由于补充、阐释出了原作不曾有的信息,因而常常比原作逻辑关系更清楚、更容易理解。后来其他学者对此进行了更深入的研究,认为明晰化"不应只是狭义的语言衔接形式上的变化,还应包括意义上的明晰化转换,即在译文中增添有助于译文读者理解的明晰化表达,或者说将原文隐含信息明晰化于译文,使意义更明确,逻辑更清楚"[1]。明晰化翻译技巧是一种将信息以比原文更加清楚、明白的形式呈现在译文的翻译策略,在明晰化翻译策略的指导下,目的语读者能更加清楚准确地把握原文信息。由于字幕翻译进行时存在时间与空间上的限制,想要兼顾字幕简洁与信息传递,使观众能够快速明白台词含义,从而理解剧情,使用明晰化翻译策略是字幕翻译工作者的必要选项。

三、电影字幕翻译实践:以武侠文化为例

武侠文化是博大精深的中华文化的重要组成部分。武侠文化以侠客为主角,以侠义精神和武术功夫为核心,通常讲述了锄强扶弱、匡扶正义的故事,宣扬侠客精神,呈现出中国文化特色。武侠文化中的侠客们所代表的英雄形象影响了无数华人,由武侠小说改编的影视剧作品也深受大

---

[1] 柯飞. 翻译中的隐和显[J]. 外语教学与研究,2005(4):303-307.

众的喜爱。

影视剧是文化传播过程中重要的一环,利用影音结合的方式,将书面作品更加立体地呈现在观众面前。在全球化不断加深的背景下,影视剧的对外传播成为中华文化走出去的重要推动力。影视剧中的字幕是指以文字形式出现在电影银幕或电视机荧光屏下方的解说文字,可以看作是影视剧传播的桥梁,因此做好中国影视作品的字幕翻译,有助于中国影视作品走向国际,促进中华文化的海外传播。

(一)语义层面

武侠影视剧中包含了许多武侠文化中特有的词汇、习语,这些词语不同于其他类型的影片,它们内涵丰富,具有特色,翻译时不可只译出字面意义,其中隐含的实际意义更为重要。

"爽快""豪放"

例(1):

不像那些酸臭文人。You are unlike those pedantic men of letters.

性格和我们一样爽快,You are as easy-going as we are,

喜欢和兄弟们在一起。Love making friends with us.

例(2):

他行事豪放。He's a bluff man.

在武侠影视剧中,出现的"大侠"形象往往是正面的,他们豪放不羁、不拘小节、大口喝酒、大口吃肉,常常路见不平,拔刀相助。大侠都是身怀绝技、有勇有谋、大公无私的武林高手,常常游走于江湖之中,锄强扶弱,惩凶除恶,与读书人、文人的形象大有不同。在英语中,"爽快""豪放"没有直接对应的词语,那么译者在翻译过程中就应该根据语境选择合适的词语,传达出信息。"爽快"在汉语中通常指的是直爽、痛快的意思,但有时也用于形容某个人不忸怩做作,落落大方。在例(1)中,这句话是对主人公袁天罡的评价,袁天罡身为官员,不摆架子,喜欢和士兵们说说笑笑,并且在提到"爽快"一词后,下文又补充道"喜欢和兄弟们在一起",说明这个人物性格随和,那么在这样的语境下,译者可以选择 easy-going 一词。在例(2)中,"豪放"一词意思是雄豪奔放,指气魄大而不拘小节,也指处理事情果断有魄力。若直译的话可能译为 bold and unconstrained,似乎有些贬义。在武侠影视剧中,人物性格虽随意不羁、大大咧咧,但并非一个性格缺点,并且 bold 更侧重鲁莽之义,与原文意义不符,因此译为 bold and unconstrained 不太可取。bluff 一词形容人或态度直率豪爽(但有时不顾及别人),更能体现大侠性格里直接、爽快有时又容易得罪人的特点,塑造立体多面的人物形象。

长他们志气 Why do you speak highly of them
灭我们威风 And discourage us?

这句话的语境是主人公带领的镖队遇到了另外一支队伍,他向队友赞扬了对方的优点,队友不屑地回应道"你怎么长他们志气,灭我们威风?"中医药古籍《内经》提到人体有三宝:精、气、神。精足则气充,气充则神旺。反之,气弱则神伤。这是中国的古人对自然界一切现象本原的高度概括,"气者,人之根本也"。这个"气"可以是一个人或一支队伍的士气、志气。志气,意指积极上进或做成某事的决心和勇气;威风,指使人敬畏的气派或声势。这两个词语如果选择直译的话,找不到意义相等的词语,因此不如直接将这句话解释出来,即赞扬对方,贬低自己。并且,discourage 一词本身有"使……灰心,使泄气"的意思。这样一来,"长"与"灭"这两个动词就可以省略了。

好大的官威啊! What a condescending attitude (from authority)!

在武侠小说中,与"侠"相对应的,除了柔弱的文人形象,还有"官","官"的形象往往是鱼肉百姓的贪官污吏,侠义人士的出现也正是因为官场黑暗、百姓疾苦。武侠小说之所以吸引读者,就是因为里面有着快意恩仇的江湖故事。江湖侠客除暴安良,匡扶正义,不为世俗所约束,从某种程度上来说,他们就是和官府发生冲突的"劲敌"。自然而然,在词语的选择上应该带有一些贬义的感情色彩。"好大的官威"指的就是当权者傲慢、居高临下的态度,直译的话是不可取的。因此,condescending 意为"带着优越感的,居高临下的(含贬义)"一词恰好体现出了感情色彩。

(二)语法层面

汉语与英语是两种不同的语言,"汉语属于汉藏语系,是典型的分析语,分析语的特征是不用形态变化,而用语序及虚词来表达语法关系。现代英语是从古英语发展出来的,仍然保留着综合语的某些特征,但也具有分析语的特点;有形态变化,但不像典型的综合语那么复杂;语序比汉语灵活,但相对固定;虚词很多,用得也相当频繁。现代英语运用遗留下来的形态变化形式、相对固定的语序及丰富的虚词来表达语法关系,因此属综合—分析语"[1]。正因为中英文在语法层面有着很大的不同,许多在源语

---

[1] 连淑能.英汉对比研究增订本[M].北京:高等教育出版社,2010.

观众看来习以为常的话语,在译入语观众看来却并不好理解。因此,在语法层面使用明晰化策略也是必须的。

你突然从后面出现。You suddenly appear from behind.(因)

英雄救美。So you can save the beauty.(果)

这女人啊,就喜欢这一套。Because women all like this kind of thing.(因)

尤金·奈达(1982)曾经说过:"从语言学角度来说,英汉语两种语言之间最重要的区别特征莫过于意合与形合的区分。"意合和形合是语言表现法。所谓"形合",是指借助语言形式手段(包括词汇手段和形态手段)实现词语或句子的连接,如关联词"因为……所以……""虽然……但是……";而意合,指的是不借助语言形式手段而借助词语或句子所含意义的逻辑联系来实现词语或句子的连接,如"今天下雨了,我不去学校。"其中的隐含的逻辑关系就是"(因为)今天下雨了,(所以)我不去学校。"

上例中的语境是,他人给男主角出主意追求暗恋对象,这几句台词是典型的中文句子,短句较多,句式松散。第二句话的"英雄救美"是第一句话的"你突然从后面出现"的原因,而第三句话的"这女人啊,就喜欢这一套。"是第二句话的"英雄救美"的原因。译者应该分别补译出 So 和 Because,点明这两句话中的上下逻辑关系,否则会使译入语观众感到不解。

信不信我毒死你们! If you do that, I'll poison you to death!

同样的,如果直译为"Believe it or not, I will poison you to death."那么原文中的威胁语气与逻辑关系都体现不出来,这句话的意思是:"(你)信不信,(如果)你这样做的话,我(就)会毒死你。"因此,译者应该分析出这层暗含的逻辑关系,补充关联词,使字幕更好地体现语气,传达意思。

(三)语境层面

语言表达离不开特定的语境,语境影响着人们对语言的理解与运用。目标语境中的读者可能对源语语境中读者所拥有的普通常识不甚了解,所以需要以明晰化的方式呈现给读者。通过语境明晰化,将源语言中浓缩的文化信息传达给译入语观众,进而消除观众在阅读中因语境差异产生的疑惑。

到时候不杀你 Or else

就对不起手中这把刀了 I will definitely kill you.

该句台词出现的语境是,男主角吩咐随从办事,并且以随从的性命要挟,命令他必须完成任务。该例中的"就对不起手中这把刀了"的意思是"不杀你,(我)为何还要拿着这把刀呢",其中的"对不起"三个字的意思是有愧于人、辜负,但绝不可将其译为 be sorry for this knife,这样的机械翻译不能正确传达原文意义,还会影响观众观影体验。翻译时应当解释出这句台词的实际意义,以达到与源语言含义相似的效果,即"I will definitely kill you.(我一定会杀了你)"

这成何体统? Why did this happen?

"体统"指体制、格局、规矩等。"成和体统"的意思是(这)成什么规矩,像什么样子。多用于指责不正确的言行。当说出这句话时,说话人的潜台词是"为什么会发生这样的事",并且含有责备的语气。在翻译时,可以省略"体统"二字,直接表达出整句话的意思,使暗含信息明晰化。

瞧我这脑子。You know I have a poor memory.

俚语是指民间非正式、较口语的语句,是百姓在日常生活中总结出来的通俗易懂顺口的话语。中文中有一些约定俗成的俚语表达,如"兜圈子""给你点颜色看看""林子大了,什么鸟都有"等,每个俚语都有各自隐含的意思,在翻译时要结合语境进行翻译。该例中的"脑子"代指记忆力,这句话的隐含意思是"我的记忆力不好",因此应该译为 poor memory。

(四)文化层面

武侠文化是中国独有的文化,底蕴丰厚,其中蕴涵了历史文化、家国情怀、中华传统文化、语言文化等内容,有着十足的文化底蕴,既是中华文化的重要组成部分,也是中华文化的集大成者。

明前茶 It's the tea picked before Tomb-sweeping Day.

翻译不仅仅是语言文字方面的转换,译者还必须考虑文化差异带来的问题。明前茶是指清明节前采制的茶叶,是一年之中品质最佳的茶叶。中国古代人们多喝茶、爱品茶,对于茶叶品质有不同的划分标准,从接待客人的茶叶种类可以看出主人对客人的重视程度。由于字幕具有即时和无注的特点,因此一些原文中没有的信息需要通过增补的方式加在字幕中,以保证观众的理解效果。在翻译这类带有文化背景的词语时,译者应补充文化信息,使暗含信息明晰化。

你这是助纣为虐。You're helping the evil.

在字幕翻译时,有些表达是源语所特有的,译入语观众无法或无须理解,可以采用替代法,保证译文简洁明了。"助纣为虐"出自西汉·司马迁《史记·留侯世家》。纣是商朝末代君主,是明代神妖小说《封神演义》

中的反面人物,是残暴无道、昏庸荒淫、沉迷酒色的恶君。"助纣为虐"指的是帮助纣王作恶,现在用来比喻帮助恶人做坏事。翻译字幕时,若按照字面意思把"助纣为虐"翻译为"You're helping the emperor Zhou do bad things."这样的翻译会无故增加了影片中没有的人物,导致观众产生疑问,不利于剧情连贯。因此,不如用寓意相同、观众熟悉的英语词语来替代,将"纣王"翻译为 the devil,直接点明信息意义,即"纣王"是一个反面形象,有助于观众理解。

好强的剑气。Excellent Kungfu.

在武侠文化中,在刀光剑影的江湖故事中,武功招式是其中不可或缺的部分,江湖侠客使用的兵器也各有不同,刀、枪、棍、棒各有特点。剑气,指剑的光芒,也引申为喻人的才华和才气。"好强的剑气"这句话并不是真的在说"气",而是在表达对剑术或武功的赞扬。在字幕的翻译过程中,不应该追求盲目对等,更重要的是让译入语观众明白信息,了解意义,因此省略"剑气"的翻译,转而翻译为 Excellent Kungfu。

"侠之大者,为国为民的侠客精神让人们对武侠剧念念不忘、情有独钟之余,也在向世界展现着中国武侠的魅力"[①],由武侠小说改编而来的影视剧作品不仅有供大众观赏的功能,还肩负着传播优秀中华文化的责任。在这个过程中,中英字幕翻译扮演着极其重要的角色,如何做好中英字幕翻译值得我们深究。

从以上案例分析中我们可以看出,在进行字幕翻译时,不仅需要对源语和译入语文化及语言特点有充分了解,还要结合电影字幕的特点,将翻译明晰化策略运用到电影字幕翻译中,使得译入语能更好地理解剧情,增强译文的逻辑性和感染力,给观众以更好的观影感受,从而达到促进文化交流与传播的目的,向世界展现中国武侠的魅力。

四、电影字幕翻译实践:以电影《中国机长》字幕翻译转换为例

当今世界,经济全球化趋势已不可阻挡,全球各国都在交流传播文化。电影作为一种文化传播的形式,其字幕必定起着重要的作用,字幕翻译的工作更是重中之重。但我国影视翻译起步较晚,影视翻译理论水平相对较低,几乎还没有自成理论体系。

电影《中国机长》是根据川航 3U8633 航班在出行飞行任务时,遇到极其危险的情况,机组沉着应对,安抚乘客,最终克服险阻,安全降落的真

---

① 刘一村.中国武侠的魅力[J].今日中国,2021(10):75-77.

实事件改编。在万米高空,驾驶舱右舱前玻璃破裂,驾驶室的设备被破坏。座舱释压发生时,乘务长及乘务组立即执行释压处置程序,指导旅客使用氧气面罩,并训练有素地喊出:"请大家相信我们,相信我们有信心、有能力带领大家安全落地。"在这样的生死关头,这一队英雄机组的正确处置,确保了机上全体人员的生命安全,创造了世界民航史上的奇迹。

电影字幕翻译就是英译汉、汉译英的过程,在此过程中,需要不停地发生语言间的转换,转换法在其中就显得尤为重要。下面将根据转换理论在《中国机长》电影字幕翻译中的应用进行具体分析。

(一)层次转换

英语语言是形合性语言,注重结构上的紧凑;而汉语是意合性语言,注重语义上的紧凑。层次转换是指处于一种语言层次上的源语单位,具有处于不同语言层次目的语翻译的等值成分。也就是说,翻译目的语中不存在源语言中所对等的表达形式时,需要发生词汇、语法层次的转换,主要是指语法到词汇或者词汇到语法的转换。

例(1):

我三天了。

This is my third.

例(2):

你腰伤刚好。

Your back pain just got better.

例(1)中译者将"我三天了"译为 This is my third,实现了情境到词汇的转换,汉语是意合性语言,不在固定情境下的话,"我三天了"无法准确理解源语意思;而且"我三天了"在汉语中可以称为一个小短句,但英文是形合性语言,要求主语谓语结构全面才可成句。翻译过程中,译者将其译为 This is my third(第三天),这样既实现与上文的紧密联合,又符合英语的语言句式结构,使目的语观众加深理解。汉语语言中没有时态和语态之分,而英语又注重时态与语态。在例(2)中,"你腰刚好"表示的是过去的动作状态,所以将其译为英语时选择了过去时态,这样既符合目标受众的阅读习惯,观众也会理解这些事是发生在过去的。

(二)范畴转换

范畴转换可分为结构转换、类别转换、单位转换、内部体系转换。

1. 结构转换

结构转换包括语态的转换,中英文肯定和否定的转换。
例(1):
你怎么这么早就打电话?
Stop calling me so early.
例(2):
注意点儿。
Take care and don't hurt yourself.

例(1)发生的情境是一位乘客在清晨时接到电话时所说的一句话,表达出了不耐烦以及反问的语气。译者将其译为 stop doing sth.,实现了中英文肯定和否定的转换,但源语和目的语的语气没有发生变化。如果直译为"Why calling me so early?"则表达不出原来的语气。这样结构虽发生变化,但可以使目的语观众更好地理解源语所想表达的情感。例(2)英译过程中发生了中英文肯定和否定的转换。该句发生的情境是乘务长对其中一名乘务员表达关心时所说的话,英译后,也就是 take care of yourself,再加上 don't hurt yourself,加上否定的后半句,增加其语气,表达出了乘务长的关心很强烈,这样可以加深目的语观众对中国人之间的互相关心的温暖的理解。

我喜欢你。I like you.
可我不能说话。I'm mute.
我也一样会喜欢你。That doesn't change anything.

上例是在飞机失事危急关头,一位男乘客向一位不能说话的女乘客表达内心的倾慕时发生的对话。男乘客向女乘客表达了自己心中的爱意,但女乘客表示自己不能说话,男乘客回答说"我也一样喜欢你",男乘客表达的意思是,不会说话没关系,不会影响喜欢这件事,如果直译为"I like you, too."目的语观众可能会产生疑问。这时英译时进行一个结构的转换,肯定转换为否定,"那并不能改变任何事情",这样符合目的语观众的语言思维,便于加深理解。

2. 类别转换

类别转换,即词类转换。由于汉语是动态性语言,英语是静态性语言,所以在翻译过程中会出现词类发生变化的情况,或许是名词转换为动词,也可能是动词转换成名词等,这样也可以打破源语的语言结构,重新组合目的语的结构,使译文通顺、流畅,避免"翻译腔"。

今天7点到9点,这个强对流云团将会对该区域的航路产生比较大的影响。

Between 7 to 9 o'clock, these clouds will affect planes passing through the area.

在上例中,"影响"一词在汉语中是多词类词语,可作名词,也可作动词。但在上例句中,可分析得到"影响"一词为名词,而在译语中译为了动词。名词译为动词,这样更符合目的语观众的语言习惯。

请相信我们,我们受过专业的训练。

Please trust us, we are trained professionals.

上例中,译者打破源语句法结构,重新组合构成新的语言结构,将"我们受过专业的训练"译成"我们是受过训练的专业人员",英语语言注重形合,如此一来,就符合了这个语言特点,更加符合目的语观众的阅读习惯。

3. 单位转换

单位转换指在翻译过程中将句子转换为短语,短语转换为单词,反之亦然。

不说话。

You don't need to say anything.

在上例中,译者将"不说话"短句译为长句 You don't need to say anything,实现短语转换为句子的单位转换。汉语句式多用短句,短小精悍,但英语则多用长句。汉译英时,英语须用长句,增添连词、介词或短句解释才能完全表达汉语短句的意思。这样处理既符合英语的句式结构,又符合目的语观众的语言习惯。

4. 内部体系转换

内部体系转换指的是"结构相似,但词非对应"。在翻译过程中,源语和目的语的结构大致相同时,由于英汉语言的文化背景、理解思维等不同,会引入目的语的相对应词,以求翻译的准确性,这时翻译的内部体系转换就发生了。

例(1):
如意吉祥。

Blessings and good luck.

例（2）：

一个端茶倒水的，哪来的自信？

Nothing but a waitress, what makes you so special?

例（1）中译者把"如意吉祥"译成了 Blessings and good luck, 最大限度地运用了英语中与源语最相似的词汇，最大限度地表达了源语想要表达的意思。例（2）中，"一个端茶倒水的"译为 Nothing but a waitress。在汉语中，由于历史文化原因，古代王宫贵族家中均会有丫鬟、奴仆，这些人就会为主家做"端茶倒水"的活计，虽然现在已经摒弃了这种陋习，但不免有些人还是会有这样的潜意识，认为"端茶倒水"的活计是不太体面的工作。在译文中，Nothing but a waitress 更符合英文的结构，这样进行内部转换，不仅可以传达出原文的意思，还能让目的语观众加深理解。

五、电影字幕翻译实践：以《我和我的祖国》电影字幕改写翻译

传统的翻译学主要聚焦的是翻译标准、翻译策略、语言结构的对等方面的问题，其中前两个问题的争论占据了自翻译出现以来的大半历史。不过在进入 20 世纪下半叶以后，西方翻译界被接连注入了新鲜血液，研究者从不同领域切入到翻译研究中来，使翻译研究实现了从"语言研究"到"文化转向"的跨维度转变。[①] 其中的杰出代表之一就是勒弗维尔，他在佐哈尔的多元系统理论的基础上提出了折射理论，并最终发展出了翻译的改写理论。

将翻译置于广阔的社会文化语境中进行考察，他认为有三种因素会对翻译产生制约，分别是赞助人、意识形态和主流诗学。在他看来，任何翻译都意味着改写，译者会受到特定文化背景下赞助人、意识形态和主流诗学的操控。这一认知带来的一个显著变化就是原文神圣地位的颠覆，勒弗维尔将译文的地位提升到与原文相同的地位[②]。如今改写理论被广泛应用于对各种翻译现象的分析，电影的字幕翻译就是其中之一。

《我和我的祖国》是由宁浩、管虎和徐峥等 7 位导演执导的为庆祝新中国成立 70 周年的献礼片，通过《前夜》《相遇》《夺冠》《回归》《北京你好》《白昼流星》和《护航》七个故事，从普通人的视角来呈现我国自成立以来的具有重大意义的历史性瞬间。该片星光璀璨，有众多实力派

---

① 刘军平. 西方翻译理论通史[M]. 武汉：武汉大学出版社，2009.
② 万莉. 译者主体性分析——从奈达的"功能对等"理论到勒弗维尔的改写理论[J]. 东北师大学报，2011（3）：260-261.

演员加盟,且剧情的情感渲染力强大,是当年最卖座的电影之一。作为一部经典且吸人眼球的电影,其电影字幕值得我们细细品味,下面将从改写理论的意识形态和诗学视角来探究该影片译者具体采用了什么样的翻译策略。

(一)意识形态视角下的《我和我的祖国》电影字幕

意识形态是哲学领域的概念,它一般指特定地理环境和文化背景下的人对于世界和社会的系统的看法和见解,如政治、道德、宗教和艺术,且人的意识形态受思维能力、环境、信息(教育、宣传)、价值取向等因素的影响。不同的意识形态,对同一种事物的理解、认知也不同。下面将从具体的字幕实例来分析意识形态对《我和我的祖国》翻译的影响。

我跟你讲,我们铁榔头啪地一个扣球把那海曼(鳗)打得跟条带鱼似的。

Our Iron Hammer's powerful strikes will wipe the floor with Hyman, I'm telling you.

这句话出自电影的第三个故事,一个老大爷在跟邻居看女排比赛间隙时跟同伴聊天时非常自信地说出来这句话。原句诙谐搞笑,不仅体现出了本国人民对郎平排球实力的认可和崇拜,还体现出了他们对美国队员的不屑和其落下风的"幸灾乐祸",富有市井气息。然而,译者在对应的译文中仅使用了 wipe the floor with 的结构来表现对手海曼的惨败,并没有把"打得跟条带鱼似的"翻译出来。仔细分析,我们可以知道,译者这样的处理是出于对意识形态的考虑,因为"打得跟条带鱼似的"明显带有嘲讽意味,而像《我和我的祖国》这样的主旋律电影在对外传播时尤其注重对翻译的把控,以维护国家和人民的形象。如果将"打得跟条带鱼似的"忠实地再现于海外受众眼前,会让他们对中国人产生心胸狭隘的偏颇印象,而这与我们一直呈现的中国人民胸怀宽广、友好睦邻的形象是相悖的,因此译者在此处进行了改写。

请领导放心,香港回归是中华民族雪耻的见证。

Trust me sir, the return of Hong Kong marks the end of China's humiliation.

原句出自电影的《回归》单元,体现了人们对香港回归的势在必得以及维护国家领土完整、洗去屈辱历史的强烈渴望。译者在翻译这句话时,并没有将"是中华民族雪耻的见证"直译为 is the witness of getting revenge/wiping out a humiliation...,而是将其灵活地处理为了 marks the end of China's humiliation。二者相较,明显后者 mark the end 的改写更能体现出人民对于香港回归的坚定态度以及对祖国强大国力的肯定,语气上更加铿锵有力,向目标语受众展现出了昂扬自信、不退缩的良好国人形象。

好好练,完成任务,我发一个媳妇给你。

Practice hard and do the job well, I will get you a girlfriend if you do.

此句同样出自《回归》单元,是负责升旗仪式的领导为鼓励旗手在香港回归仪式上顺利完成升旗时说的话。乍一看,这句话仿佛并没有什么探究的余地,但是仔细观察的话,我们会发现在此处,译者将原句中的"媳妇"翻译成了 girlfriend。在汉语中,"媳妇"一般指的是"老婆"或者"妻子",但是随着近些年来国内对两性关系的愈加包容和婚姻恋爱认知体系的变迁,"媳妇"还有了丰富的延伸义,即"女朋友"或者"交往对象"。若译者直接将"媳妇"译为 wife,熟悉汉语的读者基本上不会出现理解错误的现象,不过在西方的表达中, wife 和 girlfriend 是存在明显区别的,若将"媳妇"直译为 wife,西方受众可能会产生"为什么领导和上司直接为下属安排老婆"这种不符合恋爱婚姻自由价值观的疑惑,因此译者此处的处理是很到位和细致的。

平常你跟个假小子似的,现在跟我这装姑娘啦。

You always act so tough and now you're being a baby.

此句出自电影的最后一个单元《护航》,是上级对宋佳扮演的飞行员不满分配安排所说的话。仔细对比原文和译文,我们可以发现其明显的改写痕迹,原文中的"跟个假小子似的"被译为 acts so tough,而"装姑娘"被译为 being a baby,其变动之大值得令人深思。我们都知道,中文中的"假小子"是形容性格或外形偏向男生的女生,称呼女生为"假小子"一般都带有"贬"的意味,因为在传统的中国认知里,"男生就该有男生的样子,女生就该有女生的样子",二者是泾渭分明的,女生通常是恬静的、举止端庄的,而"装姑娘",则歧视意味更浓,因为其传达出了女生即意味着柔弱这种不符合新时代的落伍认知。在全世界尤其是西方越来越推崇女权、向往女性力量的大潮流下,如果将原文中的"假小子"和"装姑娘"忠实地再现出来的话,可能会让国外受众产生中国不尊重女性、思想保守落伍这样的错误认知,因此译者在处理这句话时只传达出其主要含义,即飞行员的行为前后存在很大差异,这样既不影响目标语受众对电影内容的理解,也不会引起负面的认知,是出于对意识形态的考虑做出的折衷。

(二)诗学视角下的《我和我的祖国》电影字幕

在勒弗维尔看来,"诗学"是艺术与文学的紧密结合,它可以划分为两个部分:其一是文学要素,包括文学手法、文体、主题、原型人物、情景与特征;其二是文学观念,即文学在整个社会系统中的作用。下面将通过具体的字幕实例来分析诗学对《我和我的祖国》翻译的影响。

故地有月明,何羡异乡圆?
The moon is brighter at home, why leave for foreign lands?

原句出自电影的《回归》单元,是任达华扮演的修表匠对香港回归发出的感叹,即故乡的月亮原来已经够圆够亮了,为什么还要羡慕他乡的圆月呢?不论是"故地有月明"还是"何羡异乡圆"都带有明显的中国五言律诗的特征,我们都知道,中国的古诗词在翻译成外文时,通常会流失所包含的韵味,此句也不例外。而且,文中的"羡异乡圆"被翻译为 leave for foreign lands,后者显然不忠实原文,不过这样的处理使得诗的后一句译文更为凝练,与前一句译文相对应,而且还与修表匠的人生经历和思乡情感相呼应,这样的改写一举两得,体现了译者强大的文字功力。

A:你先听我说,三个人行不行?
B:找毛主席去。
A:两个呢?
B:买白菜呢?
A: Listen to me. How about three men?
B: Go ask Chairman Mao.
A: What about two?
B: Don't bargain.

这段对话出自电影的《前夜》单元,是两位负责开国大典的人员就借人这个问题进行的商讨。原文中的"买白菜呢"带有明显的中国特色,它将两位当事人的商量过程比喻为富有生活气息的"买菜"这种"讨价还价"的过程,形象生动,不过这种比喻是很难被不熟悉中国文化的外国受众理解的,他们不明白"买白菜"背后附带的文化内涵,若采用直译处理的话,可能会让他们产生困惑,因此为了更好地促进译入语读者的理解,译者将其替换为更为他们所熟知的 don't bargain。

展示文明之师、威武之师的风采。
Let's show the world our honor and our strength.

原句同样出自电影的《回归》单元,其中的"文明之师"和"威武之师"都属于中文的四字格结构,四字格从古至今都广受人们的推崇,它简洁凝练,具有对称的美感,不过这种独特的美感在经翻译之后同样是难以维持的。在这里,译者采用意译的手法,将这两个词灵活地改写为 our honor and our strength,省去了其中的 army,这样做是因为译入语受众在画面信息的提示下,明白这句话的表达主体是中国的军队,所以可将 army 省去不译,而且这样的处理符合字幕翻译的经济性原则,很是恰当。

我说你这个人怎么油盐不进啊?

Why are you so stub-born?

原文出自电影的《前夜》单元,其中的"油盐不进"是我们熟知且经常使用的成语,它常用来形容一个人固执己见,听不进去别人的意见。成语的背后通常具有丰富的文化典故,对于中国人来说,提到"油""盐",我们很容易联想到这个成语并理解其代表的含义,而这些意向对于外国受众来说则是非常陌生的,因而在面对这种植根于特定文化背景的成语时,译者往往不会采用直译的手法,而是将其替换成译入语读者比较熟悉的表达,如这里译者就将"油盐不进"简译为 stub-born。类似的处理还有"金无足赤,人无完人",译者将其改写为 Nobody's perfect,虽然这样没有保留原文的诗学韵味,但这样的调整已经是在字幕翻译的限制下平衡两种不同文化的较好结果了。

这也是我男朋友啊,怎么脚踏两只船啊?

This is my boyfriend, too. But isn't he playing the field a bit?

原句出自电影的《护航》单元。"脚踏两只船"是常见的中国俗语,用来比喻对事物犹豫不决,也用来比喻想占两头便宜、投机取巧的行为,在当下的语境里,其一般用于指代某些同时与两个人交往的不忠诚行为。"船"是为我们所熟知的意向,不过其对应的 boat 则没有相关的意义延伸,为了再现原文的内容,此处译者将其替换为更为目标受众所熟悉且含义对等的俗语,即 playing the field,这样的改写虽然使原文的诗学形式发生了变化,却精准地传递出了原文想要表达的内容。

《相遇》Passing by

《回归》Going home

《护航》One for all

以上分别是电影中《相遇》《回归》和《护航》单元剧及其对应的译名,每一个都具有引人回味的妙处。"相遇"对应的英文可以是 encounter,也可以是 meet,这里却是 passing by(错过)。看过电影的观众都知道这个单元剧讲述的是一个悲伤而伟大的故事,男主人公为了参与原子弹研发工作隐姓埋名,与爱人失去联系整整三年,在研发期间,他受到了核辐射,虽在医院外街道上的公交车上偶遇了女主,但为了保密却不能相认,最终错过彼此。passing by 体现出了即使相见却只能以擦肩而过作为结局的无奈,因此译者不忠实的改写反而准确地再现电影的主题。

提到"回归"①,我们反射性地可能会想到 return 这个词,虽合适却远没有 going home 精妙,其不但表现出了"回归"这一表层含义,还体现出了香港和内地本是一体、彼此亲密富有渊源这一深层含义。而《护航》对应的 one for all,其改写程度最大。提到 one for all,我们可能会想到 all for one,即"One for all, all for one."(我为人人,人人为我),而这个单元剧的主旨也正是传达服务于集体的团结精神,二者非常契合,因此译者此处看似非常具有争议的改写是极具巧妙的心思的。

除了上述所提到的这些,整部电影的很多其他地方都体现出了译者和幕后的制作团队工于细节的缜密态度②,如《夺冠》单元剧中将"大人"译为 big people,而非 adults;《前夜》单元剧中的 silicon 对应的是"矽",而非"硅"(直至 1953 年,我国才将矽改名为硅)。不过有一点让作者疑惑的是,电影中"我是北大西语系毕业的"被译为"I'm a graduate of Peking University's Spanish department."在以前的认知里,西语系一般泛指包括英语、法语等的西方语种,如今才指代的是西班牙语系,笔者以为这是译者美中不足的一点。

整体来看,从改写的角度来审视《我和我的祖国》电影字幕的翻译,其所运用的翻译改写方式丰富且精巧,考虑到了源语语境和文化的差异,且对之后的字幕翻译工作,尤其是主旋律体裁的影片翻译有绝佳的借鉴作用。

---

① 罗琴.论电影字幕翻译的操纵因素和改写手段[J].青年文学家,2013(33):107-108.
② 吕玉勇,李民.论英文电影字幕翻译的娱乐化改写——以《黑衣人3》和《马达加斯加》的字幕翻译为例[J].中国翻译,2013(3):105-108.

参考文献

参考文献

[1] 白桂芬.文化与翻译新探[M].北京:中国纺织出版社,2017.

[2] 白靖宇.文化与翻译(修订版)[M].北京:中国社会科学出版社,2010.

[3] 包惠南,包昂.中国文化与汉英翻译[M].北京:外文出版社,2004.

[4] 包惠南.文化语境与语言翻译[M].北京:中国对外翻译出版公司,2001.

[5] 蔡基刚.英汉词汇对比研究[M].上海:复旦大学出版社,2008.

[6] 陈浩东.翻译心理学[M].北京:北京大学出版社,2013.

[7] 陈建平.应用翻译研究[M].苏州:苏州大学出版社,2013.

[8] 陈坤林,何强.中西文化比较[M].北京:国防工业出版社,2012.

[9] 陈清贵,杨显宇.翻译教程[M].成都:电子科技大学出版社,2006.

[10] 成昭伟,周丽红.英语语言文化导论[M].北京:国防工业出版社,2011.

[11] 戴湘涛.实用文体汉英翻译教程[M].北京:世界图书出版公司北京公司,2012.

[12] 董晓波.大学英汉翻译教程[M].北京:对外经济贸易大学出版社,2011.

[13] 方梦之.英汉翻译基础教程[M].北京:中国对外翻译出版公司,2005.

[14] 冯庆华.翻译365[M].北京:人民教育出版社,2006.

[15] 何少庆.英语教学策略理论与实践运用[M].杭州:浙江大学出版社,2010.

[16] 何远秀.英汉常用修辞格对比研究[M].成都:西南交通大学出版社,2011.

[17] 胡蝶.跨文化交际下的英汉翻译研究[M].长春:东北师范大学出版社,2018.

[18] 黄成洲,刘丽芸.英汉翻译技巧[M].西安:西北工业大学出版社,2008.

[19] 黄净.跨文化交际与翻译技能[M].天津:天津大学出版社,2019.

[20] 黄龙.翻译学[M].南京:江苏教育出版社,1987.

[21] 黄勇.英汉语言文化比较[M].西安：西北工业大学出版社，2007.

[22] 贾钰.英汉翻译对比教程[M].北京：北京语言大学出版社，2018.

[23] 江峰，丁丽军.实用英语翻译[M].北京：电子工业出版社，2009.

[24] 姜荷梅.英汉互译教程[M].上海：复旦大学出版社，2017.

[25] 金惠康.跨文化交际翻译[M].北京：中国对外翻译出版公司，2003.

[26] 金惠康.跨文化交际翻译续编[M].北京：中国对外翻译出版公司，2004.

[27] 康晋，常玉田.英汉翻译[M].北京：对外经济贸易大学出版社，2007.

[28] 兰萍.英汉文化互译教程[M].北京：中国人民大学出版社，2010.

[29] 雷冬雪，于艳平，闫金梅，等.英汉词语跨文化综述[M].长春：吉林文史出版社，2009.

[30] 雷淑娟.跨文化言语交际学[M].上海：学林出版社，2012.

[31] 李建军.文化翻译论[M].上海：复旦大学出版社，2010.

[32] 李建军.新编英汉翻译[M].上海：东华大学出版社，2004.

[33] 李雯，吴丹，付瑶.跨文化视阈中的英汉翻译研究[M].长沙：湖南师范大学出版社，2018.

[34] 李侠.英汉翻译与文化交融[M].成都：电子科技大学出版社，2020.

[35] 连淑能.英汉对比研究[M].北京：高等教育出版社，2010.

[36] 林丽霞.英语习语文化探源及翻译研究[M].北京：中央编译出版社，2021.

[37] 凌伟卿.21世纪大学英语教程[M].上海：上海大学出版社，2009.

[38] 刘宓庆.文化翻译论纲[M].北京：中译出版社，2019.

[39] 刘明阁.跨文化交际中汉英语言文化比较研究[M].开封：河南大学出版社，2009.

[40] 刘瑞琴，韩淑芹，张红.英汉委婉语对比与翻译[M].银川：宁夏人民出版社，2010.

[41] 刘双，于文秀.跨文化传播[M].哈尔滨：黑龙江人民出版社，2000.

[42] 卢红梅.华夏文化与汉英翻译(第二部)[M].武汉:武汉大学出版社,2008.

[43] 卢红梅.华夏文化与汉英翻译[M].武汉:武汉大学出版社,2006.

[44] 马会娟.汉英文化比较与翻译[M].北京:中国对外翻译出版有限公司,2014.

[45] 冒国安.实用英汉对比教程[M].重庆:重庆大学出版社,2004.

[46] 裴文.现代英语语境学[M].合肥:安徽大学出版社,2000.

[47] 邵培仁.传播学导论[M].杭州:浙江大学出版社,1997.

[48] 邵志洪.英汉对比翻译导论[M].上海:华东理工大学出版社,2010.

[49] 司显柱.英汉翻译教程[M].上海:东华大学出版社,2019.

[50] 宿荣江.文化与翻译[M].北京:中国社会出版社,2009.

[51] 孙俊芳.英汉词汇对比与翻译[M].北京:知识产权出版社,2016.

[52] 孙蕾.英汉文化与翻译研究[M].北京:中国书籍出版社,2014.

[53] 孙启耀.英汉翻译[M].哈尔滨:哈尔滨工程大学出版社,2004.

[54] 孙致礼.新编英汉翻译教程[M].上海:上海外语教育出版社,2003.

[55] 万永坤.公示语汉英翻译探究[M].昆明:云南大学出版社,2015.

[56] 汪德华.中国与英美国家习俗文化比较[M].杭州:浙江大学出版社,2011.

[57] 汪福祥,伏力.英美文化与英汉翻译[M].北京:外文出版社,2003.

[58] 汪福祥.汉译英中的习语翻译[M].北京:外文出版社,2007.

[59] 王大伟,魏清光.汉英翻译技巧教学与研究[M].北京:中国对外翻译出版公司,2005.

[60] 王端.跨文化翻译的文化外交功能探索[M].北京:中国广播影视出版社,2019.

[61] 王恩科,李昕,奉霞.文化视角与翻译实践[M].北京:国防工业出版社,2007.

[62] 王少娣.跨文化视角下的林语堂翻译研究[M].上海:上海外语教育出版社,2011.

[63] 王述文.综合汉英翻译教程[M].北京:国防工业出版社,2010.

[64] 王天润. 实用英汉翻译教程 [M]. 北京：国防工业出版社, 2013.

[65] 王武兴. 英汉语言对比与翻译 [M]. 北京：北京大学出版社, 2003.

[66] 王一川. 文学理论 [M]. 成都：四川人民出版社, 2003.

[67] 魏海波. 实用英语翻译 [M]. 武汉：武汉理工大学出版社, 2009.

[68] 吴得禄. 英汉语言对比及翻译研究 [M]. 成都：电子科技大学出版社, 2016.

[69] 吴建民. 中国古代文学理论的当代阐释与转化 [M]. 南京：凤凰出版社, 2011.

[70] 吴为善, 严慧仙. 跨文化交际概念 [M]. 北京：商务印书馆, 2009.

[71] 武锐. 翻译理论探索 [M]. 南京：东南大学出版社, 2010.

[72] 谢群. 英汉互译教程 [M]. 武汉：华中科技大学出版社, 2010.

[73] 刘黛琳, 牛剑, 王催春. 实用阶梯英语跨文化交际 [M]. 2版. 大连：大连理工大学出版社, 2010.

[74] 徐通锵. 语言论——语义型语言的结构原理和研究方法 [M]. 长春：东北师范大学出版社, 1997.

[75] 闫文培. 全球化语境下的中西文化及语言对比 [M]. 北京：科学出版社, 2007.

[76] 严明. 跨文化交际理论研究 [M]. 哈尔滨：黑龙江大学出版社, 2009.

[77] 杨岑. 英汉翻译入门 [M]. 长春：吉林人民出版社, 2019.

[78] 杨海庆. 中西文化差异及汉英语言文化比较 [M]. 北京：知识产权出版社, 2005.

[79] 杨贤玉. 英汉翻译概论 [M]. 武汉：中国地质大学出版社, 2010.

[80] 殷莉, 韩晓玲, 等. 英汉习语与民俗文化 [M]. 北京：北京大学出版社, 2007.

[81] 张安德, 杨元刚. 英汉词语文化对比 [M]. 武汉：湖北教育出版社, 2003.

[82] 张白桦. 翻译基础指津 [M]. 北京：中译出版社, 2017.

[83] 张保红. 文学翻译 [M]. 北京：外语教学与研究出版社, 2010.

[84] 张娜, 仇桂珍. 英汉文化与英汉翻译 [M]. 成都：电子科技大学出版社, 2017.

[85] 张培基. 英汉翻译教程 [M]. 2版. 上海：上海外语教育出版社, 2018.

[86] 张青, 张敏. 英汉文化与翻译探究 [M]. 北京：中国水利水电出

版社,2015.

[87] 张全.全球化语境下的跨文化翻译研究[M].昆明:云南大学出版社,2010.

[88] 张维鼎.语言文化纵论[M].成都:四川辞书出版社,2002.

[89] 张文英,戴卫平.词汇·翻译·文化[M].长春:吉林大学出版社,2010.

[90] 张镇华.英语习语的文化内涵及其语用研究[M].北京:外语教学与研究出版社,2007.

[91] 赵秀丽.英美文化与英汉翻译研究[M].长春:吉林出版集团股份有限公司,2019.

[92] 钟书能.英汉翻译技巧[M].北京:对外经济贸易大学出版社,2010.

[93] 蔡秋阳.植物感知影响因子及价值认知研究[D].武汉:华中农业大学,2017.

[94] 韩暖.汉英禁忌语对比分析及其在跨文化交际中的回避策略[D].哈尔滨:哈尔滨师范大学,2016.

[95] 李杰玲.山与中国诗学——以六朝诗歌为中心[D].上海:上海师范大学,2011.

[96] 刘娇.汉英植物词文化意义的对比研究及教学建议[D].沈阳:辽宁大学,2017.

[97] 马慧.英汉语篇衔接手段对比及其翻译[D].兰州:兰州大学,2017.

[98] 任继尧.汉英委婉语对比研究与对外汉语教学[D].太原:山西大学,2018.

[99] 汪火焰.基于跨文化交际的大学英语教学模式研究[D].武汉:华中科技大学,2012.

[100] 王军霞.汉语教学中英汉习语文化空缺现象研究[D].济南:山东师范大学,2016.

[101] 王梅.从英汉习语看英汉文化的异同[D].成都:四川师范大学,2009.

[102] 王爽.汉英习语文化对比[D].哈尔滨:黑龙江大学,2011.

[103] 夏露.中英语言中"风"的概念隐喻对比研究[D].武汉:华中师范大学,2014.

[104] 尤晓霖.英国动物福利观念发展的研究[D].南京:南京农业大学,2015.

[105] 张锐.文化空缺视域下的汉英数字文化对比[D].乌鲁木齐:新疆师范大学,2013.

[106] 陈冬雁.译介学视域下中国民族文学"走出去"研究——以《狼图腾》的成功译介为例[J].才智,2016(34):238-239.

[107] 陈晶辉.文化语境下的英汉植物词汇意义与翻译[J].边疆经济与文化,2011(6):32-33.

[108] 陈仲伟,王富银.中国文化典籍外译传播障碍研究[J].海外英语,2019(1):90-93.

[109] 黄曼.汉语习语变异研究概述[J].社会科学战线,2014(12):275-277.

[110] 黄险峰.中西建筑文化差异之比较的探讨[J].华中建筑,2003(10):37.

[111] 兰玲.中西文化差异下的汉英动物词汇翻译[J].边疆经济与文化,2015(2):98-100.

[112] 李琳琳,丛丽.基于文化翻译理论的中国建筑文化翻译策略探究[J].长春教育学院学报,2015,31(20):68-70.

[113] 刘兰君.英汉禁忌语之文化差异透视[J].教育现代化,2018,5(26):348-349.

[114] 刘鑫梅,赵禹锡,刘倩.跨文化传播视阈下我国传统文化对外传播探析[J].传媒论坛,2018,1(14):1-2.

[115] 刘秀琴,董娜.跨文化交际中的英汉"委婉语"探讨[J].山西广播电视大学学报,2018,23(4):43-46.

[116] 吕鹏,张弛,张智豪.文化"走出去"背景下中国纪录片解说词英译的语境顺应研究——以《舌尖上的中国》为例[J].英语广场,2018(11):12-15.

[117] 马国志.文化视域下的英汉习语对比与翻译[J].科教文汇,2019(3):180-183.

[118] 欧阳可惺.当代中国少数民族文学研究的三种范式[J].民族文学研究,2017,35(5):5-19.

[119] 潘秋阳,衣莉莉,于鹏,等.基于译介学视域下中国民族文学"走出去"的分析[J].文化创新比较研究,2019,3(18):188-189.

[120] 潘姗姗,刘晓琳.从跨文化交际视角浅析南京公示语翻译现状及对策[J].海外英语,2019(17):142-143.

[121] 沈琳琳.文化传播语境下高职英语外译教学原则分析——以服饰文化翻译为例[J].职教论坛,2015(35):70-73.

[122] 王君. 基于生态翻译学理论的中国古代文化典籍英译策略研究 [J]. 今古文创, 2020（43）: 79-80.

[123] 王君. 接受理论视阈下中国古代文化典籍英译译者主体性的研究 [J]. 英语教师, 2018, 18（9）: 20-22.

[124] 王君. 接受理论视阈下中国古代文化典籍英译中的读者关照 [J]. 海外英语, 2017（20）: 130-131.

[125] 王君. 接受美学: 典籍英译新视角 [J]. 海外英语, 2015（18）: 113-115.

[126] 王君. 接受美学视角下的中国文化典籍英译对外传播研究 [J]. 辽宁工业大学学报(社会科学版), 2015, 17（3）: 41-43.

[127] 王君. 跨文化传播学视角下的中国当代小说英译研究 [J]. 大众文艺, 2016（19）: 273.

[128] 王君. 困境与出路: 中国当代小说英译与传播 [J]. 戏剧之家, 2016（21）: 283.

[129] 王君. 品读《沙扬娜拉》和《再别康桥》的翻译差异 [J]. 短篇小说(原创版), 2013（15）: 33-34.

[130] 王君. 生态翻译学视角下的中国古代文化典籍英译译者主体性探究 [J]. 今古文创, 2020,（44）: 76-77.

[131] 王君. 生态翻译学视阈下中国古代文化典籍英译中的读者关照 [J]. 今古文创, 2020（35）: 87-88.

[132] 王君. 生态翻译学在中国文化典籍外译中的应用 [J]. 今古文创, 2020（38）: 83-84.

[133] 王君. 习语翻译让英文作文锦上添花 [J]. 基础教育论坛, 2010（12）: 9-10.

[134] 王君. 以模糊语境译张继的《枫桥夜泊》[J]. 短篇小说(原创版), 2013（3）: 122-123.

[135] 王君. 语境顺应论下的中国文化英译译者主体性探究 [J]. 中国民族博览, 2023（4）: 193-195.

[136] 王君. 语境顺应论下中国文学作品英译中的读者关照 [J]. 对联, 2023, 29（4）: 31-33.

[137] 王君. 中国电影对外传播代码解读 [J]. 电影文学, 2018（20）: 37-39.

[138] 王君. 中国古代文化典籍对外传播实践与研究 [J]. 海外英语, 2018（14）: 1-2.

[139] 王君. 中国古代戏剧典籍英译分析——以《牡丹亭》为例 [J].

传播力研究, 2018, 2（13）: 172-173.

[140] 王君. 中国小说英译译介模式构建探究 [J]. 戏剧之家, 2016（22）: 278.

[141] 肖唐金. 跨文化交际翻译学: 理论基础、原则与实践 [J]. 贵州民族大学学报, 2018（3）: 23-38.

[142] 杨超. 人名、地名的中西互译 [J]. 科学大众·科学教育, 2017（8）: 101.

[143] 张欢. 浅析文化语境对诗歌英译的影响 [J]. 今古文创, 2021（18）: 123-124.

[144] 朱梦. 新闻传播中英语地名翻译探讨 [J]. 科技传播, 2015, 7（10）: 40-41.

[145] 朱颖娜. 从动物词汇看英汉文化差异 [J]. 才智, 2017（11）: 227.